한국 교육철학사상의 아키타이프

신창호

박영story

서 문

한국 사람은 어떤 철학사상을 문화적 디엔에이(DNA)로 간직하고 있을까? 그 본디 모양을 형성하는 바탕으로서 사유의 원형은 어떠할까? 나는 한국교육의 철학과 사상을 논의할 때마다 이 부분을 고심한다. 무엇이 대한민국 교육의 기저에 자리하고 있을까? 아무리 생각해 봐도, 대학 학부 시절부터 지금까지 한국철학사나 한국교육사를 통해 배운 지식이 그 문제를 온전하게 해소해 주지는 못한 것 같다. 이런 문제의식이 이 책을 다듬는 계기가 되었다. 그것은 '아키타이프(archetype)'와 연관된다.

아키타이프는 칼 융(Carl Gustav Jung, 1875~1961)이 제기한 개념이다. 집단무의식(集團無意識)에 전승되는 인류 공통의 경험을 유형화한 보편적 이미지 패턴을 의미한다. 이는 인류의 과거 체험을 법전화한 것이다. 때문에 수많은 동일 유형의 체험을 통해 정서적으로 감각의 영역을 넓힐 수 있다. 특히, 정신적 잔재로서 그 투사에 의해 이루어지는 신화의 원형을 비판하는 작업과 연관된다.

언제부터인가 한국교육의 사상적 원형을 찾는 작업도 이와 유사하다는 판단을 했다. 그런데 다시 언제부터인지 '한국교육철학', '한국교육사상', '한국교육문화' 등, 교육철학사상을 고민하면서 끊임없이 되새김질하던, '한국'이라는 말이 너무나 낯설게 느껴졌다. 학문(學文)과 교육(敎育)의 마당에서 '한국'이라는 이름이 '한국 땅'에서 너무나 이국적(異國的)이자 이방인(異邦人)의 사유처럼 인식되었다. 반면, 서양의 교육철학과 사상은 오히려 한국교육을 펼치는 사유의 잣대이자 진리처럼 여겨졌다. 이 부분에서 강력한 회의(懷疑)가 밀려들었다.

그렇다고 내가 서양의 교육철학사상을 배격하거나 한국의 교육철학사상을 중심으로 교육을 펼쳐야 한다고 주장하는 것은 결코 아니다. 모든 철학사상은 각각의 특징이 있고, 나름대로의 형성 근거가 있다. 어떤 사상을 지지하고 삶의 기준으로 삼건, 그 선택은 탐구하는 사람 각자의 인식과 상황에 달려 있다. 그런 만큼 특정한 교육철학사상이 지닌 사유의 무게를 가늠하고, 현실교육에 비추어보며, 합리적으로 응용하려는 노력이 중요하다.

20여 년 전에 『한국사상과 교육윤리』라는 책을 출간한 적이 있었다. 그때는 한국 전통의 교육이나 윤리와 연관된 사유 가운데 몇몇 원전을 발췌하여 현대 교육적 해석을 시도하였다. 이 책은 그것을 기초로 수정·보완하여 새롭게 편집하였다. 무엇보다도 한국 교육철학사상의 아키타이프로 어떤 사유를 제시할 수 있을지 고민하였다. 고유 신앙(固有 信仰)에 해당하는 '무속(巫俗)'을 바탕으로, 외래 사상으로서 전통을 형성한 3교[유교(儒教)·불교(佛教)·도교(道教)]와 서학(西學)인 '기독교(基督教)'에 이르기까지, 이 다섯 가지 사유의 융복합체가 한국교육철학사상의 저변을 형성하고 있는 건 아닐까라고 가정해 보았다.

한국에서 교육에 종사하고 있는 한, 한국의 교육철학사상을 이해하려는 노력은 매우 중요하다. 한국에서 교육하면서 한국교육의 방향을 지시하는 교육철학사상에 대한 이해가 없다면, 그 교육이 온전할 수 있겠는가? 한국교육철학사상과 무관한 사조에 지나친 관심을 갖고, 그런 지식을 일방적으로 주입한다면, 바탕과 채색이 엇박자를 내는 형국이 발생할 수 있다. 과거로부터 지속되는 전통을 고려하지 않고 현재의 순간에 새롭게 제기된 문제만을 다루면 조화와 균형 감각을 놓치기 쉽다.

'온고지신(溫故知新)'의 자세가 시대를 선도할 수 있는 스승을 낳는다. '법고창신(法古創新)'의 태도가 지속가능한 인간 사회를 빚어낸다. 옛 사유를 따스하게 포용하려는 '온고(溫故)'의 정신! 옛 제도를 모형으로 참고하려는 '법고(法古)의 의식! 이런 사유의 틀을 통해, 현실교육을 새롭게 독해할 수 있으면 좋겠다.

2021. 8. 입추절(立秋節)

청옹정사(淸瓮精舍)에서 신창호 쓰다.

차 례

프롤로그

1. 사상(思想) ········· 8
2. 풍토(風土) ········· 10
3. 전통(傳統) ········· 13

제1장 에토스

1. 토테미즘(Totemism) ········· 18
2. 샤머니즘(Shamanism) ········· 20
3. 유교(儒教) ········· 22
4. 불교(佛教) ········· 24
5. 도교(道教) ········· 28

제2장 고유사상

1. 신화(神話) ········· 32
2. 성년의례(成年儀禮) ········· 37
3. 풍류(風流) ········· 42

제3장 불교

1. 기본 사상 ········· 52
2. 한국불교 ········· 60

3. 원효의 화쟁(和爭) ········· 61
4. 지눌의 선(禪) ········· 67
5. 휴정의 회통(會通) ········· 73
6. 불교의 교육적 특성 ········· 80

제4장 유교

1. 공자의 초기 집대성 ········· 86
2. 맹자와 순자의 중흥 ········· 96
3. 동중서의 국가 이념화 ········· 116
4. 주자의 체계적 종합 ········· 129

제5장 조선 유교

1. 성리학의 도입 ········· 156
2. 조선 유교의 흐름 ········· 160
3. 양촌의 『입학도설』 ········· 163
4. 이론 논쟁-사단칠정과 리기 ········· 169
5. 퇴계의 『성학십도』 ········· 176
6. 남명의 『학기유편』 ········· 182
7. 율곡의 『격몽요결』 ········· 194
8. 다산의 『맹자요의』 ········· 201

제6장 애국계몽·개화기 신교육

1. 서학의 도입 ········· 208
2. 「교육입국조서」와 주체적 개혁 ········· 211
3. 박은식의 전통 교육 계승과 혁신 ········· 217

에필로그 / 229
참고문헌 / 234

프롤로그

1. 사상(思想)

인간의 특징을 형용하는 용어나 개념은 다양하다. 이성(理性: rea－son)과 감성(感性: emotion), 정치(政治: politics)와 사회(社會: social), 작업(作業: work)과 유희(遊戲: play) 등 활동의 양상을 구체적으로 지시한다. 이 가운데 가장 중요한 요소는 사고(思考: thinking, thought)와 연관된다.

인간은 사고한다. 동시에 행동하는 동물이다. 사고와 행동의 변증법적 지속을 통해 살아간다. 삶에서 생각하는 일, 다른 동물에 비해 고차원적으로 사고하는 특성은 인간을 상징하는 본질적 요소이다. 인간 이외의 타자들, 즉 금수(禽獸)나 곤충, 식물이나 무생물도 그들 나름대로 존재의 방식은 있다. 그러나 인간처럼 사유(思惟)를 근간으로 생명력을 발휘하지는 못한다.

일반적으로 인간의 사유 또는 사고의 내용을 사상(思想)이라고 한다. 사상은 영어로는 쏘오트(Thought), 독일어로는 게당케(Gedanke), 불어로는 팡세(Pensée)이다. 사전에서는 다음과 같이 설명하고 있다.

“우리의 의식은 항상 무엇에 대하여 작용하고 있다. 그것은 사고의 작용으로 나타난다. 사고 작용은 어떤 내용을 낳는다. 그리고 이 내용에 체계와 통일이 주어질 때, 한 사상이 견해·관념·개념 등으로 표현된다. 한편, 사상은 시대적 현실 속에 있는 개인이나 집단이 자기가 처해 있는 현실에 정당하게 대처하여 의미 있는 행동을 하기 위한 실천적 규준이기도 하다. 이때의 사상은 각 시대의 개인·사회·민족·인류 속에 잠재하여 그 시대의 현실을 움직이는 원동력이 되고, 정치·경제·사회·문화 일반을 지도하고 때에 따라서는 변혁까지 일으킨다. 여기에 이르면, 사상은 단순한 사고의 내용이 아니라 ‘～설(說)’, ‘～주의(主義)’, ‘～교(教)’[-ism, -ity]의 표현으로 나타난다. 이리하여 사상은 이상

(理想)과 정의(正義) 또는 선악(善惡)과 관련된다. 예술적 미추(美醜)와 문화적 가치, 나아가 종교적 영혼·해탈·구제 등 고차원적 가치의 실현에까지 사상이라는 말을 사용한다. 사상은 지식(知識)보다는 지혜(智慧)에 의한 산물이다. 따라서 학문(學問)보다는 평론·예술작품·이데올로기·교훈·교리·예언·신앙 등에 가깝다."(사전편찬위원회, 1972: 479).

이러한 사상은 개인의 의식과도 관련되지만, 필연적으로 시대의 현실을 받아 안는다. 인간은 필연적으로 현실이라는 세계와 관계하기 때문이다. 하이데거(M. Heidegger, 1889~1976)가 인간을 '세계(世界)-내(內)-존재(存在)'라고 표현한 것도 이런 인식과 연관된다. 공존성(共存性) 및 자기존재로서의 세계-내-존재, 즉 세인(世人)이라는 언표로 말이다(하이데거/전양범 옮김, 1992: 164).

인간은 세계 내에서 희로애락(喜怒哀樂)을 구가한다. 사상은 이런 삶의 시간과 공간이 역동적으로 움직이는 마당(場: field)에서 꽃핀다. 인간은 생활환경에서 직접·간접으로 수많은 난관에 부딪힌다. 이때, 사상은 맞닥뜨린 문제를 해결하기 위해 짜낸 생활관으로서 지성의 산물이다. 인간이 지닌 사유 능력의 소산이다. 다시 말하면, 사상은 인간 정신의 자각적 영위를 통해 나오는 사고의 총체를 포괄한다.

이렇게 볼 때, 한국사상(韓國思想: Korean thought)은 과거에서 현재까지 모든 한국인들, 즉 한 민족의 사유능력이 전개해 온 생활관으로서의 사유세계이다(윤사순, 1984: 133-134). 한국 민족이 생활 속에서 당면했던 모든 사고-예컨대, 역사적 난관 극복을 위한 사고, 지성이 창출하거나 배워서 응용한 사고, 상상하여 믿기도 하고 느껴 찬탄하기도 했던 사고, 비판적으로 분석하고 시정하기도 했던 사고, 경험에 의해 종합하기도 했던 사고-의 체계와 내용이 한국사상이다.

2. 풍토(風土)

'한국사상'이라고 했을 때, 한국이라는 위상은 무엇을 의미하는가? 인간은 '세계-내-존재'로서 상호의존하며 살아간다. 세계는 모든 존재자가 거주하는 집이다. 이 세계는 다른 표현으로 우주(宇宙: the universe, the cosmos)라고 한다. 동양적 사유에서 우주(宇宙)는 다음과 같이 규정된다. '옛날부터 지금까지에 이르는 지속성을 주(宙)라 하고, 동서남북의 사방과 하늘 땅의 상하로 둘러쌓인 곳을 우(宇)라고 한다(『淮南子』「濟俗訓」).'[1] 즉 우주는 공간이라는 횡적 개념과 시간이라는 종적 개념으로 시간과 공간을 아울러 지칭한 용어이다. 공간은 동서남북의 사방과 천지의 상하로 둘러싸인 구체적 장소이다. 그리고 시간은 인간의 삶이 연속적으로 흐르는 생의(生意)의 과정이다. 인간은 다름 아닌 시간과 공간, '여기-이때'라는 세계를 발판으로 거주한다. 사상은 그에 따라 창출(創出)된다.

문제는 어떤 시공간에서 삶을 경험했느냐에 따라 사상이 달라진다는 점이다. 인간이 삶을 누리고 있는 세계는 시간과 공간의 차이로 말미암아 구성되는 하나의 풍토(風土: natural characteristics)이다. 풍토는 달리 표현하면 환경(環境: environment, surroundings)이다. '풍토[환경]'와 '나[인간]'는 서로 제약하는 동시에 협력하는 관계이다. 그러기에 인간의 역사는 인간과 지구 및 그 위에 살고 있는 모든 것과의 상호작용에서 형성된다. 인간이 지각하는 질서에 대해 책임을 느끼는 자로서 보고 상상하는 힘에 관한 기록이다(에드워드 하임스/김준민 옮김, 1988: 15).

이런 측면에서 우리가 살고 있는 시공의 세계인 한반도[韓半島; 韓國]라는 풍토를 구체적으로 인식할 필요가 있다. 한국사상을 제대로 인

---

1) 往古來今謂之宙, 四方上下謂之宇.; 이하 脚註에는 필요한 原文을 발췌하여 제시함.

식하기 위해서는 한반도를 근거로 하는 인간 삶의 환경을 이해해야 한다. 왜냐하면 사상은 풍토의 자식이기 때문이다. 그렇다면 우리가 살고 있는 한반도는 어떤 풍토를 자아내어 왔는가?

먼저, 자연적 풍토를 간략히 보자(유명종, 1999: 3−4). 자연은 기후(氣候)와 식생(植生)을 바탕으로 인간이 호흡하는 공간이다. 이 공간의 특성에 따라 인간은 삶의 방식을 달리 한다. 예컨대, '산악 지대에 사느냐', '해변가에 사느냐', '평야지대에 사느냐'에 따라 사고 양식과 행동 패턴에 차이가 있다.

첫째, 한반도는 계절풍(季節風)이 부는 온대(溫帶)에 처해 있다. 이런 풍토는 수경(水耕) 농업을 발달시켰다. 그 결과 농경을 경제적 바탕으로 삼았다. 수경 농업은 많은 노동력과 협력을 필요로 한다. 이는 '대가족주의(大家族主義)'를 발전시키는 계기가 되었다. 대가족주의는 개인이 아니라 가족을 사회 구성의 단위로 삼는다. 그러므로 가족 구성원 사이의 '질서체계'를 매우 중시한다. 그것은 효도(孝道)와 자애(慈愛), 형제 사이의 공경이라는 효제(孝悌)의 가족윤리로 표출되었다. 이는 가부장(家父長) 제도를 탄생시켰다.

둘째, 한반도는 지정학적으로 대륙과 해양을 연결하는 반도(半島)이다. 반도는 지리적 특성상 대륙이나 해양에 비해 땅이 협소하다. 협소한 땅은 통제가 용이하다. 중앙에 권력을 집중시키기 쉽다. 이는 광활한 대륙인 중국에서 한 왕조의 지속 기간이 200여 년 정도인 데 비해, 좁은 땅인 한반도에서 한 왕조의 지속 기간은 500여 년 이상인 역사적 사실로도 짐작할 수 있다. 또한, 땅이 좁다 보니, 문화의 전달도 '비밀전수(祕密傳授)'의 방식으로 이루어지고, 하나의 사조(思潮)에 고착되기도 하였다. 예컨대, 조선 유교에서 '리학(理學)의 도통(道統)' 의식이나 불교에서 '선종(禪宗)의 전수' 방식 등이 대표적인 사례이다.

다음으로 역사·문화적 풍토를 보자(조지훈, 1964: 22−37; 유명종,

1987: 10－12; 유명종, 1990: 21－23). 고고학적 발굴에 의하면, 한반도에는 구석기 시대부터 사람이 살았다고 한다. 구석기 시대에는 불을 사용하고 곰을 숭배하는 사상이 있었다. 이후, 신석기 시대에는 즐문토기를 사용한 흔적이 있다. 이는 바이칼 호에서 핀란드·스웨덴·북부 독일 지역에 거주하던 인간들이 남하하여 한반도의 하천변에서 활동하며 영향을 미친 것으로 추정된다. 그 후 무문토기인은 구릉이나 언덕에 자리잡고 청동기 문화와 거석문화(巨石文化)를 형성하였다. 이들은 애니미즘(Animism)에 근거를 두고 토테미즘(Totemism)의 세계관을 지니고 있었다.

그러나 진정한 지성적 사고는 철기시대에 들어와서 싹트기 시작했다. 철기문화는 북방으로부터 여러 차례 파급되었다. 전국시대 연(燕)나라 화폐인 명도전(明刀錢)이 출토된 점으로 미루어 볼 때, 기원전 3－4세기경 한반도에 이미 철기가 사용되었다. 한사군(漢四郡)을 설치할 때도 철기가 크게 보급되었다. 이 무렵 북방의 유목 민족이 남하하여 중국은 물론 한반도에 영향을 미치기 시작하였다. 부여·고구려·백제 및 가야까지도 반목반농(半牧半農)의 경향이 있었다. 뿐만 아니라, 중국 요녕성 조양현에서 발굴된 청동 창과 경북 영천에서 발굴된 마구(馬具), 말이나 호랑이 모양의 대구(帶鉤) 등의 발견으로 보아, 유목 기마 민족의 시조인 스키타이(Scythia) 문화의 영향을 받은 것으로 추측된다.

이처럼 청동기·철기시대에 들어서면서 한반도는 농경 정착민의 존재와 더불어 이미 기마 민족들도 동시에 거주하며 활동하는 무대가 되었다. 이들 기마 민족의 경우 대부분 천신(天神)을 숭배했다. 그것은 고구려·백제·신라·가야 등 한반도 고대 국가들의 건국신화에 반영되어 있다. 기마민족의 북방적 요소와 농경문화의 남방적 요소가 결합되어, 반농반목적 성격을 드러낸다.

이렇게 볼 때, 한반도의 사상은 남방적 농경사회의 태양신을 최고로 섬기면서 '모권(母權)·대지모신(大地母神)·신비적(神秘的)·풍요의례(豊饒儀禮)·비합리(非合理)'를 사유 형성의 기초로 하고, 북방유목민의 상천신(上天神)을 중심으로 '부권(父權)·합리적·정복적' 사유가 파상적으로 남하하여 지배적 사고를 굳혀왔다고 판단된다. 그러기에 모권과 부권, 정복과 평화, 합리와 비합리, 상천 남신(男神)과 태양 여신(女神)이 결합되어, 지성과 생명이 서로 화합하는 새롭고 독자적인 풍류를 자아내게 되었다.

이러한 한반도 인류 문명의 시작은 삼국시대의 유학과 불교의 전래, 고려시대 성리학의 수용, 조선 주자학의 전개, 조선 후기 서학(기독교)의 전래와 수용, 일제 강점기와 해방, 6·25, 그리고 분단과 미국중심의 문화가 침투되어 왔고, 다시 다양한 문화의 융합(融合) 과정을 거쳐 현재에 이르고 있다.

3. 전통(傳統)

그렇다면 현재에 이어져 있는 한국사상은 무엇일까? '한국사상'이라고 내세울 만한 '정체성(正體性: identity)'을 지녔는가? 이 지점에서 한국사상을 통찰하는 시선은 다양할 수 있다. 왜냐하면 인간은 어떤 사유에 대해 나름대로의 관점과 신조를 지니고 있기 때문이다.

인간의 사고는 사람에 따라, 시공간에 따라 천차만별이다. 한국사상 가운데서도 무엇에 관한 사상인가? 동일한 사상을 바라본다고 할지라도, 아집이나 독단적 오류로 가득 찬 특수한 경우도 있지만, 객관적·합리적으로 대부분의 사람들에게 승인을 얻을 수 있는 보편적 논리의 차원도 있다. 같은 사상이라 하더라도 사상의 우열이 있을 수 있고, 영향력의 크기와 깊이에도 단계의 차이가 있다. 이런 사상 가운데 '원리적 문제'를 다루고 일관된 '논리적 정합성'을 갖출 때, 철학사상(哲學思想)이라고 한다. 우리가 눈여겨보아야 할 것이 바로 철학성을 갖춘 사유이다.

그렇다면, 우리는 왜 사상을 배우는가? 특히 한국인으로서 한국의 과거사상을 배워서 무엇을 하려는가? "과거의 사상을 배우는 작업은 단순히 그 사실을 밝히는 데서 그치는 일이 아니다. 보다 중요한 의미를 갖는다. 왜냐하면 그것은 현재 우리 사상의 존재 방식과 밀접히 관련되어 있기 때문이다. 사고나 사상을 지니지 않는 인간에게 인간다운 생활은 존재하지 않는다. 우리는 끊임없이 무엇인가의 사상을 갖고 행동하며 그 사상의 정당성을 확인한다. 한편으로는 현실 생활에서 얻어지는 경험에 의해서, 다른 한편으로는 과거의 사상에 의존한다. 사상은 그것이 생겨난 시대나 사회와 밀접한 관계를 갖는다. 따라서 사상이 가진 상대성을 부정할 수는 없다. 하지만 그러한 상대성을 관통하는 현저한 유사성·공통성을 발견할 수 있는 것도 사실이다. 우리가 사색을 할 경우, 과거의 사상을 열쇠로 삼을 때가 많은 것도 이 때문이다. 과거의 사상을 직접 마주하여 그 복잡한 것을 분류하고 정리하여 이해하기 쉬운 형태로 설명하려는 것이 현재적 시점에서의 철학사상 작업이다."(金谷治 외/조성을 옮김, 1986: 10－11).

사실, 인간의 삶은 상당수가 현실에 매몰되어 있다. 과거와 미래는 현재에서 말해지는 관념이다. 과거는 현재에서 '다시 당겨보는 시공간'이고, 미래는 현재에서 '미리 당겨보는 우주'이다. 그렇다면 과거는 늘 현재에 다시 살아올 수 있고, 미래는 현재에서 잉태되는 성격을 지닌다. 이렇게 '과거－현재－미래'를 연속적으로 이어가는 삶의 양식이 '전통(傳統: tradition)'이다.

한국의 과거 사상이 현재 살아 있는 사유로 되살아 올 때, 그것은 전통 사상으로 부활한다. 여기에서 우리는 전통(傳統)과 인습(因習: old custom)을 구분해야 한다. '과거의 가치관만을 고집하는 자세'는 현재의 삶을 생명력 넘치게 만드는 전통이 아니다. 그런 태도나 습성은 현재를 거역하고 과거에 안주하는 인습이 된다. 인간은 전통을 내면화 할 때 새로운 미래를 창조할 수 있다. 내면에서 역동적으로 생명력을 지속하며 창조에 기여하는 사유가 진정한 전통이다.

"전통이 받아들여질 때 그것은 너무나도 자명하다. 자기네의 그 어떤 행동이나 신념처럼 중요하다. 전통은 현재에 존재하는 과거이며, 그 어떤 새 발명품과 마찬가지로 현재의 큰 부분이 된다. 우리가 전통에 관해 말할 때, 그것은 본보기나 청지기를 의미한다(에드워드 쉴즈/김병서·신현순 옮김, 1992: 25−26)."

공자도 『논어(論語)』에서 '온고이지신(溫故而知新)'이라 하였다. '온고지신(溫故知新)'은 스승의 요건을 지시하는 엄중한 표현이다. 다른 사람의 모범이 되어야 할 스승은 전통에 대한 '통찰력(洞察力)', 현재를 추동하는 '실천력(實踐力)', 그리고 미래에 대한 '예지력(叡智力)'을 지녀야 한다. 그것은 옛날의 역사를 알고 이를 현실에서 창조적으로 활용하는 작업이다. '온고(溫故)'는 문화적 전통을 학습하고 습득하는 일이다. '여기−이때−이 상황'에서 과거의 사유를 다양한 측면으로 탐구하는 학문의 대사업이다. '지신(知新)'은 새로운 사안에 관한 발견이자 창조이다. 창조는 전통에 대한 반성과 의심, 성찰이 없다면 불가능하다.

인간이 삶을 엮어나가는 상황은 늘 과거와 현재, 미래가 겹치며 스쳐간다. 그것은 인간이 과거로부터 벗어날 수 없는 동시에 이미 미래로 나아가고 있다는 의미이다. 그러므로 인간은 과거에 대한 이해를 통해 미래를 개척해 나갈 힘을 얻는다. 과거와 미래는 현재 상황에서 연속적이고 지속적이다. 한국의 전통사상을 교육학적으로 인식하고 이해하며 실천하려는 이유도 여기에 있다.

제 1 장

에토스

1. 토테미즘(Totemism)

먼 옛날 우리의 조상이었던 부족(部族)은 지금의 만주와 한반도에 걸쳐 원시적 신앙의식에 의한 삶을 영위하고 있었다. 원래 원시사회는 신비적이고 잡다한 신들에 대한 신앙의식으로 가치관을 형성했다. 그러므로 우리의 조상 부족도 동북아시아 원시사회의 일반적인 '토테미즘'과 '샤머니즘(Shamanism)'적 정신생활을 했으리라 추정된다.

부여·고조선·초기 고구려를 형성한 부족은 신석기시대로 들어서면서 '고인돌(dolmen)'과 '선돌(menhir)' 등의 거석문화(巨石文化)를 형성하였다. '고인돌'은 씨족이나 부족의 공동묘(共同墓) 또는 씨족적인 영웅묘(英雄墓)로 우리 조상 부족이 살던 지방에 많이 나타나고 있다. 하지만 우리와 이웃해 있는 중국이나 몽고, 시베리아, 일본 등지에서는 발견되지 않는다. 아프리카나 인도 등지에도 널리 분포되어 있다. 이렇게 볼 때, 우리의 조상 부족은 극동의 거석 문화권을 형성하여 독자적인 문화 발전을 이루었다고 할 수 있다. 예컨대, '고인돌'은 조상숭배의 사상을 나타내며, '선돌'은 경계의 표식인 동시에 지역 수호와 동족의 단결정신을 보여준다. 그러므로 우리는 고래로부터 '품앗시'라는 상호부조 노동과 '두레'라는 윤번의 상호부조 노동이 발전한 것으로 판단된다.

이러한 우리 조상 부족은 '토테미즘'과 '샤머니즘' 등의 원시신앙으로 정신생활을 영위하였다. 고조선 족은 일찍이 부족 연맹체로 발전하여 부족의 통일 운동을 일으킨 것 같다. 원래 부족 시조신에 관한 신화는 부족 통일과 아울러 생겨난다. 『삼국유사』에 수록되어 있는 고조선 건국신화, 이른바 단군신화에 의하면, 곰과 범이 한 곳에서 살면서 곰은 여인이 되어 단군을 낳게 되었으나 범은 사람 되기에 실패했다고 기록하고 있다. 이와 같은 설화는 고조선 족이 '곰'을 숭배하는 '곰 토템'을 나타내는 것으로, 곰 겨레의 정치적 승리를 뜻한다. 한편, 곰과 범의

동거는 '토템' 사회의 족외혼(族外婚) 제도를 보여준다. '토템'은 집단 '토템'과 개별 '토템'으로 나눌 수 있는데, '곰 토템'은 집단 '토템'을 나타낸다. 시베리아의 '기리야크' 족, 일본의 '아이누' 족도 곰 토템 집단이었다. 이런 점에서 '토템' 사상은 동북아시아의 일반적인 원시종교(原始宗教)였다. 이들은 철저한 외혼제도를 실시하여 동일한 토템 집단끼리는 통혼을 엄금하였다. 그러므로 다른 토템 집단과 서로 같이 살 수 있었던 것이다.

토템은 원시사회에서 맹수 또는 동물이나 식물을 시조신으로 삼는 종교적 행위이다. 우리나라 강원도 지방에 있었던 동예족(東濊族)은 범신[虎神]에 제사하는 습관이 있었다. 이 범신은 여신격으로 동예의 시조이고, '범 토템' 집단이라 생각된다. 진한(辰韓)의 혁거세 탄생도 자란(紫卵)과 관계가 있고, 그의 비(妃)인 알영의 탄생도 계룡(鷄龍)과 관계가 있으며 김알지의 탄생 또한 계림(鷄林)의 흰 닭과 관계가 있다. 중국의 기록에도 '계림은 계종(鷄種)이라 닭고기를 먹지 아니한다. 닭고기를 먹으면 화가 생긴다.'라고 믿었다. 또 경주 남산 기슭에서 발견된 석각 그림에 계종전설(鷄種傳說)을 뜻하는 그림이 있는데, 이는 신라 왕실의 '닭 토템' 사상을 엿보게 한다. 또 『삼국유사』의 기록에도 '인도 사람들은 신라를 계귀(鷄貴)라 하고 계신(鷄神)을 숭배하여 닭털로써 표식했다.'라고 하였는데, 이는 분명 집단 토템 사회에서 시조신으로 믿은 새나 짐승을 그 집단의 휘장으로 삼는다는 설과 일치하는 기록이다.

이러한 계신[닭신]의 숭배는 광명신·태양신 숭배와 관계가 깊다. 중국 남쪽에 사는 묘족(苗族)의 전설에 '닭이 울면서 태양을 부른다.'라는 말이 있는데, 토템 사회에서 닭신과 태양신은 동일계열의 신앙물이다. 원시사회에서 태양신과 동일 계열의 신앙물에는 동물과 식물 등이 계열화를 이루고 있다. 닭이나 알 등의 새, 쑥과 같은 식물, 활과 화살 등은 모두 태양신과 같은 계열에 속하는 신앙물이었다.

혁거세와 계정과의 관계, 알영과 계룡, 또는 김알지와 흰 닭, 동명의 알 생산설 등은 태양신 숭배에서 오는 토템사상이다. 태양신 숭배는 강렬한 부족 국가의 통일을 바라는 과정에서 나타나는 것으로 잡다한 신들의 통일자로 숭앙된다.

2. 샤머니즘(Shamanism)

고조선 건국신화에 의하면 웅녀(熊女)가 인간으로 화할 때, 신웅(神熊)으로부터 쑥[靈艾]과 마늘[蒜] 20조각을 받았다고 한다. 그렇다면 이 쑥과 마늘은 어디에 쓰인 것인가? 원시신화에서 쑥은 여러 곳에서 나타난다. 일본 아이누 족 신화에 쑥 활[蓬弓]·쑥 화살[蓬矢]이 보이고, 중국의 『예기(禮記)』「내칙(內則)」에는 태양 빛을 빌려 불을 만들 때 쑥을 사용하고, 단오에는 쑥을 채집하는 습관이 있었다. 원시인들은 태양 빛이 왕성할 때, 태양의 오묘한 힘으로 자란 쑥에 무언가 신령스런 힘이 담겨 있다고 믿었다. 아이누 족 신화에 '쑥 화살로 악신(惡神)을 쏘아 죽이고 인간을 구제하였다.'라고 한 것으로 보아 쑥에는 광명신의 성격이 부여되어 있다. 우리의 민간에서도 소아 정신 이상에 또는 뇌막염에 쑥을 사용하여 치료하며, 악귀를 몰아내는 신통력이 있는 식물이라 생각하였다. 마늘 또한 서양 및 중국에서 악신이나 악귀를 퇴치하는 식물로 인식되었다. 우리 민속에도 전염병 귀신은 마늘 냄새를 싫어한다고 생각하고, 그것을 문턱이나 창문가에 달아두어 악귀의 침입을 막는 습관이 있다. 의학적 의미의 예방과 치료 효과와 상통한다.

이와 같이 쑥과 마늘은 악신을 몰아내고 광명신을 불러들이는 의무(醫巫) 주술력이 있다고 생각되었다. 무당이 병을 다스리는 살풀이에 사용하는 신품(神品)이 바로 쑥과 마늘이었다. 쑥과 마늘을 받은 웅녀는 무당이면서 정치적 지도자로 판단된다. 또한 단군 탄생에 100일 기도가 있었는데, 이는 무당이 태양에 봉사하는 풀이 행위이다. 3·7일의 금기는 잉태 중의 '타부' 행위로 새로운 신의 탄생을 위한 무당 의식이었다.

고구려의 주몽 탄생 설화에서도 '수신(水神) 하백녀가 방 속에 유폐되어 태양빛을 피하였으나 태양빛이 뒤따라 큰 알을 낳으니 주몽이더라.'라고 한 것으로 보아, 이 하백녀도 태양에 봉사하는 무당의 성격을 지니고 있다. 그리고 유폐는 무녀의 금기(禁忌) 의식이라 해석된다.

신라의 혁거세 탄생 설화에서도 '나정(蘿井) 숲에 서광이 빛나므로 가보았더니 아주 큰 붉은 알[紫卵] 속에서 동자가 나왔기에 동천(東泉)에 씻으니, 광채가 영롱하고 새 짐승이 춤추며, 천지가 진동하고 일월이 청명하였다.'라고 한다. 이는 새로운 신 탄생의 광경이며 동천물에 씻는 것은 풀이 행위이다. 그러므로 '광명이세(光明理世)'라고 한 것이다.

부여인의 제천의식에 영고(迎鼓)가 있었다. 이는 국가적인 대행사로 옥사(獄事)를 결정하고 죄수를 석방하여 남녀노소가 춤추고 노래하며 축배를 들었다. 부여는 목축과 농경을 겸한 사회였다. 영고는 공동수렵제의 행사로 신체(神體)임과 동시에 일종의 악기인 나무통[鼓]을 맞이하는 굿이다. 그러기에 영고라고 하였다. 이와 유사한 예는 중국 남방의 요족(搖族)이 나무통을 치면서 견조(犬祖)를 제사하는 습관이 있고, 일본 궁중의 진혼식(鎮魂式)에서 원녀(猿女)가 복조(覆槽)를 공이 자루로 치면서 춤을 추는 굿이 있다. 이렇게 볼 때, 나무통은 고대 씨족 간에 악기로 사용되었으며, 동시에 여성기를 상징하는 신례(神禮)였다. 다시 말하면, 영고는 씨족 공동신에게 풍년과 행복을 비는 굿으로 연중행사라 해석된다. 고구려의 동맹, 동예의 무천 등 가무음주(歌舞飮酒)하여 즐긴 습속도 이와 유사하다.

마한도 5월에는 밭에서 귀신 제사에서 노래하며 춤추며 몇 날을 함께 보냈고, 10월에도 다시 되풀이했다고 전한다. 5월은 농업 신에 대한 제사이며, 10월은 추수 감사제이다. 『위지(魏志)』「삼한전(三韓傳)」에 의하면, '이들은 귀신을 믿어 국읍(國邑)에는 천신을 주제하는 천군(天君)이 있고, 별읍(別邑)에는 소도(蘇塗)가 있어 큰 나무에 방울[鈴]과 북[鼓]을 걸어두어 귀신을 섬겼다.'라고 한다. 천군은 샤먼이고, 소도는 샤먼이 의식을 치르는 장소이다. 방울과 북은 샤먼의 신품(神品)이며 신굿(齋神)에 필요한 물품이다.

진한 사람은 일월신, 산악신(山嶽神) 등 잡다한 신앙이 있었는데, 남해왕을 속어로 차차웅(次次雄)이라 하였는데 일종의 승려에 해당한다. 그의 누이 아노(阿老)는 신묘에 봉사하는 무당이었다. 왕실의 이와 같은 집단 무격의 형태는 정치와 주술적 무당집단이 함께 하는 군무일치(君巫一致)의 형태를 보여준다.

굿을 주관하는 인간을 무당이라고 한다. 무당은 샤먼과 동일한 존재로, 여진(女眞)의 샤만(Shaman)·살만(薩滿)·사무(師巫)에서 유래한다. 우리는 이를 무당(Mutang) 또는 여무(女巫)라고 한다. 무(巫)는 고대의 신교(神敎)를 주관하던 사람으로 가무(歌舞)로 신이 내리기를 빌어 복(福)을 구하였다. 여진의 살만은 우리의 무당이며 만신(万神)이었다. 이들이 제사지내는 곳을 당(堂)이라고 한다. 예를 들면 국사당(國師堂), 성황당(城隍堂), 산신당(山神堂), 칠성당(七星堂), 도당(都堂), 신당(神堂) 등으로 불린다.

3. 유교(儒敎)

삼국시대에 들어서면서 중국에서 한자(漢子)가 도입·사용되었다. 이와 더불어 유교(儒敎)의 합리주의 사상이 지배층을 중심으로 일반화되기 시작하였다. 그리하여 원시신앙인 태양신 숭배는 유교의 '천(天)' 사상과 결부되어 국가를 구성하는 강력한 이론적 뒷받침으로 작용하였다. 농경의 발달과 아울러 대가족주의 질서의 근본 윤리인 유교의 '효(孝)'사상이 적극적으로 받아들여졌다. 또 가부장적 전제군주 제도가 채택되어 발전함에 따라서 '충(忠)'사상도 강조되었다.

고구려 소수림왕 2년에 처음으로 유교를 중심으로 하는 교육기관인 태학(太學)이 건립되고 교과로는 오경(五經)과 삼사(三史)가 채택되었다(『三國史記』「高句麗本紀」; 『北史』 卷94).[2] 『구당서(舊唐書)』「고구려전」에 의하면, "책을 사랑하여 비천한 자도 큰 집을 거리에 세워 '경당(扃堂)'이라 하고, 자제들은 혼인할 때까지 주야로 여기에서 글을 읽고 궁술(弓術)을 연마하였으며, 교과로는 오경과 『사기』·『후한서』·『삼국지』 또 손성의 『진춘추』·『옥편』·『자통』·『자림』 등을 사용하고, 특히 『문선』을 애독하였다(『舊唐書』「列傳」 第149)."[3] 이와 같은 기록으로 볼 때, 경전 교육은 유교 보급에 크게 이바지한 것으로 생각된다.

백제의 유교 보급도 고구려의 경우와 흡사하여, 건국 초부터 유교를 수용하여 4세기경에는 유교 교육기관이 완비되었다. 근초고왕 29년에 고흥(高興)이 박사가 되었고, 유교 박사 왕인(王仁)은 『천자문』과 『논어』를 일본에 전하였고, 무령왕 때는 오경박사(五經博士)라는 관직을 두었다.

신라는 6세기경부터 적극적으로 유교가 보급되어, 신라 진흥왕은 「북한산비」에서 '충신정성(忠信精誠)'이라 하고, 「황초령비」와 「마운령비」에 '막불수기이안백성(莫不修己以安百姓)'이라 하여, 유교에서 쓰는 개념이나 용어가 많이 보인다. 503년에는 왕호를 중국식으로 개칭하고, 국호와 연호도 유교식으로 고쳤다. 639년 성덕여왕 8년에는 당나라로 유학을 장려하여 수많은 청소년들이 당나라로 보내졌다. 이에 당나라의 선진 문물 수입에서 진취적 노력을 계속하여 김대문(金大問)·강수(强

---

2) 立太學 教育子弟.; 「高句麗傳」: 書籍有五經, 三史, 三國志, 晉春秋.

3) 俗愛書籍, 至於衡門厮養之家, 於各街衢, 造大屋謂之扃堂. 子弟未婚之前, 晝夜於此, 讀書習射, 其書有五經及史記·漢書·范曄後漢書·三國志·孫盛晉春秋·玉篇·字統·字林, 又有文選, 尤愛重之.

首)·설총(薛聰)과 같은 석학을 배출하였다. 특히, 설총은 7세기 무열왕 때부터 8세기 성덕왕 때까지 활동한 한국 유교의 시조로 『화왕계(花王戒)』 1편이 『삼국사기』에 전하고 있다. 그 내용은 '간사하고 아부하는 무리를 버리고 정직한 자를 등용해야 한다.'라는 군왕의 도를 신문왕에게 설파하고, '소인과 군자를 가리어 써야 한다'라는 유교적 도덕관으로 일관되어 있다. 이로 보아 유교적 사유가 성행했음을 알 수 있다.

4. 불교(佛敎)

역사 기록으로 볼 때, 불교는 고구려 때 전해졌다. 중국의 지도림(支道林, 314－366)은 고구려 미천왕 15년에서 고국원왕 63년 사이에 생존한 승려로, 고구려 도인(道人)에게 글을 보냈다고 전한다. 또한 372년 여름 6월에 중국 전진(前秦)의 왕인 부견(符堅)이 사자(使者)와 승려 순도(順道)를 보내오고 불상(佛像)과 경문(經文)을 가져온 것에 비하면, 연대적으로 앞서 있다. 그러나 374년에 승려 아도(阿道)가 다시 와서 초문사(肖門寺)와 이불사(伊弗寺)를 건립하고, 순도·아도에게 각각 포교하게 한 것이 '해동불법(海東佛法)의 시초'이다. 때문에 이 무렵을 불교가 공식적으로 전래한 시기로 삼는다. 순도와 아도가 어떤 종류의 신앙을 가진 승려인지 알기 어려워, 고구려 불교의 초기 성격이 어떠한지 알 수 없다. 뿐만 아니라 순도·아도가 가져온 경문과 불상의 종류도 파악하기 어렵다. 그러므로 당시 중국 불교계의 상황에 따라 추측할 수밖에 없다.

중국은 5호 16국 시대였는데, 군주들이 앞다투어 불법을 깊고 성실하게 믿었다. 후조(後趙)의 석륵(石勒)·석호(石虎) 두 군주는 신이영험(神異靈驗)하며 덕화(德化)로 이름 높은 부도징(佛圖澄)의 감화를 받았다. 전진의 부견은 도안(道安)을 존중하였다.

『고승전(高僧傳)』「도안조」에는 '부견이 외국에 사신과 7척 금박동상 및 금좌상을 보내고 또 결주미륵상을 보냈다.'라고 하였다. 이를 두고, 고구려에 보낸 것도 미륵상의 일종이며 경문도 도안과 관계가 있는 미륵의 두솔왕생(兜率往生)의 전토계가 아닐까 추측하기도 한다. 그러나 소수림왕 2년에 도안은 아직 부견의 귀의를 받지 못하고 양양에 있을 때이다. 부견이 도안의 명성을 듣고 양양을 공격하여 장안으로 데려온 것은 그보다도 7년 후인 379년이므로, 순도·아도는 도안계이며 도안 사상이 반영된 경문과 불상을 가져왔다고 믿기는 어렵다.

도안 이전의 중국 불교는 '격의불교(格義佛教)' 시기로 노자(老子)와 장자(莊子)의 '무(無)'와 반야경(般若經)의 '공(空)'을 동일시하였고, 무인무과(無因無果)·악인악과(惡因惡果)처럼 인과적 사안으로 이해하였다. 또 도안의 스승인 부도징은 신이영위(神異靈威)하고 덕화력(德化力)이 강하며, 신주(神呪)와 계행(戒行)에 뛰어났다. 원래 이러한 주술력의 발휘는 그 지방의 토속신앙과 습합된 것이다. 그러므로 부견과 부도징 사이에 직접적 관계가 없었다 하더라도 감화가 미쳤을 것으로 생각된다. 순도·아도 또한 주술계행(呪術戒行)과 인과구복(因果求福)의 도덕불교로서 감화를 주로 한 승려일 것으로 추측된다. 왜냐하면 '샤먼적 주술'의 토속신앙과 습합한 형태가 첫 단계의 전파 과정에 유리했기 때문이다. 그러므로 고국양왕 9년에 '불법을 숭배하고 믿으며 복을 구하라.'는 국사종묘(國社宗廟)를 수립하는 명령이 있었다.

『북사(北史)』「고구려전」에 의하면, '10월에 제천(祭天)하고 또 불법을 믿으며 귀신을 공경하여 음사(淫祠)가 많았다.'라고 하였다. 또한 『동사강목(東史綱目)』에도 '다신(多神)의 하나로 부처를 섬기며 구복(求福)과 양요(禳妖)로 씨족신·국사신 등과 귀신을 아울러 모셨다.'라고 하였다. 이런 기록은 고구려의 토속신과 불교의 습합 형태라 해석되며, 기도(祈禱)나 구복(求福) 불교가 수용되었음을 뜻한다.

이후, 광개토왕(廣開土王) 때, 담시(曇始)가 경(經)·률(律) 수십 부를 전하고, 요동에서 선화(宣化)하여 삼승교(三乘敎)를 밝히고 귀계(歸戒)를 세웠다. 이것을 고구려 문도(聞道)의 시초라 하였다. 문도의 시초라 한 것은 경·률을 전했다는 사실보다도 교리의 이해가 깊어지고 신도의 수준이 비약했음을 보여준다. 결국, 고구려 초기 불교는 기도·구복을 본질로 하고 토속적인 무습(巫習)과 습합한 신앙이 주류를 이룬 것으로 생각된다.

백제는 고구려보다도 12년 늦게 침류왕 원년(384년) 9월에 동진으로부터 호승(胡僧) 마라난타가 왔다. 다음 해 9월에는 한산(漢山)에 불사(佛寺)가 창건되어 승려 10인을 두었다. 『해동고승전』「마라난타전」에는 그가 신이감통(神異感通)할 뿐이며, 성왕 19년(541년)에 양(梁)나라 무제(武帝)에게 조공할 때 모시박사(毛詩博士)와 열반등경(涅槃等經) 경의(經義) 및 공장(工匠)·화사(畵師) 등을 청하였다고 한다. 『삼국유사』에 의하면, 심류왕자 아신왕(阿莘王)이 즉위한 해, 즉 동진 태원 12년 2월에 불법을 숭배하고 믿어 복을 구하라고 명령하였는데, 이것만으로는 백제 불교가 동진 불교와 어떤 관계가 있었는지 알기 어렵다.

그러나 진(晉)에서 건너온 마라난타는 서역 사람이라 동진 불교의 주류인 반야(般若) 사상을 그대로 수용할 만큼 백제의 지적 수준이 마련되어 있었다고 단정하기는 곤란하다. 그러나 아신왕의 구복하교(求福下敎)는 인과응보의 기도 불교로 발전한 것이라 생각된다. 특히, 부도징의 개인적 덕화 위주의 포교방식처럼 마라난타도 '신이감통'이라 한 것으로 미루어 볼 때, 주술계행과 덕화를 목적으로 한 기도 불교가 아닌가 생각된다. 그리하여 고유의 신앙과 별 마찰이 없었다고 생각된다.

백제 불교는 그 후 동진(東晋)·송(宋)·위(魏)·제(齊)·량(梁) 등의 영향을 계속적으로 받고 발전하여 성왕(聖王) 때는 수많은 경론이 다시 전래되는 한편 일본에까지 불교를 전하였다.

『일본서기』(권20)에는 백제 성왕의 아들 때, '경론과 율사·비구니·주금사·조불사·조사공 6인을 보내왔다.'라고 하였고, 또 '백제에서 온 녹심신(鹿深臣)이 미륵석상 1구를 가졌다.'라고 하였다. 동진의 도안계인 혜원 등의 정토(淨土)신앙과 백제에서 미륵석상을 일본에 보냈다는 사실을 아울러 생각한다면, 백제에서도 동진의 유행 사상이던 정토신앙의 영향을 받았다. 특히, 미륵 정토신앙이 발전되어 일본에까지 영향을 준 것이라 짐작된다. 성왕은 처음 석가불 금동상 하나를 일본에 보냈다. 그 후에 미륵상과 같은 특수한 신앙의 대상인 불상을 일본에 전하였다는 사실은 성왕으로부터 위덕왕 때까지 백제 불교가 조직적으로 발전하고 교리에 대한 깊은 이해가 이루어졌다는 증거이다.

신라의 불교 전래는 삼국 가운데 가장 늦게 이루어졌다. 고구려보다는 약 256년, 백제보다는 144년이나 늦은 법흥왕 15년(528년)에 불교가 전해졌다. 그러나 지눌왕(417-457) 때, 벌써 사문(沙門) 묵호자(墨胡子)가 고구려를 거쳐 지금의 경북 선산의 모례(毛禮) 집에 머물면서, 향(香)의 용도로 삼보(三寶)에 치경(致敬)할 때 분향(焚香)함으로써 영험이 있다고 알리고, 왕녀의 병을 고쳤다. 이는 다분히 주술적 냄새를 풍기고 있다. 이 묵호자도 서역에서 온 주술적 밀교(密敎) 계통의 승려가 아닐까 생각된다.

그 후 초지왕(479-499) 때 아도(我道) 화상이 시자(持者) 3인과 더불어 경(經)·률(律)을 가르쳐 신봉자를 얻었고, 모례의 집에 있다가 도리사를 창건하였다고 한다. 조사 결과, 모례 장자의 집터와 아도화상의 사적비가 선산 해평의 태조산에서 발견되었다. 이는 법흥왕 15년 신라 불교 전래 이전에 이미 고구려 불교의 영향을 입어 민간에 불교가 유포된 사례의 하나이다.

그러나 불교 공인에 이르러 찬성과 반대의 양론이 있어 그 실행을 보지 못하였다. 이는 이차돈의 순교로써 해결되었다. 그때의 반대론자들은 반대 이유를 크게 두 가지로 들었다. 하나는 승려의 모습이 동두(童頭)·동복(童服)으로 일반 습속과 맞지 않다는 점이다. 다른 하나는 불교의 교화가 종래의 습속과는 달라 기이하며, 유포했다가 해가 미치면 어떻게 하느냐는 것이었다.

이로 미루어 볼 때, 신라인은 자주적이며 비판적 기상을 지니고 있었고, 외래문물 수용에서 민족적 자부심을 나타냈다. 그것은 신라의 불교 수용이 고구려나 백제와는 달리, 256년이라는 연대적 격차로 그동안 이론적으로 고도로 발전한 고구려나 백제의 지적 수준에 뒤따르지 못했다는 점과 연관된다. 또한, 당시 삼국 사이의 국제적 감정 관계도 적지 않게 적용되어 신라의 불교 수용이 쉽지 않았다는 점에서 더욱 의미 있는 자긍심이다.

하지만 법흥왕은 이미 불교를 이해하고 있었고, 공인을 강행할 때 이차돈의 순교는 결정적인 도움이 되었다. 이차돈은 '부처[佛]에 신이 있다면 반드시 다른 특별한 일[異事]이 있을 것이다.'라고 유언을 남겼는데, 여기에는 주술적 냄새가 배어 있다. 법흥왕 16년에는 살생을 엄금하는 명령인 '령금살생(令禁殺生)'을 강조하였으니, 교리의 이해가 급진했음을 알려준다. 동시에 기도 구복의 현세 이익 불교가 청산되어 가는 과정을 보여준다. 진흥왕 26년(565년)에는 진(陳)의 명관(明觀)이 불교 경론(經論) 1,700여 권을 가져왔고, 동왕 때는 6장(丈), 약 18미터에 이르는 동상(銅像)을 주조하는 대규모의 불교 수용이 이루어졌다.

5. 도교(道敎)

고구려 국강왕(國岡王)이 백제를 칠 때, 백제의 근초고왕은 태자에게 방어 임무를 맡겼다. 태자가 외적을 격퇴하고 다시 추적하려 할 때,

장군 막고해(莫古解)가 간청하였다. "일찍이 도가(道家)의 말에 '만족할 줄 알면 수치를 당하지 않고 그칠 줄 알면 위태롭지 않다'라고 하였습니다. 이제 얻은 것도 많은데, 또 더 구할 것이 무엇이 있겠습니까!(『三國史記』「百濟本紀」)."[4]라고 하여 중지토록 하였다. 이런 점에서 볼 때, 당시 백제에는 『노자도덕경(老子道德經)』이 이미 전파되어 이해되고 있었다.

신라는 효성왕 2년(738)에 당(唐)나라로부터 『노자도덕경』이 수입되었다. 도교(道教)는 '도(道)'를 우주의 유일자로 삼고 무위자연(無爲自然)을 처세 철학으로 삼았다. 당나라 때 특히 유행한 사상으로 도교는 불교의 공(空)과 노장학의 무(無)가 비교 연구되기도 하였다. 유교의 실천철학과는 근본을 달리하여 우주론에서 특이한 논리를 전개하였다. 그러나 가부장적 전제정치가 발달함에 따라 그 이념적 뒷받침을 제대로 하지 못하였다. 때문에 도가 사상은 불교의 성행과 보조를 맞추었다. 중국 동한(東漢) 때부터는 노자를 신격화하여 '도(道)'를 왜곡하고 주술적 방법으로 장생불로(長生不老)와 질병구제(疾病救濟)의 방법을 혼용하여 도교(道教)를 만들었다.

도교는 고구려 보장왕 때 당나라 고조가 도사 숙달(叔達) 등 8명을 고구려에 보내어 전도를 도왔다. 보장왕 때 연개소문은 도교 수입을 건의하여 '삼교[유교·불교·도교]는 비유하면 솥의 세 다리와 같다. 그 가운데 하나도 없어서는 안 된다. 지금 유교와 불교는 번창하지만 도교는 번성하지 못하니 세상의 도술을 모두 갖출 수 없다.'라고 하였다. 왕은 정책적으로 도사와 『노자도덕경』을 수입하고 불교 사원에 도관(道觀)을 마련하였다. 또 도사에게 승려보다 높은 지위를 주어 불교와 도교의 항쟁을 일으키기도 하였다. 연개소문의 건의는 유·불·도의 장점을 취하여 종합적인 새로운 기풍과 사상을 창조하려는 시도였다. 이는 고구

---

4) 將軍莫古解諫曰, 常聞道家之言, 知足不辱, 知止不殆, 今所得多矣, 何必求多.

려 말의 새로운 사상개혁 운동으로 볼 수 있다. 그러나 이에 대한 반감도 심하여 승려들은 외국으로 떠나버렸다. 열반종(涅槃宗)의 고승이었던 보덕(普德)의 백제 망명이 그 한 사례이다.

제 2 장

고유사상

1. 신화(神話)

한국교육의 원형을 알려주는 주요한 자료 가운데 하나가 신화(神話: Myth)이다. 신화는 형식적으로는 신(神)들의 이야기지만, 인간의 삶과 동떨어진 단순한 신에 관한 이야기가 아니다. 상징으로 드러나는 인간의 이야기이다(최남선/조지훈/이은봉 엮음, 1986).

인류 최초의 지혜는 신화 속에 결정(結晶)되어 있다. 원시인의 신앙·도덕·과학·역사에 대한 요구와 노력은 신화로 종합되었다. '신화'는 유사 이전에 내려오는 희랍어 뮈토스(Muthos)를 번역한 용어이다. 원시사회의 인민(人民)이 그들의 독특한 심리나 감각 또는 추리력으로써 자연계와 인간 생활상 등 모든 사물의 내력을 설명하는 데서 발생하여 성립한 지식의 덩어리이다.

초자연적 세력을 빌어 모든 것을 설명하고, 또 주술(呪術)·제례(祭禮)와 더불어 친밀한 관계를 갖는 측면에서는 종교와 비슷하다. 자연계의 물상(物象)·현상의 유래·성립을 탐구하려는 측면에서는 과학과 비슷하다. 사회 집단생활의 문화 현상을 천명하려는 측면에서는 역사와 비슷하기도 하다. 이는 고대 사회의 종교·과학 또는 역사를 통괄하는 내용을 담고 있는 것이 원래 신화라는 사실을 나타낸다.

미개 사회의 인간은 문명을 발달시킨 인간과 판이한 사고방식을 지니고 있다. 그들은 우주 자연에 일종의 신령한 힘이 있다고 믿는다. 또 만물과 사람 사이에 서로 융통감응(融通感應)하는 관계가 있다고 생각한다. 그 가운데 어떤 것은 씨족의 뿌리나 수호자로 인식한다. 어떤 것은 집단의 표상으로 하여 그를 숭배하며 사회적 약속의 유대로 삼는다. 또한 약간 진보한 수준에서는 이 신령한 힘을 인격화하고 이 표상을 신격화하여 하나의 강고한 민족 신앙으로 성립한다.

이러한 신령한 힘을 '마나(Mana)'라고 한다. 씨족의 수호자로 믿는 것은 '토템(Totem)'이다. 신령한 힘 또는 신격을 외경(畏敬)하기 위해 사회적으로 금기하는 행위가 다름 아닌 '타부(Taboo)'이다. 마나와 토템, 그리고 타부를 전반적으로 통합하여 형성한 것이 원시종교이다. 원시사회는 이 종교를 중심으로 하여 기축(祈祝)·제사본위(祭祀本位)로 그 사회 공동체의 질서를 잡아 나간다. 그것이 정치형태로 드러날 때, '신정(神政: Theocrary)'이 된다.

신화의 내용은 이런 사실에 관계되는 신의 활동을 종합적으로 표현하여 신념으로 전승한 것이다. 신화는 당시 사람들에게 비유(譬喩)도 아니고, 우언(寓言)도 아니다. 엄숙하고 적실(的實)한, 움직일 수 없는 사실(事實)이었다.

신화에 나타나는 모든 신의 행위는 신화를 가지고 있는 모든 사람의 행위와 동일하다. 신화에 나오는 일체의 관계는 신화가 있는 모든 사람의 상호 연관이자 늘 한 덩어리이다. 신과 인간이 동체(同體)이고, 세계의 모든 관계가 상즉상입(相卽相入)해 있다. 이러한 형태에서는 신의 세계가 곧 인간의 세계이고, 신화가 곧 사실이다.

다시 반복하면, 신화는 신의 이야기다. 따라서 신화의 주인공은 신이고, 신화는 신의 세계를 풀이한 것이다. 하지만, 그 신은 실상 인간의 영웅을 신화화 한 것이고, 인간의 생활을 신화화 한 것이므로, 신화는 곧 고대 사회 사람들의 생활과 지식과 꿈[이상]의 반영이다. 그러므로 신화는 신의 이야기를 넘어 인간이 터득하고 만든 원초적인 인간의 이야기로 전환한다. 때문에 신화는 인간이 발견한 정치와 사회와 과학과 문학과 역사의 원형으로서 의의를 지닌다.

신화에는 여러 가지 종류가 있다. 관점과 각도에 따라 여러 분류 방법이 있다는 말이다. 모든 신화는 신화라는 공통된 본질의 민족적 표현(表現)과 민족적 변성(變性)과 민족적 소장(消長)에 지나지 않는다. 그러므로 우리는 신화로써 고대사회 사람들의 심리와 민족적 사고방식의 원형을 찾을 수 있다. 고대의 사회적 구조와 문화권의 접촉 및 그 유연성을 탐색할 수 있다. 한 민족의 역사적 풍토와 민족 문화의 성격, 이념의 원형과 방향을 추출할 수 있다.

한국 민족에게 기록상 신화의 원형은 '고조선(古朝鮮) 건국신화(建國神話)'이다. 이른바 '단군신화(檀君神話)'라고 불리는 설화이다. 주지하다시피, 설화의 내용은 다음과 같다.

"옛날 하느님[帝釋]인 환인(桓因)의 아들 가운데[庶子]에 환웅(桓雄)이 있었다. 하늘 아래에 자주 뜻을 두고서 인간 세상을 탐내어 구하였다. 아버지는 아들의 뜻을 알고서 아래로 내려다보았다. 삼위(三危) 태백(太白)이 인간을 널리 이롭게[弘益人間]할 만하였다. 이에 천(天)·부(符)·인(印) 셋을 주며 내려가 다스리도록 하였다.

환웅은 무리 삼천을 거느리고 태백산 마루의 신단수(神檀樹) 아래로 내려왔다. 그곳을 신시(神市)라 하였다. 지상의 환웅은 환웅천왕(桓雄天王)이 되었다. 그는 풍백(風伯)·우사(雨師)·운사(雲師)를 통솔하고, 곡(穀)·명(命)·병(兵)·형(刑)·선악(善惡) 등 무릇 360여 가지 인간사를 주관하였다.

이렇게 현세에서 다스려 교화[在世理化]할 때 곰 한 마리와 범 한 마리가 같은 굴에 살았다. 늘 신인 환웅에게 인간이 되게 해달라고 기원하고 있었다. 이에 신은 쑥 하나와 마늘 스무 쪽을 주면서, '너희들이 이것을 먹고 100일 동안 햇빛을 보지 않으면 사람의 형상이 된다.'라고 하였다. 곰과 범은 이를 받아먹었다. 햇빛을 보지 않는 금기를 지킨 지 3·7일 만에 곰은 여자가 되었다. 그러나 범은 금기를 지키지 못하여 사람이 되지 못하였다.

곰 여인[熊女]은 혼인할 상대가 없어 늘 신단수 아래에서 잉태하기를 빌었다. 환웅이 이에 가화(假化)하여 혼인을 하고, 웅녀가 잉태하여 아들을 낳았다. 그 이름을 단군왕검(檀君王儉)이라 하였다. 이 사람이 중국의 요(堯)임금 즉위 50년 경인(庚寅; 요임금의 즉위 원년이 갑신(戊申)이므로 50년은 정사(丁巳)년이지 경인(庚寅)년이 아님. 아마도 사실이 아닐 듯함)에 평양성[지금의 서경]에 도읍을 정하고 조선(朝鮮)이라 하였다(『三國遺事』「紀異」古朝鮮).”[5)]

환웅은 농경사회의 정치 지도자이다. 왜냐하면 그는 농사의 근본 요건인 바람과 비와 구름을 주관하는 신을 거느리고 지상으로 내려왔기 때문이다. 정치의 근본이 되는 농업·의료·법률·도덕 등을 포괄적으로 조정했다. 이는 모든 인간사·인간 행위를 관장하여 ‘모든 사람이 함께 사는 세상’을 만들려는 염원이 깃들어 있다.

여기서 환웅은 환인천제(桓因天帝)의 아들로서 홍익인간(弘益人間)의 이념을 지상에서 직접 시행하려는 존재이다. 환웅은 ‘비-구름-바람’의 신에게 도움을 받아 인간을 다스리는 존재로 설명된다. 이런 신들이 인간을 다스린다. 그 다스림의 이념적 도구는 ‘홍익인간’이다. 풀어 쓰면, ‘널리 인간을 이롭게 한다.’라는 이상이다.

그렇다면 어떻게 함으로써 인간을 이롭게 할 수 있는가? 홍익인간의 이념을 가지고 환웅이 다스림을 행했다면 바로 그 다스림의 내용이 홍익인간의 핵심이다. 환웅이 다스린 정치의 구체적 내용은 어디에서 살필 수 있는가? 그것은 ‘비, 구름, 바람을 거느리고 곡식을 주관하고, 운명과 질병, 형벌, 선과 악, 무릇 인간 360여 가지 일을 다 주관하였다.’라는 구절에서 드러난다.

단군신화를 구성한 우리의 조상은 이러한 정치를 통하여 인간을 이

---

5) 古記云, 昔有桓因[謂帝釋也] 庶子桓雄, 數意天下, 貪求人世. 父知子意, 下視三危 太伯, 可以弘益人間, 乃授天符印三個, 遣往理之. 雄率徒三千, 降於太伯山頂[卽太伯, 今妙香山] 神壇樹下, 謂之神市, 是謂桓雄天王也. 將風伯 雨師 而主穀主命主病主刑主善惡凡主人間三百六十餘事, 在世理化, 時有一熊一虎, 同穴而居, 常祈于神雄, 願化爲人. 時神遣靈艾一炷·蒜二十枚曰: ‘爾輩食之, 不見日光百日, 便得人刑’, 熊虎得而食之, 忌三七日, 熊得女身, 虎不能忌, 而不得人身. 熊女者, 無與爲婚, 故每於壇樹下, 呪願有孕, 雄乃假化而婚之, 孕生子, 號曰檀君王儉. 以唐 高卽位五十年庚寅[唐高卽位元年戊辰, 則五十年丁巳, 非庚寅也. 疑其未實]. 都平壤城[今西京], 始稱朝鮮.

롭게 할 수 있다고 생각하였다. 홍익인간은 경제적 풍요와 정치적 지위, 일신의 안녕, 사회 질서, 도덕 가치 같은 것을 주요 내용으로 한다. 경제적 풍요는 '곡식을 주관하였다.'라는 언급에서 추측할 수 있다. 정치적 지위는 '운명을 주관하였다.'라는 언표에서 살펴볼 수 있다. 일신의 안녕은 '질병을 주관하였다.'라는 말에서 찾아진다. 사회 질서는 '형벌을 주관하였다.'라는 언급에서 얻어지고, 도덕 가치는 '선와 악을 주관하였다.'라는 언표에서 이끌어 낼 수 있다.

물론, 이러한 내용은 단군신화를 구성하던 시기의 사회적 상황과 요구를 반영한다. 단군신화를 탄생시킨 고대사회는 곡식을 주된 식량으로 삼는 농업경제의 시대이다. 사회적 지위가 정치경제적으로 뚜렷이 구분되는 계급사회이다. 질병으로부터의 해방을 위한 의료행위가 존재하였고, 죄악을 다스리기 위한 사회적 장치로서의 형법이 시행되었으며, 옳고 그름의 도덕적 기준이 제시되고 있는 시대였다. 사회문화가 발달한 만큼 당대의 요청이 단군신화에 반영되어 '홍익인간'의 이념으로 구성된다는 뜻이다.

다시 말하면, 단군신화에 나타난 환웅에 관한 기사는 모든 사람에게 따뜻하고 행복한 생활을 부여하는 것이 목표였다. 이는 우리 민족의 복지 생활과 세계 인류에 공헌하는 길이 '홍익인간'의 이념 속에 구현되어 있음을 시사한다. 그러므로 환웅은 지상낙원(地上樂園)을 건설하기 위해 인간을 다스리는 신성한 군주(君主)이다.

이처럼 『삼국유사』의 첫머리에서 우리 민족은 4,300여 년 전에 홍익인간을 제창하였다. 홍(弘)은 넓다는 의미의 '박(博)'이고, 익(益)은 실제 이익을 주는 진정한 '사랑[愛]'이다. 이 홍익인간의 뜻에 따라 훌륭한 정치를 행하여 인간을 사랑하라는 말은 우리 민족만을 고려하라는 뜻이 아니라 인류 전체로 향하는 숭고성을 지닌다. 홍익인간을 대한민국 교육이념으로 제창하는 데 결정적으로 기여한 백낙준은 '홍익인간

(弘益人間)'을 '인간을 위한 최대의 봉사(Maximum Service to Humanity)'로 번역하였다.

정영훈(2020)의 경우, 현대 민주주의적 시선에서 의미를 확장하고 교육적 의의를 반영하는 다양한 표현들을 제시한다. '홍(弘)'을 '크다', '넓다'로 풀이하면서, 자유주의와 연관하여 '성장, 생산성, 경쟁력, 자유, 효율성' 등을 제시하였고, 사회주의와 연관해서는 '평등, 배려, 분배, 복지, 공평성' 등을 명시하였다. '익(益)'은 '더한다', '돕는다', '이롭게 한다'라고 풀이하면서, '행복하게 한다. 비상호적 헌신의 윤리, 복지국가' 등의 의미를 부여하였다. '인간(人間)'의 경우, '인간 세상', '공동체', '사람', '인민', '민중', '타인' 등으로 풀이하면서, '공동체주의, 인간중심주의, 이타주의, 인도주의' 등 사람 사이의 관계를 가장 합리적이고 정의롭게 구현 가능한 내용으로 정돈하였다.

2. 성년의례(成年儀禮))

원시사회의 교육은 가정과 사회집단의 생활 가운데 무의식적(無意識的: unconscious)이고 비형식적(非形式的: non-formal)으로 이루어졌다. 일상생활의 과정이 교육이었고, 생활의 공간이 교육의 마당이었다. 현대의 학교교육과 같이 의식적이고 계획적으로 고안된 교육방법은 따로 없었다. 그들에게는 의식주(衣食住)를 획득하는 과정에서의 훈련(訓練)이 실제 교육을 구성하고 있었다. 필요한 지식은 아동이 모방(模倣)을 통하여 획득한다. 어릴 때의 모방은 무의식적이다.

모방에 의한 훈련의 다음 단계는 의식적 활동이다. 이 단계에서 아이들은 어른의 활동에 참가하여 모방을 통해 배우지 않으면 안 된다. 사회를 이끌어 나가는 어른들이 사회유지의 차원에서 요구하기 때문이다. 어른들의 이런 요구는 단순히 아이들을 훈련시키는 데 그치는 것이 아니라 일[삶]에서의 구체적 성과를 지향한다. 그것은 개인과 사회의 생존 문제와 직결된다.

어른들이 주로 맡고 있으면서 청소년들에게도 가치가 있는 생활의 주요한 부분은 의식(儀式)과 무도(舞蹈) 및 주문(呪文)과 연관된다. 이러한 의식의 집행은 고대 민족의 종교적 숭배를 의미하며, 수렵·원정·수확·파종·식물의 저장 등 사회 활동을 해 나가는데 없어서는 안 되는 사안이었다. 여기에는 각 부족의 신화, 전설, 종교적 교리, 과학적·지적 신념이나 역사적 전통에 관한 설명이 들어 있다. 과거로부터 끊임없이 진행되어온 전승적 지식을 배워가는 청소년의 이러한 의식은 모두 일종의 교육적 기능을 지닌다(몬로/조종인 역, 1994).

이 과정에서 어른으로 공인 받는 성년식(成年式: initiation rites)은 매우 중요한 교육적 가치를 지닌다. 성년식은 보통 성인 남자에 의해 집행되는 남아를 위한 성년식도 있고, 부인에 의해 집행되는 여아를 위한 성년식도 있다. 고대 한민족의 성년식은 다음과 같은 역사 기록에서 확인할 수 있다. "나라나 관가에서 일이 있을 때 성곽을 쌓게 하며, 젊고 용맹하고 건강한 자들이 모두 등가죽을 꿰뚫어 밧줄을 꿰었다. 거기에 곧고 큰 나무 막대기를 매달아 날마다 소리를 지르면서 잡아 끌어 아픔을 모르도록 단련한다. 이에 기뻐하였으며, 또한 건장하게 되었다(『三國志·魏志』「東夷傳」)."[6)]

또 다른 기록의 경우, 내용은 유사하지만 약간 다르게 표현되어 있다. "사람됨이 씩씩하고 용감하여 소년 시절에 집을 짓는 자가 있다. 힘을 낼 때는 밧줄로 등가죽을 꿰뚫어서 이를 큰 나무에 붙들어 매고, '욱!', '욱!' 하는 소리를 지르면서 잡아당기는 힘겨루기를 한다(『後漢書』「東夷傳」)."[7)]

---

6) 其國中有所爲及官家, 使築城郭, 諸年少勇健者, 皆鑿背皮, 以大繩貫之. 又以丈許木鍾之, 通日嚾呼作力, 不爲痛, 旣以勸作, 且以爲健.

7) 其人壯勇, 少會有築室. 作力者, 輒以繩貫背皮, 縋以大本嚾呼爲健.

『삼국지·위지』의 기록과 『후한서』의 기록을 보면, 내용상 모순이 있다. 저자인 진(晋)의 진수(陳壽)는 처음에 '마한은 삼한의 서쪽에 있다. 백성은 곡식의 씨앗을 심고 누에를 치며, 큰 마을에는 신지(臣智)라는 통치자가 있고, 작은 마을에는 읍차(邑借)라는 지도자가 있다. 그들은 산과 바다 사이에 퍼져 살았고 별도의 성곽을 쌓지는 않았다.'라고 하였다. '삼한에 성곽을 쌓지 않았다.' 또는 '성곽이 없다.'라고 해 놓고, 그 뒤에 '나라나 관청에서 일이 있을 때, 성곽을 쌓았다.'라고 한 언급은 모순이 된다. 잘못 표기한 내용이 아닐까 추측해 본다. 따라서 『후한서』의 '소년시절에 집을 짓는 자가 있다.'라는 표현이 정당할 수 있겠다.

진수는 또 '국읍에 비록 우두머리가 있긴 해도 부락에 섞여 살며 서로 통제할 수 없었다. 몸을 굽혀 절하는 예의도 없고, 초가집이나 토담집에 살았으므로 집 모양이 마치 무덤과 같았다. 어른·아기·남자·여자의 구별 없이 한 움집에서 살았다. 장례 때는 관(棺)만 사용하고 곽(槨)도 없고, 소나 말을 탈 줄도 몰랐다. 옥돌과 진주를 보배로 삼고 옷감을 이어 장식으로 하며, 목걸이와 귀걸이는 금이나 은이 아니고 비단을 보배로 삼는다. 그들은 성질이 사납고 씩씩하며 머리에 상투만 있었다. 두루마기를 입고 가죽신을 신었다.'라고 하였다. 이러한 정황으로 미루어 보아, 삼한(三韓)은 계급분화나 국가 형태가 제대로 갖추어져 있지 않은 원시 농업사회였기에 성곽이 발달하지 못했을 것으로 추측된다. 따라서 역사 기록은 관청에서 성곽을 만들기 위한 청소년의 작업 동원으로 해석하기보다는 오히려 원시 신앙으로 말미암은 종교적 행사로 보아야 할 것이다.

원시사회의 성년의례(成年儀禮)에는 간혹 '축실(築室)' 작업이 수반되었다. 왜냐하면 그들 의례에 필요하기도 하고, 정령(精靈)의 사옥(祠屋)을 따로 마련하여 한동안 공동생활을 해야 하기 때문이다. 지역에 따라서는 성년식에 필요한 토템 센터를 짓는 고된 노동이 수반되기도 하였다. 성사(聖舍)·정령신사(精靈神舍)의 건축은 성년식에 참가하는 소년들의 노동으로 마련된다.

삼한사회에 토템 센터가 있었는지 없었는지 분명한 기록이 없다. 그러나 축실 행위는 성년식에 필요한 성사로써 집회장소나 공동숙소의 건설로 생각된다. 이들은 보통 부모형제들과 한동안 격리생활을 해야 하므로 공동숙사가 필요하였다. 성년식은 문명이 상대적으로 미개한 고대사회의 일반적 현상이다. 일정한 나이가 되면 성년이 된 것을 기념하여 축하의례를 실시한다. 이러한 의례에서 성인사회의 한 사람으로 필요한 생식(生殖), 전통적 교육, 전투, 노동 등의 능력을 시험하여 사회를 이끌어가는 자격 여부를 결정했다.

특히, 축실을 하면서 등가죽을 뚫고 노동하는 기이한 풍습은 성년의례의 고행 과정이다. 신체가공(身體加工)의 시술이다. 축실은 성년의례에 참여하는 예비성년들의 성사(聖舍)이고 숙사 건축이다. 그것은 토템 센터일 수도 있다. 이러한 성년식 또는 성인식(成人式)의 의의는 다음과 같이 요약할 수 있다. 첫째, 부모로부터 자립한다. 둘째, 집단적으로 격리되어 육체적 시련을 받는다. 그리하여 전사(戰士)로 육성된다. 셋째, 조상신을 숭배하며, 가사상태에서 재생한다. 넷째, 성인(成人)으로서의 습관, 법도, 지식을 전수 받는다. 다섯째, 연장자를 존경하며 사회질서를 지킨다. 여섯째, 청년집회소에서 공동수련생활을 하면서 성(性)의 자유가 허용되기도 한다. 일곱째, 할례(割禮), 문신(文身), 파소(破素), 발치(拔齒) 등 신체가공을 한다. 이와 같은 모든 조건들은 성인으로서의 일종의 교육과정이다. 그러나 근본사상은 속(俗)에서 성(聖)으로 재생하는 의례이다. 생명력 또는 활력의 재생과 갱신에 그 목적이 있고, 생의 고양을 근본으로 하는 것이다(유명종, 1987).

이러한 성년식은 교육적으로 상당히 중요한 의미를 지닌다.

첫째, 생활교육(生活敎育)이다. 청소년은 여러 종류의 상해(傷害)를 받음으로서 고통을 참는 인내를 배우고, 버려짐과 결핍으로 어려움과 기아를 배우며, 집행자에게 복종함으로써 성인에 대한 순종과 존경을 배운다. 이는 그 사회의 도덕적 가치를 획득하는 과정이다.

둘째, 실용교육(實用教育)이다. 실용교육은 의식과 관련된 많은 활동의 실제적 의미 가운데 발견된다. 동물을 잡는 방법, 식사를 준비하는 방식 등 실제 생활에서 가치가 있는 여러 절차를 배운다.

셋째, 종교교육(宗教教育)이다. 의식 집행자의 신체에 그려진 토템 표식은 그 부족의 역사와 전통을 일러준다. 이를 통해 청소년은 그들의 정치, 사회 질서, 학문 및 종교를 구성하는 혈연 사회의 복잡한 관계를 인식한다.

고대사회의 성년식은 청소년들에게 일정한 신체적 고통과 시련을 극복하게 하여 이들이 자신이 소속된 사회집단의 생활양식에 대한 지혜를 배우고, 동일화를 이루게 하는 교육적 의의를 지닌다(김영우·피정만, 1995: 22).

이는 나중에 신라의 화랑제(花郞制)로 변형·발전되었을 것으로 판단된다. 한민족의 성년식과 동일하지는 않지만, 중앙 오스트레일리아의 한 부족의 성년식을 참고하면, 고대사회에서 인류의 성년의례의 보편성을 이해하는 데 도움이 된다. 이 부족의 성년식은 명확히 세 단계로 시기가 나누어져 있어 몇 년에 걸쳐 행해진다(몬로/조종인 역, 1994: 17-18).

첫 번째 단계는 10-11세가 되었을 무렵이다. 아동은 부족의 혈연이나 가족적 조직체에서 유력한 지위를 가지게 된다. 때문에 이 특별한 일에 선발된 성인들에 의해 붙잡히게 된다. 그들에게는 토템 표식이 칠해지고 공중에 던져져서 심하게 구타당한다.

두 번째 단계는 그 2-3년 후이다. 청소년이 된 아동은 다시 붙잡혀 잔학 행위를 받는다. 잔학 행위의 형식은 다양하다. 등이나 가슴을 난

자해서 일생 감정(鑑定)의 표식으로 하는 것이 있는가 하면, 앞 이빨을 부러뜨린다든가, 입술에 구멍을 낸다든가, 두피를 물어 뜯어내는 행위도 있다. 그 의식은 대개 불에 그을리거나 태우는 행위로 최고조에 달한다. 이런 의식은 대개 며칠에 걸쳐 지속된다. 그 동안 젊은이에게는 먹을 것을 전혀 주지 않는다. 그리고 젊은이는 수렵을 하여 의식에 쓰이는 특정한 동물을 잡아오지 않으면 안 된다. 이리하여 성년식의 부수적인 면으로서 성인을 위해 먹거리를 공급하는 것을 배우게 한다. 성년식 전 기간을 통해 여러 복잡한 무도(舞蹈) 의식을 행한다. 의식 중에는 지휘하는 보호자가 있으나 대부분의 경우 반드시 침묵을 지켜야 한다.

세 번째 단계는 두 번째 단계 이후 몇 개월 동안 지속된다. 정교한 무도나 여흥(餘興)으로서 보통 여러 부족을 대표하는 많은 사람들이 참가하고 때로는 몇 개월에 걸쳐 연일 의식이 이루어진다.

이후 청년은 그 부족과 완전한 일원이 되는 것을 허락받으므로 이후에는 여자나 아이들과 어울려서는 안 된다.

3. 풍류(風流)

한국사상의 고유한 특질은 무엇일까? 과연 그런 것이 있을까? 한국사상은 한국을 주체로 한 사상이다. 그러기에 늘 '고유성(固有性)'과 '외래성(外來性)'의 문제가 도사리고 있다. 무엇이 고유사상이고 무엇이 외래사상인가? 무엇보다도 고대 한국 사회에서 순수한 '우리 것', 또는 고유사상이라고 논의할 수 있는 사유는 무엇일까? 그것은 역사 기록상 '풍류(風流)'라는 문화 풍토였다.

'풍류'라는 말은 최치원(崔致遠)의 「난랑비서(鸞郎碑序)」에 기록되어 있다. 최치원은 우리나라에 예로부터 전해오는 고유한 사상이 있음을 지적하였다. 그것은 한 마디로 특정하여 말하기 어려운 사유의 형태를 띠고 있었다. 특히, 중국으로부터 유교·불교·도교의 3교가 들어오기 이전에 존재했던, 한국의 고유한 사상임을 밝혔다.

최치원이 언급한 풍류는 다음과 같다. "우리나라에는 현묘한 도가 있다. 이를 풍류라고 이른다. 이 가르침을 설치한 근원은 『선사』에 자세히 실려 있다. 실제로 이는 세 가지 가르침을 포함한 것으로 모든 중생을 직접 교화한다. 그들은 집에 들어와서는 부모에게 효도하고 나아가면 나라에 충성을 다하는데, 이는 노나라 사구[공자]의 뜻과 같다. 또 그 행함이 없는 일에 처하고 말 없는 가르침을 행하는데 이는 주나라 주사[노자]의 뜻이다. 그리고 모든 악한 일을 하지 않고 착한 일을 행하는 것은 축건태자[석가]의 교화와 같다(『三國史記』「眞興王」崔致遠鸞郎碑序)."[8)]

풍류는 천부적으로 유·불·도 삼교일체(三敎一體)를 자체에 포괄하고 있는 사상이었다. 그렇다고 중국으로부터 유입된 유교·불교·도교의 세 가지 요소가 단순하게 혼합된 양태는 아니다. 근본적으로 이들 세 가지 사상이 오묘하게 결합한 융·복합적 사상이었다. 이 풍류는 '현묘지도(玄妙之道)'로 한국 고유사상의 저변을 형성한다.

실제로, 상고시대의 우리 조상들은 봄, 가을에 음주가무를 즐기며 하늘에 제사하였다. 여기에서 그들은 하늘과 하나로 융합하는 강신(降神) 체험을 가졌다. 이를 사상체계로 표출한 것이 풍류로 생각된다. 풍류란 하늘을 섬기는 천신도(天神道)로 그 핵심은 하늘과 인간이 하나로 융합되는 데 있다. 내가 없어지고 내 안에 신이 내재한 상태의 '나'가 풍류의 주체가 되는 것이다. 신과 하나가 된 풍류객은 새로운 존재양식을 갖춘다. 자기중심의 세계에서 벗어나 다른 사람과의 연관을 고려하는 세계로 전환한다. 그리고 타자들과 접촉하여 그들이 본연의 인간이

---

8) 國有玄妙之道, 日風流. 設敎之源, 備詳仙史. 實內包含三敎, 接化群生. 且如, 入則孝於家, 出則忠於國, 魯司寇之旨也; 處無爲之事, 行不言之敎, 周柱使之宗也; 諸惡莫作, 諸善奉行, 竺乾太子之化也.

로 돌아가도록 교화한다. 이는 실로 우리 안에 있는 하늘의 본성이 작용하기 때문이다. 풍류의 실천자는 널리 사람들을 유익하게 하는 인간으로 홍익인간과도 상통한다.

이처럼 한민족의 고유한 사유 바탕인 풍류는 하늘과 하나가 되어 많은 사람들과 사랑의 관계를 맺는 데 그 본질이 있다. 이러한 풍류를 몸에 지닌 사람이 신라에서는 국선(國仙), 또는 화랑(花郎)으로 지칭되었다.

엄밀하게 말하면, 최치원의 기록이 불충분하고, 또 『선사』의 소실로 풍류가 무엇인지 분명하게 파악하기는 어렵다. 그러나 여러 정황으로 미루어 해석해 보면, 최치원이 화랑도의 창립과 정신을 말하는 부분에서 풍월도(風月道)를 언급하고 있는데, 이것이 풍류이면서 이후 화랑도의 핵심적 이념이 된 듯하다.

풍류는 공자의 유교와 노자의 도교, 그리고 석가모니의 불교 세 가지 가르침을 포함하고 있다고 했다. 유교의 경우, 사리사욕(私利私慾)에 가득 찬 자신의 욕심을 버리고 착한 인간의 본성을 회복하여 아름다운 예의가 살아 숨 쉬는 사회를 만드는 데 사상적 본질이 있다. 한 마디로 말하면 극기복례(克己復禮)이다. 도교는 인간의 거짓된 언행심사(言行心事)를 떠나 자연의 법도를 따라 사는 인생이 사상의 핵심이다. 이른바 무위자연(無爲自然)이다. 그리고 불교의 본질은 고통의 원인이 되는 집착하는 마음인 아집(我執)을 버리고 인간의 본성인 한마음[一心], 즉 불심(佛心)으로 돌아가는 데 있다. 달리 말하면, 귀일심원(歸一心源)이다.

이런 차원에서 이해하면, 유·불·도 3교가 보편적으로 지시하는 가르침은 욕망에 사로잡힌 자기를 없애고 우주의 법도인 천부의 본성, 곧 참마음으로 돌아가는 데 있다. 우주적 참마음이란 하늘이 준 마음이고, 하늘의 마음이다. 그러므로 하늘과 하나가 되는 풍류는 세 가지 가르침의 본질을 모두 포괄한다. 이후 풍류는 신라 화랑제의 사상적 기반이 되었다고 한다.

풍류를 받아들인 화랑제도의 성립은 다음과 같이 기록되어 있다. "37년 봄에 처음으로 원화(源花)를 받들었다. 처음에 임금과 관리들이 국가적 인재를 발굴하지 못함을 유감으로 여겨, 사람들을 끼리끼리 모여 떼지어 놀게 해서 그 행실을 보고 등용하려고 했다. 드디어 미녀 두 사람을 택하였는데, 하나는 남모(南毛)이고, 하나는 준정(俊貞)이었다. 이들에게는 따르는 무리가 300여 명이나 되었다.

두 여자는 서로 어여쁨을 다투며 시기하였다. 어느 날 준정이 남모를 자기 집으로 유인하여 억지로 술을 권하여 취하게 한 후, 끌어다가 강물에 던져 죽여 버렸다. 이후 준정은 사형에 처해졌고, 따르던 무리는 화목을 잃어 해산하게 되었다.

그 후 다시 외모가 아름다운 남자를 뽑아 곱게 단장하여 화랑(花郎)으로 받들게 하였는데, 따르는 무리가 구름같이 모여들었다. 그들은 수시로 도의(道義)로 서로를 닦았다. 서로 가락(歌樂)으로 즐거이 노닐었다. 산과 강물을 돌아다녀 파악하며 국토의 멀리까지 가 보지 않은 곳이 없었다.

이런 활동을 거치면서 인재의 장점과 단점을 알게 되고, 그 가운데 착한 사람을 선택하여, 조정에 추천하였다. 그런 까닭에 김대문의 『화랑세기』에서 말하였다. '어진 재상과 충신이 이로부터 나오고 뛰어난 장수와 용감한 군사가 이로 말미암아 나온다.'(『三國史記』「新羅本紀」 眞興王 37年)."[9]

화랑제도가 시행되면서, 실제 화랑들이 준수해야 할 규칙이 마련되

---

9) 二十七年春, 始奉源花. 初, 君臣病無以知人, 欲使類聚群遊, 以觀其行義, 然後擧而用之. 遂簡美女二人, 一曰南毛, 一曰俊貞, 聚徒三百餘人. 二女爭娟相妬, 俊貞引南毛於私第, 强勸酒至醉, 曳而投河水以殺之. 俊貞伏誅, 徒人失和罷散. 其後, 更取美貌男子, 粧飾之, 名花郎以奉之, 徒衆雲集. 或相磨以道義, 或相悅以歌樂, 遊娛山水, 無遠不至. 因此知其人邪正, 擇其善者, 薦之於朝. 金大問 花郎世記曰, 賢佐忠臣, 徒此而秀. 良將勇卒, 由是而生.

는데, 그 단초가 '세속오계(世俗五戒)'로 드러난다. 세속오계는 당시 존경받던 원광법사가 만들어 준 것이다. 이는 불교의 계율과 비견되는 당시 지성인들이 갖춰야 할 세속적 계율이었다.

"귀산은 사량부 사람인데, 아버지는 아간 무은이다. 귀산이 어릴 적에 같은 마을 사람 추항과 친구가 되었다. 두 사람이 서로를 바로 보며 말했다. '우리는 꼭 학덕과 인격을 갖춘 선비나 군자와 더불어 놀아야 한다. 먼저, 마음을 바르게 하고 몸을 닦아야 한다. 그렇지 않으면 치욕을 면하지 못할지도 모르겠다. 훌륭한 사람 곁에 나아가 올바른 길을 물어야 하지 않겠는가?'

이때 원광법사가 수나라에 유학하고 돌아와 가실사에 있었는데, 당시 사람들이 높이 예우하였다.

귀산 등이 그 문하로 공손히 나아가 말하였다. '저희 세속의 선비가 어리석고 몽매하여 아는 바가 없습니다. 종신토록 계명으로 삼을 의미 있는 말씀을 주시기 바랍니다.'

법사가 말하였다. '불교에는 부처님을 따르기 위한 보살계(菩薩戒)가 있는데, 그 조목이 열 가지이다. 너희들은 임금의 신하로서 쉽게 감당하지 못할 것이다. 그러니 내가 지금 세속에서 행할 수 있는 다섯 계율을 만들어 주겠다. 첫째, 임금 섬기기를 충성[忠]으로 하라. 둘째, 부모 섬기기를 효도[孝]로 하라. 셋째, 친구 사귀기를 믿음[信]으로써 하라. 넷째, 전쟁에 나가서는 물러서지 말라. 다섯째, 생명 있는 것을 죽여야만 하는 상황이 발생했을 때는 반드시 가려서 하라. 너희들은 이 규칙을 실행에 옮기되, 소홀히 하지 말라.'

귀산 등이 말하였다. '다른 계율은 말씀대로 충분히 실천할 수 있겠습니다. 그런데 이른바 살생유택(殺生有擇), 즉 살아 있는 것을 죽이되 가려서 하라는 말이 무슨 의미인지 잘 모르겠습니다.'

법사가 말하였다. '제사 지내는 날과 봄·여름에는 살생을 하지 않는다는 말인데, 이는 '때'를 택하는 것이다. 말·소·닭·개와 같은 따위의 집에서 농사를 비롯하여 여러 가지로 이용하는 가축은 함부로 죽이지 않는다. 고기가 한 점도 되지 못하는 작고 보잘 것 없는 미물도 죽이지 않는다. 이는 '물건'을 택하는 것이다. 이렇게 하여 오직 써야 할 때나 물건 가운데 함부로 죽이지 말아야 하는 것을 살펴야 한다. 이는 세속의 좋은 계율이라 할 만하다.'

귀산 등이 말하였다. '지금부터 받들어 행하여 감히 실수하지 않겠습니다.'(『三國史記』「新羅本紀」 眞興王 37年)."[10]

풍류의 도를 이어받은 화랑은 처음에는 여자인 원화로 출발했다. 하지만 나중에 남자인 화랑으로 바뀌었다. 이 화랑은 남자 무당[男巫]으로 '박수' 또는 '박사'라고도 한다. 『조선왕조실록』(성종 2년)을 보면, 대사헌 한치형(韓致亨)의 상소(上疏)에 '화랑이라 칭하는 남자가 있는데, 그 광사(狂詐)한 꾀로 남의 재화를 낚아채는 것이 마치 여자 무당[女巫]과 같다.'라고 하였다. 정약용의 『아언각비(雅言覺非)』에도 '화랑이란 신라 귀유(貴遊)의 이름이다. 당나라 영호징(令狐澄)이 『신라국기』에서 잘생긴 자제들을 선택하여 분장하고 이름을 화랑이라 했는데, 나라 사람들이 모두 높여 스승으로 받들었다.'라고 하였다. 『동사(東史)』에서도 '화랑이 장식하고 모여서 도의(道義)를 연마하고, 가락(歌樂)으로 즐기며, 산수(山水)를 따라 유오(遊娛)하기를 먼 곳이라도 가지 않는 곳이 없었다.'라고 하였다. 조선 연산군 9년(1503)의 기록을 보면, '남무(男巫)는 낭중(郎中)이다'라고 했고, 중종 8년(1513)에는 '양중(兩中)이 음

10) 貴山, 沙梁部人也, 父, 武殷阿干. 貴山少與部人箒項爲女, 二人相謂日, 我等期與士君子遊, 而不先正心修身, 則恐不免於招辱, 盍聞道於賢者之側乎? 時, 圓光法師入隋遊學, 還居加悉寺, 爲時人所尊禮. 貴山等詣門, 摳衣進告日, 俗士顓蒙, 無所知識, 願賜一言, 以爲終身之誡. 法師日, 佛戒有菩薩戒, 其別有十. 若等爲人臣子, 恐不能堪, 今有世俗五戒. 一日事君以忠. 二日事親以孝. 三日交友以信. 四日臨戰無退. 五日殺生有擇. 若等行之, 無忽! 貴山等日, 他則旣受命矣. 所謂殺生有擇, 獨未曉也. 師日, 六齋日·春夏月不殺, 是擇時也. 不殺使畜, 謂馬牛雞犬, 不殺細物, 謂肉不足一臠, 是擇物也. 如此唯其所用, 不求多殺, 此可謂世俗之善戒也. 貴山等日, 自今已後, 奉以周旋, 不敢失墮.

탕한 짓을 했다'라고 하였다. 이때 양중(兩中)은 낭중(郎中)이 와전된 것으로, 화랑이나 낭도가 변하여 낭중(郎中)으로 전해진 듯하다.

신라의 화랑 집단이 실천한 교육의 근본은 '서로 도의(道義)로 닦고, 서로 가락(歌樂)으로 즐거이 노닐며 명산(名山)과 대천(大川)을 돌아다니며 멀리까지 가 보지 않은 곳이 없었다.' 즉, '혹상마이도의(或相磨以道義), 혹상열이가락(或相悅以歌樂), 유오산수 무원부지(遊娛山水無遠不至).'라는 유명한 구절에서 확인된다. 이런 교육을 통해 국가적 인재의 상징인 어진 재상과 충신이 배출되고 뛰어난 장수와 용감한 군사가 길러졌다. 이런 점에서 화랑제도는 국가를 보위하는 용장(勇將)과 전사(戰士) 양성에 목적이 있었다고 할 수 있다.

화랑도의 설치에 대해서는 다른 추측이나 해석도 가능하다. 삼국시대의 정세로 볼 때, 신라는 제24대 진흥왕 이전에 경상도와 강원도의 일부를 차지하였다. 때문에 당시 신라는 남쪽으로 '왜'라는 해적 떼로 인해 고초를 겪고, 서쪽으로는 백제와 가야, 북쪽으로는 고구려와 말갈에게 해마다 침략을 받아왔다. 뿐만 아니라 지역 자체가 산악이 많고 비옥한 평야가 적었다. 지리적·자연적으로 이롭지 못한 환경에 놓인 신라는 주위의 강적에 대항해야만 하는 처지에 있었다. 더욱이 그들의 염원인 삼국통일을 달성하기 위해 국가적 비상조치를 취하지 않고서는 이 어려운 상황을 극복할 수 없다고 판단했을 것이다.

그리하여 신라는 난국의 타개와 삼국통일의 위업을 달성하기 위해, 대대적인 애국 국민운동을 일으켰을 수 있다. 이런 목적을 완수하려면 소년 시기부터 목적 달성에 필요한 교육·훈련을 실시해야 했고, 그렇게 만든 교육·군사적 장치가 화랑제인 것이다. 신라인들은 이 제도를 올바르게 실현하기 위해, '무력강화'와 '인재양성'이라는 교육목적을 내세웠다.

화랑단은 화랑이라는 존귀한 청년 장교를 중심으로 집합된, 일종의 전사단(戰士團)이다. 화랑단의 사명 가운데 중시되는 사안은 청년 전사단으로 평상시에는 부락을 수호하며 무예를 수련하는 조직이었다. 그러다가 국가 비상시, 즉 전에는 국방의 제일선에 나아가 진충보은(盡忠報恩)하는 것이다. 그러기에 화랑단의 성격을 다음과 같이 규정할 수 있다. '첫째, 국가에 일이 있을 때는 전사로서 솔선하여 국난 극복에 봉사할 수 있도록 무예를 단련한다. 둘째, 애국 청년들이 건전한 가무와 오락 등을 통하여 교양을 함양하며 사교를 한다. 셋째, 단체 생활을 통하여 청년에게 건전한 사회교육을 한다.'

이러한 전사단은 아마 고조선 때부터 존속 강화되어 내려오다가, 진흥왕 37년에 이르러 원화라는 제도로 확립되고, 더욱 발전하면서 화랑제도로 개편된 듯하다. 이는 국가적 관심에서 지도 감독을 받은 것으로 추측되지만, 국가에 예속된 기관은 아니었다. 어디까지나 자율적이고 민간에서 조직한 애국단체로 보인다.

화랑들의 교육 훈련이나 활동으로 보아, 이 청소년 수양단 또는 민간 청년 단체인 원화·화랑 제도에서 신라인의 독특한 영육(靈肉) 일치관과 진선미(眞善美)의 합일관을 찾을 수 있다. 그것은 서구인들이 말하는 '건전한 정신은 건전한 육체에 담긴다.'라는 언표와도 유사하다.

원화·화랑 제도는 신라의 원시공동체에서 분화 발달된 '두레'와도 상통한다. 일종의 원시적 정신공동체이다. 앞의 기록에서 보았듯이, 이 공동체의 초기단장을 원화라 하였다. 원화는 아름다운 여성 가운데서 선발하였다. 아름다운 여성을 선발하여 무리[徒衆; 남자]를 지도하는 단장으로 삼았다는 것은 의미심장하다. 단지, 그 형식[육체]만을 중요하게 여기는 것이 아니라, 내용[정신]까지도 포함하는 표리일치(表裏一致), 또는 영육일치(靈肉一致)의 관념에서 연유된 것으로 볼 수도 있다.

다시 강조하면, 신라의 화랑은 그 시대를 선도하는 엘리트들이다. 지성인으로서 지도적 인격을 갖춘 인물들이었다. 그들은 고대국가 신라의 핵심 분자들이었기에 이들은 신라를 지배하는 계급 계층이 되었고,

신라의 운명 또한 그들이 맡았다. 그런 만큼 그들은 투철한 국가관으로 신라의 발전에 온갖 힘을 기울였으며 삼국통일의 밑거름이 되었다.

제 3 장

불교

1. 기본 사상

인간의 관심은 궁극적으로 자신의 인생을 향해 있다. 자기 존재와 자기를 둘러싼 환경의 관계망을 통해 자신을 발견하는 작업이다. 불교도 마찬가지다. '나는 어떻게 살아갈 것인가?'에 관심을 둔다. 이는 '자기를 발견하고 깨닫고 보는 일'이다. 다시 말하면, 고타마 시타르타(Gautama Siddhārtha), 즉 부처 또는 붓다, 석가모니(釋迦牟尼)라고 불리는 존재가 '생로병사(生老病死)'－태어나고 늙고 병들고 죽는다－로 대표되는 인간의 고통(Human suffering)을, 온몸으로 받아들이고 해결하기 위해 자신을 관찰한 작업과 통한다. 여기에서 관찰[觀]은 주관(主觀)과 객관(客觀)으로 나누어지지 않는다. 이를 실현한 사람이 부처이다.

그런데 관찰은 합리적 논리(論理)나 지성(知性)을 통해 획득되는 사안은 아니다. 종교적 삶을 통해 진행된다. 그렇다 하더라도, 종교적 생활의 진지함을 위해 논리나 지성을 추구할 필요는 있다. 그 한계의 끝에서 지성[知性: 理性]을 넘어서는 감성(感性)의 체념에 다다를 때, 인간의 삶은 도약(跳躍)을 거쳐 비약(飛躍)이 이루어진다. 이런 점에서 부처는 일종의 경험론자이다. 불교의 경험적 사유는 몇 가지 깨달음의 이론에 기초한다. '연기법(緣起法)'과 '삼법인(三法印)', '사성제(四聖諦)'가 그것이다.

이 세상 모든 사물 가운데 홀로 존재하는 것이 있는가? 그런 세계가 가능한가? 세상 사물은 홀로 존재하는 듯하지만, 실제로는 원초적으로 그물망처럼 얽혀있다. 세상에 태어날 때도 부모와 관계되어 있고, 살아가면서 헤아릴 수 없는 타자와 관계한다. 그리고 우주 자연의 풀 한 포기 나무 한 그루와도 그 광합성 작용을 통해 제공되는 산소에 의지하며, 동물들은 호흡을 고르며 살아간다. 이러한 사실은 세계가 복잡다단하게 얽혀 있는 연관성의 그물망임을 보여준다. 세계는 이미 복잡계(複

雜系: complex systems)나 복합계이다.

석가모니가 깨달은 불교의 인식도 그러하다. 모든 사물은 모두 인연이 화합해서 이루어진 것이다. 모두 인과(因果)를 일으키는 관계이다. 인생의 고통, 인간의 생명과 운명은 자기가 인(因: 원인)을 짓고 자기가 과(果: 결과)를 받는다. 이는 부처가 깨달은 진리로 불교에서는 '연기법(緣起法)'이라고 한다.

연기(緣起)는 '인연생기(因緣生起)'를 줄인 말이다. 사물이 발생하는 직접적 원인인 '인(因)'과 간접적 원인인 '연(緣)'에 의지하여 생겨난다는 의미이다. 철학적으로 말하면, 타자와의 관계에서 생겨나 있는 현상계(現象界)의 존재 형태와 그 법칙이다. 이 세상의 모든 존재는 반드시 그것이 생겨날 원인[因]과 조건[緣]에 의해, 즉 연기의 법칙에 따라 생겨난다. 때문에 연기법을 인과법칙(因果法則) 또는 인과법(因果法), 인연법(因緣法)이라고도 한다.

불교의 연기법은 '인간의 삶이 왜 어둠 속에서 헤매는가?' 그 원인을 밝혀냄과 동시에 그것을 벗어나기 위한 교설(敎說)이다. 연기는 '① 근본적 무지인 무명(無明)－② 형성력인 행(行)－③ 의지 활동인 식(識)－④ 주관, 객관을 의미하는 명색(名色)－⑤ 대상을 인식하는 장소인 육처(六處)－⑥ 접촉을 뜻하는 촉(觸)－⑦ 감각을 받아들이는 작용인 수(受)－⑧ 맹목적이며 충동적인 망집인 애(愛)－⑨ 집착을 의미하는 취(取)－⑩ 사상 행위인 유(有)－⑪ 내세의 삶인 생(生)－⑫ 늙음과 죽음을 말하는 노사(老死)'의 열두 가지의 연결 고리로 설명된다. 모든 존재의 역동적인 '상의상관성(相依相關性)'을 열두 마디의 '고리'로 설명하는 것이다(찰스 프레비쉬 외/박용길 옮김, 1989: 56). 열 두 마디의 '고리'를 12인연이라 한다. 그 구체적 내용과 관계는 다음과 같다(方立天/유영희 옮김, 1989: 94－95).

첫째, 무명은 행의 조건이 된다. 무명은 행을 일으킨다. '무명'이란 어리석음과 무지를 말한다. 예를 들면, 인생은 무상한 것이고 마침내는 죽어 없어지지만, 사람들은 곧잘 '자신이 항상 존재하기'를 바란다. 인생은 육체와 감관을 일으키는 괴로움·즐거움·기쁨·근심 등의 감정인 오온(五蘊)의 결합으로 이루어져 있다. 그 자체가 없다! 하지만 사람들은 종종 '나'라는 영구적이고 불변하는 실체가 실제로 존재하는 것으로 믿는다. 행은 의지활동을 가리킨다. '무명이 행의 조건이다.'라는 말은 무지로 말미암아 여러 세속적 의지활동이 생겨난다는 의미이다.

둘째, 행은 식의 조건이 된다. 식은 뱃속의 심식(心識)인 정신 활동이다. 의지 활동으로 말미암아 끌어당기는 힘이 생기기 때문에, 의지 활동에 상응하는 곳에 식이 생겨나게 한다.

셋째, 식은 명색의 조건이 된다. 명은 마음·정신이고, 색은 물질·육체를 뜻한다. 명색은 뱃속의 정신과 육체를 가리킨다. '식이 명색의 조건이 된다.'라는 말은 어미의 뱃속에서 몸과 마음이 형성됨을 뜻한다.

넷째, 명색은 육처의 조건이 된다. 육처는 육입(六入)이라고도 한다. 눈·귀·코·혀·몸·뜻의 오관과 심(心)이다. 이는 뱃속에서 몸과 마음이 뒤섞인 상태에서 자라나다가 여러 인식 기관을 만들어 내는 것을 가리킨다. 막 탄생하는 단계이다.

다섯째, 육처는 촉의 조건이 된다. 촉은 촉각이다. 이는 뱃속에서 태어난 후, 여섯 종의 인식 기관과 외계의 사물이 서로 접촉하여 일으키는 것이다. 유아의 단계에 해당한다.

여섯째, 촉은 수의 조건이 된다. 수는 감수를 말한다. 나이가 점점 들면 심식이 발달한다. 인식 기관과 외부의 대상이 서로 접촉할 때, 외계의 반작용을 받아들일 수 있다. 그래서 '괴로움[苦]', '즐거움[樂]', '괴롭지도 않고 즐겁지도 않음[不苦不樂]'의 세 종류의 느낌을 일으키게 된다. 이는 인생에서 소년, 소녀 단계에 해당한다.

일곱째, 수는 애의 조건이 된다. 애는 갈망과 탐애와 탐욕이다. 인생의 청년 단계에는 외계 사물에 대한 감수성을 진전시켜 탐애를 일으킨다.

여덟째, 애는 취의 조건이 된다. 취는 인생에서 추구하는 집착이다. 청년 이후에는 탐욕이 점점 커진다. 외부 세계에 존재하는 즐길 수 있는 모든 것을 추구하여 집착을 버리지 못한다.

아홉째, 취는 유의 조건이 된다. 유는 업이다. 달리 말하면, 사상 행위이다. 집착적 추구로 말미암아 여러 가지 사상 행위가 스며든다. 이러한 사상 행위는 미래의 결과를 낳는 선악의 업을 일으킬 수 있다. 그러므로 유라고 이름 붙였다.

열째, 유는 생의 조건이 된다. 생은 내세의 생이다. 앞서 있었던 애와 취, 그리고 유로 말미암아 생긴 미혹과 그로 인해 만들어진 선악의 업은 필연적으로 과보를 만들어 낸다. 따라서 내세에 다시 태어나게 된다.

열한째, 생은 생사의 조건이 된다. 생이 있으면 반드시 노사(老死)가 있다. 미래에 생이 이루어져 그 후에 노쇠하고 사멸에 이르는데, 이것이 열두째인 노사(老死: 늙고 병듦)이다.

열두 부분은 계속 과(果)를 일으키기 때문에 인(因)이라 불린다. 서로 조건이 되기 때문에 연(緣)이라고도 일컬어진다. 그래서 합하여 12인연(因緣)이다. 이 열두 고리 가운데 특히 주의할 세 고리는 '무명'과 '애'와 '촉'이다. 부처는 이 세 고리로부터 벗어나야 만이 진정한 열반(涅槃)에 들어갈 수 있다고 한다. 12인연은 중생이 생사유전(生死流轉)하는 인과관계에 대한 설명이다. 그것은 12개의 부분이 순서대로 인과의 순환관계를 이루고 있다. 정식(情識)을 지닌 어떤 생명체도 해탈하기 이전에는 이러한 인과율에 의지하여 삶을 지속한다. 모든 존재는 끊임없이 태어나고 늙고 죽는다. 이 윤회(輪廻)가 끝이 없다!

12연기는 실로 시작도 없고, 끝도 없으며, 시간적으로나 공간적으로도 아무런 구애를 받지 않는다(찰스 프레비쉬 외/박용길 옮김, 1989: 56). 그러기에 12연기는 생명 현상의 총괄적 설명이며, 또한 생명체가 감당하는 고통의 원인이다. 부처는 12인연을 뒤에서부터 앞으로 관찰하는, '역관(逆觀)'을 통해 도를 얻었다고 한다. 즉, 늙고 병들어 죽어가는 노사(老死)에서 거꾸로 인생을 관찰하여 무명(無明)에 이르러 깨달음을 얻었다는 것이다.

이러한 12연기는 '과거－현재의 인과관계'와 '현재－미래의 인과관계'라는 이중구조를 넘어서지 않는다. 그러기에 '삼세이중인과설(三世二重因果說)'이라고도 한다. 엄밀하게 말하면, 이는 소승불교(小乘佛敎)의 주장이다. 대승불교(大乘佛敎)에서는 '이세이중인과설(二世二重因果說)'을 제시하는데, 이는 12인연의 앞의 10인연을 과거(또는 현재)의 인, 뒤의 2인연을 현재(또는 미래)의 과라고 하였다.

12연기의 관찰은 불교적 인간의 삶에 대한 인식과 태도를 정립하는 데 기여한다. 그것은 크게 세 가지, 3법(三法)로 드러난다. 불교의 근본 교의(教義)인 '삼법인(三法印)'이다. 이때 '인(印)'은 '불변하는 진리'임을 강조하는 표현이다.

첫째, 제법무아(諸法無我)이다. 이는 모든 것이 무상한 것으로 '나'라는 존재가 없다는 의미이다. '나'는 아니다. 그렇다고 자기 존재 자체를 부정하는 것은 아니다. 또한 긍정하지도 않는다. 부처는 어디까지나 '나의 본질을 파악할 수 없다.'라는 비아(非我)만 가르친다. 인간의 참된 실존적 모습은 원인과 조건의 화합에 따라 변화·존속할 뿐이다.

둘째, 제행무상(諸行無常)이다. 이는 '모든 것은 늘 변한다.'라는 의미이다. 모든 현상은 순간적 존재이다. 찰나(刹那)마다 또는 일정한 기간을 두고 바뀌어간다. 불교는 이를 통해 '영원하다'라는 사고, 또는 '소유하다'라는 관념을 포기하도록 가르친다.

셋째, 일체개고(一切皆苦)이다. 이는 우리들이 경험하는 모든 것은 '괴로움'이라는 의미이다. 괴로움이란 자기 생각대로 완전하게 되지 않는 사태를 뜻한다. 경전에 따라서는 '일체개고' 대신에 '열반적정(涅槃寂靜)'을 삼법인으로 제시하는 경우도 있다.

'열반적정'은 열반에 들어 고요한 상태에 이른다는 의미인데, '제법무아', '제행무상', '일체개고'의 삼법인을 포함하여 '사법인(四法印)'으로 제시하는 경우도 있다. 어떻게 정돈하건, 이 근본 교의는 불교적 삶을 올바로 인식하고, 깨달음을 통해 실천하기 위한 원대한 이상을 담았다.

삼법인을 통해 인간 삶의 본질을 인식했다면, 구체적으로 어떻게 올바른 존재방식으로 유도할 것인가? 불교에서 가장 먼저 모습을 드러낸 실천적 교설은 네 가지 진리인 '사성제(四聖諦)이다(찰스 프레비쉬 외/박용길 옮김, 1989: 49−52).

첫째, 고제(苦諦)이다. 고제는 '미혹된 범부의 생존은 괴로움의 덩어리뿐'이라는 말이다. 그렇다고 부처가 즐거움과 기쁨, 행복을 부정하려는 것은 아니다. 이 말을 통하여 육체적·정신적 쾌락의 무상함을 강조하려고 했을 뿐이다. 괴로움에는 크게 세 가지 종류가 있다. 첫째, '육체적·정신적 고통'이다. 둘째, '애착하고 있던 것이 괴멸하는 데서 오는 고통'이다. 셋째, '세간의 모든 것이 인연으로 얽혀 있음으로 인해 빚어지는 고통'이다. 이는 현실 세계에 대해 불교가 어떻게 인식하는지를 보여준다.

둘째, 집제(集諦)이다. 집제는 '현실 세계는 괴로움이 생기는 원인'이라는 말이다. 괴로움의 원인은 세 가지로 분류된다. 첫째, 인간은 다시 태어나려고 한다. 둘째, 쾌락을 갈망한다. 셋째, 탐욕을 부린다. 이는 미혹된 세계의 인과관계 속에서 욕망에 물든 삶의 방식이 괴로움을 만들어낸다는 사실을 보여준다.

셋째, 멸제(滅諦)이다. 멸제는 '욕망에 물든 세계가 사라진 상태에 이르러야 이상의 경지'라는 말이다. 우리는 스스로 이러한 괴로움에서 벗어날 수 있다. 괴로움의 원인에 대해 올바르게 이해하고 수행을 통해 괴로움의 뿌리를 끊으며 열반에 이를 수 있다. 멸제에는 두 가지가 있다. 하나는 생전에 열반에 이르러 자신의 부정함을 벗어 버리는 것이다. 다른 하나는 깨달은 이가 마침내 죽음에 이르러 자신의 육신마저 모두 벗어버리는 것이다. 앞의 것은 '잠시멸(暫時滅)'이라 하고, 뒤의 것은 '구경멸(究竟滅)'이라 한다. 이는 인간 존재의 이상 세계에 대한 방향 설정이다.

넷째, 도제(道諦)이다. 도제는 '괴로움을 없애기 위해 수행이 필요하다.'라는 의미이다. 괴로움을 끊는 방법에 관한 것이다. 이는 구체적 수행의 필요성에 대한 인식과 실천이다. 그렇다면 구체적인 실천 방법, 깨달음에 이르는 도리는 무엇인가? 그것은 팔정도(八正道)라는 여덟 가지 올바른 길로 제시된다.

팔정도는 '① 바른 견해인 정견(正見), ② 바른 사유인 정사유(正思惟), ③ 바른 말인 정어(正語), ④ 바른 행위인 정업(正業), ⑤ 바른 생활인 정명(正命), ⑥ 바른 수행인 정정진(正精進), ⑦ 바른 정신인 정념(正念), ⑧ 바른 정신통일인 정정(正定)'이다.

'정견(正見)'은 사성제에 대한 올바른 이해를 말한다. '정사유(正思惟)'는 욕망과 사사로운 견해, 그리고 무자비를 여읜 바른 생각을 말한다. '정어(正語)'는 거짓말, 이간질, 욕설, 실속 없는 말 등을 삼가는 일이다. '정업(正業)'인 살인, 도둑질, 일체의 삿된 행동을 범하지 말아야 한다. '정명(正命)'은 점성술, 마술, 예언, 중매, 혼인집전, 그 외의 백정과 같은 온당하지 못한 직업에 종사하는 것을 금한다. '정정진(正精進)'은 끊임없는 노력으로 이미 일어났던 나쁜 생각을 미리 막는 일이다. 될 수 있는 한 선한 생각을 많이 해서 이를 잘 보전하는 것을 가리킨다. '정념(正念)'은 마음을 한 곳으로 모아 자신의 심신은 물론 주위의 일체 사물을 바로 관찰하는 일이다. '정정(正定)'은 사선정(四禪定)에 이르기 위해 명상(瞑想)에 열중하는 일이다.

'정정(正定)'을 화려하게 장식하는 사선정은 사정려(四靜慮)라고도 한다. 이 '정(定)'은 고요함과 함께 지혜가 있다. 자세하게 생각할 수 있는 힘을 지니고 있어 '정려'라고 한다. 마음작용이 일어나고 일어나지 않음에 따라, 선정[정려]은 '초(初)－2－3－4'단계로 구별한다. 초선(初禪)은 유심유사정(有尋有伺定)이고, 2선은 무심유사정(無尋有伺定), 3선은 무심무사정(無尋無伺定), 4선은 사념법사정(捨念法事定)이다(耘虛龍夏, 1992: 380). 유심유사정은 욕계와 색계의 마음작용이 모두 있는 상태이다. 무심유사정은 유심유사정을 초월하여 평등한 견해를 성취했다는 뜻이다. 무심무사정은 선악이나 고락 없이 중도를 깨닫은 단계이다. 사념법사정은 더 이상 깨달음이 없는 단계이다.

사성제(四聖諦)에서 '고제'와 '집제'는 미혹(迷惑)의 인과 관계를 나타낸다. ‘멸제’와 ‘도제’는 깨달음의 인과 관계를 나타낸다. 이를 질병(疾病)에 비유해서 설명하면, ‘고제’는 병을 발견하는 작업이고, ‘집제’는 병의 원인을 파악하는 일이다. ‘멸제’는 병이 나은 후의 건강 상태를 가리키고, ‘도제’는 병을 예방하고 치료하는 좋은 약에 해당한다.

2. 한국불교

한국불교가 중국으로부터 유입되어 공인된 것은 3~5세기 무렵이다. 고구려의 경우 제17대 소수림왕 2년(372년)이고, 백제는 제15대 침류왕 원년(384년)이며, 신라가 가장 늦은 제23대 법흥왕 14년(527년)이다. 국가에서 공인된 시점이 이와 같다면, 민간에는 이미 상당히 유포되었을 것으로 추측된다. 그런데 처음에 전래된 불교는 그 실체가 막연하였다. 불상이나 향과 같은 불교의식에 쓰이는 물건이 전래되었고, 특별한 능력을 지녔다고 믿어지는 전법승(傳法僧)이 활약하였다. 그리고 교설(敎說)의 수준도 정확히는 알 수 없지만, 각 부족마다 지니고 있던 샤머니즘과 애니미즘 신앙과 비교할 때, 상당히 합리적인 단계였을 것으로 추정된다.

삼국의 불교는 중국, 그리고 멀리 인도로 유학승을 파견하면서 교리의 성숙함을 보인다. 고구려에서는 삼론학(三論學)이 발달해 승랑(僧朗)은 중국 신삼론종의 중흥조가 되었다. 백제의 경우에는 겸익(謙益)이 인도에서 직접 율(律)·장(藏)을 가져왔고, 일본에서 계율을 배우기 위해 유학을 올 정도로 계율사상이 발전되었다.

현재 남아 있는 기록으로 볼 때, 한국불교는 중국 유학을 마치고 돌아온 승려들에 의해 전개되었다. 특히, 황룡사탑을 만든 자장(慈藏)과 세속오계를 제시한 원광(圓光)에게서 그 초기 모습을 볼 수 있다. 초기에 중국 유학을 한 승려가 다져 놓은 터전을 바탕으로, 중국에서 10년을 유학한 뒤에 귀국한 의상(義相, 625~702)에 의해 한국 화엄(華嚴)의 주류가 형성된다.

그런데 중국 유학에 오른 승려들만이 한국불교에 초석을 다진 것은 아니었다. 의상과 함께 두 번이나 중국 유학길에 올랐지만, 결국은 포기하고만 원효(元曉, 617~686)는 그가 남긴 저술로 볼 때 세계적 석학으로 군림할 정도로, 불교에 관한 이해와 해석이 탁월하다.

신라 말에 이르러 중국의 마조(馬祖) 계통의 선(禪)사상을 비롯하여 중국 선이 속속들이 유학생을 통해 신라에 수입된다. 이들을 중심으로 이른바 구산선문(九山禪門)을 형성한다. 그리고 고려 중기 지눌(知訥, 1158~1210)에 이르러 한국적 선을 완성하게 된다. 이후 발전을 거듭하며 전개되던 한국불교는 불교를 배척하는 조선 성리학 시대에 들어서서 상대적으로 발전이 더디고 정체 상태를 겪는다. 대신, 서산대사(西山大師)로 잘 알려져 있는 휴정(休靜, 1520~1604)을 비롯한 몇몇 선사(禪師)들에 의해 유·불·도 삼교가 회통하는 수준의 독특한 조선 불교로 이어진다.

3. 원효의 화쟁(和爭)

원효는 한국불교사에서 가장 위대한 사상가이다. 그의 사유는 독창적 이론을 창출했고 중국과 일본, 전 세계에 영향을 미치고 있다. 원효의 사상은 한 마디로 '화쟁'으로 요약할 수 있다. '화쟁'이란 쟁론을 화합하는 작업이다. 원효는 당시에 유행하던 사조인 유(有)와 무(無)의 대립, 진(眞)과 속(俗)의 차별적 쟁론을 어떤 식으로든 화합시키려고 노력했다(고익진/윤시순·고익진 편, 1984: 81) 유(有)는 유식(唯識) 사상이고, 무(無)는 중관(中觀) 사상이다. 진(眞)은 출세간(出世間)이고 속(俗)은 세간(世間)이다. 이 사이 세계에 대립과 차별이 불교계에 큰 논쟁거

리였다.

주지하다시피, 원효는 의상과 함께 두 번째 당나라 유학을 시도한다. 이때 해골 물을 마시고 깨달음을 얻었다. 그리고 의상과 헤어져 유학을 포기했다. 모든 것은 마음이 만들어 낸다. 이른바 '일체유심조(一切唯心造)'라는 확연한 깨달음을 얻었다. 이 '일심(一心)'은 화쟁(和諍) 논리의 최종 귀착지이다.

원효가 화쟁의 논리를 제창한 것은 불교 교설을 나름대로 정리하기 위해서였다. 화쟁이라는 문자에 얽매여 이해하면, 화쟁의 본질을 오해할 수도 있다. 단순하게 쟁론하는 중간에 서서 양쪽을 화합시키는 역할을 하는 것은 잘못 이해할 수 있다는 말이다.

양자의 논쟁을 화합시키기 위해서는 자신의 논리로 논쟁 속에 뛰어들어야 한다. 원효는 논쟁 속에 뛰어들기 위해 스스로 준비하였다. 서로 다른 교설(教說)을 통교(通交) 형식으로 배당하고, 직접 경론(經論)을 접하고 이해하였다. 원효는 당시 유통되고 중시되던 거의 모든 경론을 읽고 그 요점을 정리하거나 상세하게 주석하였다. 원효의 저술은 문단을 휘어잡았다고 찬탄될 정도로 심오한 불교철학을 간결하고도 조리정연하게 풀어놓았다. 원효가 주석을 붙인 경론은 90여 종에 달한다. 이처럼 많은 종류의 경론에 주석을 붙인 승려는 이전에도 없었고 이후에도 나타나지 않았다.

화쟁의 논리가 담긴 원효의 해독을 한두 가지만 살펴본다. 원효는 말한다.

"일심법(一心法)에 의하여 두 가지 문이 있으니 무엇이 둘인가? 하나는 심진여문(心眞如門)이다. 다른 하나는 심생멸(心生滅門)이다. 이 두 가지 문은 모두 각각 일체의 법을 총괄하고 있다. 이 뜻이 무엇인가? 이 두 문이 서로 여의지 않기 때문이다.

진여문은 모든 법의 통상(通相)이며, 통상 밖에 다른 법이 없어 모든 법이 통상에 의해 포괄된다. 이는 티끌이나 먼지가 질그릇의 통상이며, 통상 밖에 다른 질그릇이 없어 질그릇이 모두 티끌이나 먼지에 의해 포섭되는 것과 같다. 진여문도 이러하다. 생멸문은 바로 이 진여가 선과 악의 인(因)이므로 연(緣)과 화합하여 모든 법을 만들어 낸다. 사실 모든 법을 만들어 내지만, 이 법들이 항상 진성(眞性)을 무너뜨리지 않기 때문에 생멸문도 진여를 포괄하고 있는 것이다. 이는 티끌이나 먼지의 성질이 모여 질그릇을 이루지만, 항상 티끌이나 먼지의 성상(性相)을 잃지 않기 때문에 질그릇의 문이 바로 티끌과 먼지를 포괄하는 것과 같다. 생멸문도 이러하다.

가령, 두 문이 체(體)가 다르지 않더라도, 두 문이 서로 어긋나 상통하지 않는다면, 진여문 가운데 리(理)는 포괄하지만 사(事)는 포괄하지 않아야 할 것이다. 생멸문 가운데 사(事)는 포괄하지만 리(理)는 포괄하지 않아야 할 것이다. 그러나 이제 두 문은 서로 융통하여 한계가 구분되지 않는다. 때문에 각각 일체의 '리(理)-사(事)'의 모든 법을 통섭한다. 그러므로 '두 문이 서로 여의치 않는다.'라고 말한다(『大乘起信論』; 『大乘起信論疏記會本』 卷1)."[11]

모든 존재는 '맑은 것'과 '흐린 것', '참됨'과 '거짓됨', '긴 것'과 '짧은 것' 등의 두 갈래로 나누어져 있는 듯하다. 그러나 깊이 생각해 보면, 모든 사물의 본성은 둘이 아니다. 두 문을 세우기는 하지만, 그것은 별개의 사안이 아니다. 원효는 이것을 인식하였다. 그리고 '하나', '한마음'을 깨달았다. 다름 아닌 '일심(一心)'이다. 둘이 아닌 하나의 자리에서 모든 사물은 알찬 것으로 전화한다. 조금도 헛되지 않아 스스로 모든

11) 依一心法, 有二種門, 云何爲二. 一者, 心眞如門, 二者, 心生滅門, 是二種門, 皆各總攝一切法, 此義云何. 以是二門不相離故. 眞如門是諸法通相, 通相外, 無別諸法, 諸法皆爲通相所攝, 如微塵是瓦器通相, 通相外, 無別瓦器, 瓦器皆爲微塵所攝, 眞如門亦如是. 生滅門者, 卽此眞如是善不善因, 與緣和合, 變作諸法, 雖實變作諸法, 而恒不壞眞性, 故於此門亦攝眞如. 如微塵性聚成瓦器, 而常不失微塵性相, 故瓦器門卽攝微塵, 生滅門亦如是. 設使二門雖別體, 二門相乖不相通者, 則應眞如門中攝理而不攝事, 生滅門中攝事而不攝理. 而今二門互相融通, 際限無分, 是故皆各通攝一切理事諸法. 故言二門不相離故.

것을 훤히 안다. 마음의 상태가 바로 이러하다.

원효는 '한마음'인 '일심(一心)'에 '생멸(生滅)'과 '진여(眞如)'의 두 문이 있다고 지적했다. 그리고 '일심이문(一心二門)'의 관계를 설명했다. 무엇보다도 두 문이 별개의 실체라 생각하면 큰 잘못이라고 강조하였다. 이는 기와가 흙으로 만들어졌고, 도기나 옹기도 모두 흙으로 빚어졌다는 관계와 같다. 인간의 생멸하는 마음은 온갖 양상과 기능을 갖춘 상황을 연출한다. 다양한 차이와 분별을 드러낸다. 하지만 모든 사물은 '진여(眞如)'라는 본 모습을 공통으로 지니고 있다. 이 사실은 부정할 수가 없다.

마음은 '생멸'이나 '진여', '유'와 '무', '단절'과 '연속'의 이분법으로 이해해서는 곤란하다. 마음은 '유'나 '무'가 아니라 '공(空)'이다. 진여와 생멸은 '일(一)'과 '이(二)'. 또는 '같음[同]'과 '다름[異]'의 관계라기보다 차라리 '하나도 아니고 둘도 아니다.'라는 '비일비이(非一非二)', 또는 '불일불이(不一不二)'의 차원이다. 한마음 안에 용융(熔融)되어 있는, '일심 내(一心 內)의 자기 관계'이다(신오현, 1987: 266).

이러한 원효의 논리는 '개(開)하면 무량무변(無量無邊)의 뜻이 전개되지만, 합(合)하면 하나로 혼융(渾融)된다. 개합(開合)이 자재(自在)롭고, 입파(立破)가 무애(無碍)하다. 개(開)가 번거로운 것도 아니고, 합(合)이 좁아지는 것도 아니다.' 다시 풀이하면, 열었을 경우에는 헤아릴 수 없고 끝없이 펼쳐지지만, 합하여 닫았을 경우에는 하나로 녹아 든다. 즉, 열리고 닫힘이 저절로 존재하고 세우고 깨트리는 일도 거리낌이 없다. 그러니까 열어서 다양하게 펼쳐져 있다 해서 번거로운 것도 아니고, 닫아 놓아 하나로 뭉쳐져 있다 해서 좁은 것도 아니다. 개합(開合)에 따라 증감(增減)하는 것이 아니라, 긍정하되 얻음이 없고 부정하되 잃음이 없다. 이것이 바로 화쟁의 논리이다.

원효의 화쟁 사상은 스스로가 논쟁 속에 뛰어들고, 그 주장을 넘어서는 나름의 논리를 창출해내는 데 있었다(장승구 외, 2002). 그런 만큼 저술마다 다르게 나타난다. 그 가운데 대표적인 사유가 『대승기신론(大乘起信論)』이나 『금강삼매경론(金剛三昧經論)』처럼 모든 주장을 '일심(一心)'으로 귀착시키는 작업이다. 화쟁 논리의 공통분모는 최고의 '진리태(眞理態)'이다.

화엄(華嚴)사상에 의거한 화쟁 논리를 소개하면 보다 확연한 이해에 도달할 수 있다. 화엄에서는 세계가 티끌 같은 먼지에 들어가고, 겨자씨가 수미산(須彌山)도 삼킨다고 한다. 사물의 크고 작음은 상식적으로 인정된다. 그럼에도 불구하고 어떻게 그러한 사태가 발생하는가? 원효는 이에 대해 세 가지 설을 소개한다.

첫째, 이러한 설은 성인(聖人)만이 알 수 있는 경계로 우리 같은 범부(凡夫)는 알 수 없다. 때문에 해석할 수 없다. 이 첫째 설에 대해, 원효도 소개만 할 뿐, 논평을 포기한다. 논쟁의 대상이 될 수 없기 때문이다.

둘째, '큰 것은 크다'라는 말은 형상이 없으므로 큰 것이 작은 것에 들어갈 수 있다. '작은 것은 작다'라는 말은 형상이 없으므로 작은 것이 큰 것을 허용할 수 있다. 이 둘째 주장에 대해 원효는 다음과 같이 논평한다. 이미 '크다는 형상이 없다'라고 언급하였으므로 이는 바로 '큰 것이 없음'이 된다. 그런데 도대체 무엇이 작은 것에 들어간다고 하는가? '작은 것은 작다'라고도 마찬가지이다. 형상이 없으므로 이는 바로 '작음이 없음'인데 무엇이 큰 것을 포용하는가? 원효는 '형상이 없다'라고 분명하게 언표하면서 '큰 것이 있음'이라고 한 논리적 결함을 지적하였다.

셋째, 둘째 설에 논파하는 설이다. 즉, 큰 것은 스스로 큼이 아니라 작은 것으로 말미암아 큰 것이다. 작은 것은 스스로 작음이 아니라 큰 것으로 말미암아 작은 것이다. 작음으로 말미암은 큰 것이기에, 큰 것이란 '소대(小大)'이고, 큰 것으로 말미암는 작은 것이기에 작은 것은

'대소(大小)'라 한다. 작은 것이 바로 '대소(大小)'이기 때문에 큰 것을 포용할 수 있고, 큰 것은 '소대(小大)'이므로 작은 것에 들어갈 수 있다.

이 세 번째 설에 대해, 원효는 대소(大小)와 소대(小大)라는 개념 자체가 갖는 애매성에 대해 지적한다. 소대와 대소는 서로가 대대관계(待對關係)에서 성립한 개념이기 때문에 서로 크기가 동일할 것이다. 그렇다면 동일한 것에 '소대'나 '대소'와 같은 거추장스러운 명칭을 붙일 필요가 있을까? 없다!

최종적으로 원효는 다음과 같은 논리를 내놓는다. 『화엄경』에 다음과 같이 언급하였다. '지극히 큰 것에 작은 양상이 있다는 점을 알려고, 이로 인해 보살이 처음 발심을 하였다.' 이 언표는 지극히 큰 것은 밖의 경계가 없음을 의미한다. 밖의 경계가 있다면 지극히 큰 것일 수 없기 때문이다. 지극히 작은 것 또한 그러하다. 이른바 내부가 없다. 내부가 있으면 지극히 작은 것일 수 없기 때문이다. 밖의 경계가 없는 크기는 '태허(太虛)'이고, 내부가 없는 작음은 '인허(隣虛)'라고 한다. '인허'는 내부가 없기 때문에 밖의 경계 또한 없다. 내부와 밖의 경계는 반드시 상대(相待)하기 때문이다. 따라서 지극히 작은 것은 지극히 큰 것과 균등(均等)하다. '태허'는 밖의 경계가 없으므로 내부 또한 없다. 따라서 지극히 큰 것은 지극히 작은 것과 같다. 그러므로 지극히 큰 것에 작은 양상이 있다고 하였다. 이렇게 '대소'가 동일함을 알면, 모든 '대소'에 걸림이 없다. 이런 사안이 사유를 초월해 있는 해탈이다.

여기에 원효는 부연하여 설명한다. 수미산이 아무리 크다 하더라도 오히려 밖의 경계가 없는 것보다 작고, 겨자씨가 아무리 작다 하더라도 내부가 없는 것보다 크다. '태허'에 밖의 경계가 없기에 겨자씨에 들어가서 남김이 없으므로 지극히 작은 것과 동일하다. '인허'에 내부가 없기에 수미산을 머금고도 남으므로 지극히 큰 것과 동일하다.

이런 방식으로 원효는 자신의 논리를 끝까지 추구한다. 원효의 논리를 보면, 단순히 제3자의 입장에서 양자의 논쟁을 정리하지 않는다. 사회자와 같은 태도를 취하지 않는다. 자신이 적극적으로 논쟁에 참가하여 올바른 인식으로 끌어들인다. 여기에는 『화엄경』의 '상즉상입(相卽相入)'의 사유가 진리태로 제시되어 있다. 원효가 교판론(教判論)을 세우고, 수많은 경론(經論)을 주석하면서 준비했던 것은, 논쟁을 통해 올바른 인식을 알리기 위해서였다.

그 결과 원효는 다섯 가지 실천 행동 강령을 제시한다. 그것은 '첫째, 베풀어 주라. 둘째, 윤리를 지켜라. 셋째, 참고 용서하라. 넷째, 부지런히 힘쓰라. 다섯째, 마음을 가라앉히고 고요히 그 깊음을 보라.'이다. 또한 아홉 가지의 심주(心住), 즉 마음자리도 제공한다. 그것은 '첫째, 마음을 내면적으로 안정시켜 산란함을 막으라. 둘째, 마음을 평등하게 안주하라. 셋째, 마음을 평안케 하라. 넷째, 마음을 대상에서 멀리하고 마음을 안으로 가까이 머무르게 하라. 다섯째, 마음을 조절하고 순하게 하라. 여섯째, 산란한 마음을 고요하게 하라. 일곱째, 산란한 마음을 극복하여 지극히 고요하게 하라. 여덟째, 생긴 삼매(三昧)에 오로지 한 가지 길에 머물러라. 아홉째, 한결같은 마음을 유지하라.'이다. 이 마음공부의 깨달음은 불교의 이론이자 수련법으로 깊이 새겨졌다.

4. 지눌의 선(禪)

한국불교의 경우, 신라에서 공부한 화엄학(華嚴學)을 바탕으로 당나라에 유학하여 '선(禪)'을 배워온 경우가 많다. 이는 당시 교종(教宗)의 중심이 화엄종(華嚴宗)이었음을 대변해준다. 또 하나의 특징으로는 선문(禪門)을 개창한 후, 불전(佛殿)에 『화엄경』의 주불(主佛)인 비로사나불(毘盧遮那佛)을 본존불(本尊佛)로 안치한다. 이것은 중국의 선(禪)을 수용했어도 화엄종과 관계가 지속되고 있음을 알려준다. 이처럼 신라의 선(禪)은 수용 초기부터 한국적 토양을 바탕으로 하였다. 이러한 경향이 고려시대까지 발전하면서, 지눌에 의해 한국의 '선(禪)'사상으로 결실을 맺는 계기가 되었다.

보조(普照) 지눌(知訥, 1158~1210)은 '선(禪)'철학을 완성하여 불교계에 빛나는 업적을 이루었다. 지눌은 고려 20대 신종과 21대 희종 때 사람으로 속성(俗性)은 정(鄭)이고, 호(號)는 목우자(牧牛子)이다. 8세에 사굴산파(闍堀山派) 종휘(宗暉)에게 출가하여 1182년 승과(僧科)에 급제하였다.

지눌은 그의 「권수정혜결사문(勸修定慧結社文)」에서 불법의 근본처를 설파하였다. '일심(一心)을 어둡게 하여 끝없는 번뇌(煩惱)를 일으키는 것은 중생(衆生)이다. 일심(一心)을 깨쳐 끝없는 묘용(妙用)을 일으키는 것은 모두가 부처이다. 어둡고 깨닫는 것이 다르긴 하지만, 모두가 일심(一心)으로 말미암은 것이므로, 마음을 떠나서 부처를 구하는 것은 옳지 않다.' 그리하여 동료들과 명리(名利)를 버리고 산림에 운둔하여 늘 습정(習定)과 균혜(均慧)에 힘쓸 것을 언약하였다.

또한 지눌은 '마음 닦는 비결'이라고 할 수 있는 「수심결(修心訣)」에서 다음과 같이 갈파한다. 개괄적으로 '욕계－색계－무색계'의 삼계의 유혹을 면하려면 부처를 구해야 한다. 부처를 구하려면, 부처는 곧 마음이니 마음 밖에 따로 있는 것이 아님을 깨달아야 한다. 색신(色身)은 생멸하나 진심(眞心)은 끊기고 변함없이 영원히 슬기롭다. 자기의 마음을 보지 않고, 마음 이외에 부처가 있고 본성 이외에 법이 있다고 생각하면, 진겁(塵劫)을 다하도록 온갖 고초를 겪더라도 이루어지지 않는다. 마음 밖에서 부처를 이룰 수 없으므로, '과거－현재－미래'할 것 없이 도를 닦는 데 밖에서 구하지 말라. 심성은 본래 물 드는 일이 없어 스스로 원성(圓成)하는 것이므로 망령된 인연을 떨쳐 버리면, 그것이 여여불(如如佛)이다. 그러므로 고통과 윤회를 벗어나는 길은 일체

중생이 여래(如來)의 지혜덕상(智慧德相)이 원래 갖추어 있음을 깨치는 데 있다.

마음 닦는 비결, 그 깨달음에 관한 지눌의 언표는 「수심결(修心訣)」에 다음과 같이 전해 온다. "대체로 도에 들어가는 문은 많다. 하지만 요점을 들어 보면, 돈오(頓悟)와 점수(漸修) 두 문에 지나지 않는다. 돈오점수가 최상의 근기(根機)에 들어가는 사안이라 하지만, 과거를 미루어 보건대, 이미 여러 생애에 걸친 깨달음에 의지하여 점점 훈습(薰習)해 온 것이다. 현재의 생애에 듣자마자 깨달아 한 번에 마쳤다 하더라도, 이 또한 실은 먼저 깨닫고 나서 닦는 근기라 하겠다. 이 돈오(頓悟)와 점수(漸修)의 두 문은 모든 성인들의 정해진 길이다. 예전부터 모든 성인들은 먼저 깨닫고 뒤에 닦지 않은 이가 없었고, 이 닦음으로 말미암아 증득하였다. …… 진리에 들어가는 천 가지 문이 정(定)과 혜(慧)가 아님이 없다. 그 요강을 든다면, 자성(自性) 위의 체(體)와 용(用) 두 가지 뿐이다. 전에 말한 공적(空寂)과 영지(靈知)가 이것이다. '정'은 '체'이고 '혜'는 '용'이다. '체'에 나아간 '용'이므로 '혜'는 '정'을 떠나지 않고, '용'에 나아간 '체'이므로 '정'은 '혜'를 여의지 않는다. '정'이 곧 '혜'이므로 공적하면서 항상 지를 갖추고 있고, '혜'가 곧 '정'이므로 지이면서 항상 공적한 것이다(『普照全書』「修心訣」)."[12]

또한 「법집별행록절요병입사기(法集別行錄節要并入私記)」의 기록은 보다 구체적이고 뚜렷하게 전달된다. "진심(眞心)의 본체에는 두 가지 작용이 있다. 첫째는 자성(自性)의 근본적 작용이다. 둘째는 인연(因緣)에 따르는 응용(應用)이다. 예를 들면, 구리거울과 같다. 구리거울의 바탕은 우리의 마음 그 자체이다. 구리거울의 밝음은 자성의 작용이다.

---

12) 夫入道多門, 以要言之, 不出頓悟·漸修兩門耳. 雖曰頓悟頓修是最上根機得入也, 若推過去, 已是多生, 依悟而修, 漸熏而來. 至于今生, 聞卽開悟, 一時頓畢, 以實而論, 是亦先悟後修之機也. 則而此頓·漸兩門, 是千聖軌轍也, 則從上諸聖, 莫不先悟後修, 因修乃證. …… 入理千門, 莫非定·慧, 取其綱要, 則自性上體·用二義, 前所謂空寂·靈知, 是也. 定是體, 慧是用也. 卽體之用, 故慧不離定, 卽用之體, 故定不離慧, 定則慧, 故寂而常知 : 慧則定, 故知而常寂.

그 밝아서 개개의 대상이 비추어지는 것은 인연을 따르는 응용[緣用]이다. …… 이것을 마음에 비유하면, 마음이 항상 고요한 것은 자성이 본체이다. 마음이 항상 아는 것은 자성의 작용이다. 그 앎이 말할 수 있고 분별하는 것 등은 인연에 따르는 응용이다(『普照全書』「法集別行錄節要幷入私記」).”[13]

지눌이 강조하는 돈오(頓悟)는 ‘단박 깨달음’이다. 무엇을 단박에 깨달아야 하는가? 그 깨달음의 상태는 어떠한가? 보통 사람들이 혼란스러워 해맬 때는 망상에 사로 잡혀 자기 본성이 참된 부처인 줄 알지 못한다. 자기의 슬기로움이 참 부처인 줄 알지 못한다. 그러기에 늘 마음 밖에서 부처를 찾아 헛되이 헤맨다. 그러다가 어느 날 갑자기 선지식(善知識)에 들어가는 길을 지시함에 한 줄기 빛을 따라 자기 본성을 깨우칠 때, 본성에는 원래 번뇌가 없고 지성이 스스로 갖추어져 있음을 깨닫는다. 그런 상태는 부처와 다름없다. 이런 사실을 깨우치는 작업을 ‘돈오’라고 한다.

다시 말하면, 자기 본성을 돌이켜보아, 이것이 곧 번뇌가 없고, 그것이 곧 부처라는 깨달음이 돈오이다. 이는 다른 사람이 ‘너의 마음이 본래 부처이고 본래 번뇌가 없는 것이다.’라고 가르쳐 주어, 그것을 이론적으로 따져 결론에 도달하는 방법이 아니다. 스스로의 마음을 회광(廻光)하여 진정으로 고정 불변하는 객체로서의 번뇌가 있지 않다는 것을 깨닫는 일이다. 따라서 돈오는 온 마음을 다하여 한 가지 생각으로 염불하면서, 돌이켜 비추어 보는, ‘회광반조(廻光返照)’에서 얻어진다(송석구, 1985: 168).

돈오는 자신의 참 자아, 즉 허망한 꿈과 같은 미혹으로 인해 인지하지 못했던 자신의 참 마음을 홀연히 발견하게 됨을 의미한다. 미망에서

13) 眞心本體有二種用. 一者, 自性本用, 二者, 隨緣應用. 猶如銅鏡, 銅之質是自性體, 銅之明是自性用, 明所現影是隨緣用, …… 以喩, 心常寂是自性體, 心常知是自性用, 此知能語言·能分別等, 是隨緣用.

깨달음으로의 변화, 꿈에서 깨어남이 즉석에서 일어나기 때문에, '돈오'를 '갑작스러운 깨침'이라 부르는 것이다. 따라서 돈오는 점진적인 과정이 아니라 갑자기 일어나는 하나의 정신적 혁명과도 같다(길희성/김형효 외, 1996: 90-91).

그런데 인간은 습기(習氣)를 지니고 있다. 습기는 인간의 어리석음으로 인해 발생하는 가지가지의 허깨비와 같은 것들로 생각된다(송석구, 1985: 173). 이런 습기는 하루아침에 벗기기 힘들다. 그러기에 지속적인 수련과 수양이 요구된다. 비유하자면, 저 산에 금이 가득 묻혀 있는 줄은 알지만, 저 산의 모든 것이 금이 아니고, 금을 캐내기 위해서는 그에 필요한 수단이 있어야 하는 것과 같다. 즉, 깨달은 이후의 닦음은 필수적이다. 인간이 이치로 깨달았다 할지라도 그것의 실천을 통하여 '나아감', 그리고 '됨'이 중요하다.

이렇게 볼 때, 점수(漸修)는 깨달음 없이 이루어지지 않는다. 깨달음을 밑받침으로 점차적으로 닦아나가는 작업이 진정한 점수이다. 깨달음이 없는 점수는 일시적 점수이지 영원한 부처의 세계로 들어가는 수행(修行)이 아니다. 완전한 부처의 세계에 들어갈 때, 진리를 깨닫는 상황인 '증오(證悟)'가 된다. 돈오에 습기가 있다면, 그것은 진리를 깨달아 아는 수준이 해오(解悟)에 해당한다.

깨달은 후의 수행인 점수는 어떻게 하는가? 다시 말해, 수양의 방법론으로서 불교적 사유에 입각한 교육의 구체적 단계는 어떻게 이루어지는가? 그것은 정(定)과 혜(慧)라는 두 문을 통해서 이루어질 수밖에 없다. 지눌은 본래의 마음을 '공적(空寂)·(靈知)'이라고 하였다. '공적'은 '정'이고, '영지'는 '혜'이다. 한마음이 공적하려면 정을 닦아야 하고, 영지를 펼치려면 혜를 닦아야 한다. 그렇다고 정과 혜, 공적과 영지가 본래 둘이 있는 것이 아니다. 이 둘은 모두 하나의 자성(自性)에 체용(體用)의 의미로 나누어 본 것일 뿐이다. 결국, '정'과 '혜'의 균형 있는 닦음이 중요하다.

이러한 정혜는 두 가지로 구분된다. 하나는 '자성정혜(自性定慧)'이고 다른 하나는 '수상정혜(隨相定慧)'이다(길희성/김형효 외, 1996: 103-105). '수상정혜'의 '정'은 수행자가 그때그때 직면하는 '상(相)'과 '사(事)'로서의 번뇌(煩惱)에 꾸준히 대처해 나가는 삼매(三昧; samādhi)이다. '혜'는 모든 법 하나하나에 대해 미혹됨이 없이 그 '공(空)'을 '관(觀)'하는 '반야(般若: prajnā)'를 말한다. 그렇다고 이런 '수상정혜'의 닦음이 점수(漸修)의 최상은 아니다. '자성정혜'는 자신의 본성 안에 이미 내재하고 있는 '정'과 '혜'를 의미한다. 이는 진심(眞心)의 체(體)가 지니는 두 측면인 공적(空寂)의 '적(寂)'과 영지(靈知)의 '지(知)', '정'과 '혜'를 가리킨다. '자성정혜'를 닦는다는 말은 이미 우리의 심성에 내재한 것을 닦는 일이므로, '닦음 아닌 닦음'이다. 이런 역설적 닦음이야말로 진정한 닦음인 '무념수(無念修)'이다. 그러므로 '자성정혜'란 일반적 의미의 닦음에 의해 얻어지는 결과라기보다 '돈오'에 의해 이미 자신의 현실로서 자각되는 '정혜'이다. 지눌은 '닦음 아닌 닦음'으로서 '자성정혜'의 자유로운 닦음을 '돈오' 이후 가장 바람직한 수행으로 보았다.

그런데 지눌의 점수론(漸修論)은 정혜쌍수(定慧雙修)로 끝나지 않는다. 점수(漸修)는 자신의 이익인 '자리(自利)'를 위해서 뿐만 아니라 타자의 이익인 '타리(他利)'에도 함께 해야 한다. 모든 중생의 복리를 위해 필요함을 역설한다. 따라서 돈오(頓悟) 이후의 점수(漸修)는 두 가지 측면을 지닌다. 인식과 실천의 괴리를 극복하는 '정혜의 닦음'과 '보살행의 실천'이다.

5. 휴정의 회통(會通)

조선시대는 유교[성리학]을 신봉하던 시대인 만큼 불교가 성행하지는 못했다. 그런 가운데 불교를 회통의 경지에서 꽃피운 사유가 있다. 다름 아닌 서산대사(西山大師) 휴정(休靜, 1520~1604)의 『선가귀감(禪家龜鑑)』이다.

서산대사는 선조 때의 승려로 호는 청허당(淸虛堂)이고, 자는 현응(玄應)이며 속성은 최(崔)씨이다. 안주 목사를 따라 성균관에서 공부하였다고 한다. 지리산에 들어가 선문(禪門)의 돈오법(頓悟法)을 배웠는데, 숭인(崇仁)에 의해 승려가 되고, 영관(靈觀)에게서 법을 받았으며, 32세 때 선과(禪科)에 급제하였다. 임진왜란으로 선조가 파천(播遷)했을 때 의주로 가서 임금을 배알하고 국난을 극복하기 위해 전국의 승려를 동원하겠다고 건의하자, 선조는 팔도십육종도총섭(八道十六宗都摠攝)으로 임명했다. 이에 전국 곳곳에서 승병(僧兵)을 일으켜 공을 세우고 임금을 모시고 서울로 돌아왔다. 선조는 보제존자(普濟尊者)라는 호를 주었다. 청허당이 지은 『선가귀감』은 조선시대 선(禪)의 진수가 담겨 있다.

휴정은 유교가 풍미하던 사회에서 교리적으로 수많은 종파가 분열되어 있던 것을 통일했고, 유교·불교·도교의 합일을 주장하면서 불교의 전환기를 맞이하게 만들었다. 삼가(三家: 儒·佛·道)를 융화(融和)·회통(會通)하였다. 이 전통은 원효(元曉)에까지 거슬러 올라간다. 『삼가귀감(三家龜鑑)』의 내용을 간략히 보면, 「유가귀감」에서는 '공자가 말한 '하늘이 무엇을 말하는가?'라는 언급이나 동중서의 '도의 큰 근원은 하늘에서 나왔다'라는 표현은 이른바 '무극이면서 태극이다'라는 말이다. 『서전』에 나오는 요(堯)·순(舜)·우(禹)의 성군이 서로 전한 심법이나 『중용』 첫 구절의 성(性)-도(道)-교(敎)도 이름은 다르지만 내용은 같은데, 이는 모두 공자와 맹자가 전수한 심법이었다'라고 한다. 또한 「도가귀감」에서는 '어떤 물건이 혼성하고 천지보다 앞서서 나고 지대(至大), 지묘(至妙), 지허(至虛), 지령(至靈)하여 그 거처를 정할 수 없고 그 수명을 다할 수가 없으며 그 이름을 알 수가 없어 억지로 마음이라고 한다.'라고 하였다. 유·불·도는 서로 다른 형태의 사유를 갖추고 있지만 궁극적 진리성에서는 모두 같은 하나의 진리 세계에 회통되어 있다. 이것이 휴정의 인식이다. 휴정의 입장은 교선(教禪)을 아울러 닦으면서 좌선견성(坐禪見性)을 목적으로 한다. 이는 고려 보조국사 지눌의 법을 계승하고 있다(鎌田茂雄/신현숙 역, 1991: 207－209).

『선가귀감』은 다음과 같이 시작하고 있다. "여기에 한 물건이 있는데, 본래부터 한없이 밝고 신령스러워, 일찍이 나지도 않고 죽지도 않으며, 이름을 붙일 수도 모양을 그릴 수도 없다."[14] 이는 휴정이 세상을 바라보는 관점이다. 한 물건은 '원[圓: ○]', 즉 '일원상(一圓相)'이다. 태극도의 '무극(無極)'과 비슷한 원초적 세계상을 지시하는 듯하다. 휴정은 당시 유행하던 사유가, 유교든 도교든 불교든, 모두 이 한 물건을 잡고 그것을 이해하는 방식의 차이일 뿐이라고 보았다. 실제는 이 한 물건으로 보면 두루 통해 있다. 때문에 휴정의 사상을 유·불·도 3교의 회통으로 이해한다. 그러나 어디까지나 휴정이 중심으로 삼은 건 불교이다.

"깨달음, 지혜의 눈, 고해를 건너 즐거운 저 언덕에 오르는 일!"[15]

다시 강조하면, 불교는 근본적으로 자아의 각성, 깨달음에 의거하고 있다. 이를 풀어나가는 해법은 다양하다. 그래서 "법에도 여러 가지 뜻이 있고, 사람에게도 다양한 기질이 있으니 여러 가지 방편을 베풀지 않을 수 없다."[16]라고 했다. "법이란 한 물건이요 사람이란 중생이다. 법에는 변하지 않는 것과 인연을 따르는 이치가 있고, 사람에게는 단박

---

14) 有一物於此, 從本以來, 昭昭靈靈, 不曾生不曾滅, 名不得狀不得.: 이하 休靜의 會通에 관한 原典은 『禪家龜鑑』의 내용임.

15) 至於越苦海而登樂岸者.

16) 法有多義, 人有多機 不妨施設.

에 깨치는 이와 오래 닦아야 하는 기질이 있으므로, 문자나 말로 가르치는 방편이 없을 수 없다."[17] 이는 필연적으로 교육내용을 유도한다. 그 교육내용의 중심이 선(禪)과 교(敎)이다.

선은 불타가 마음을 전한 것이고 교는 말을 한 것이다. 즉, 마음과 언어(말)가 선과 교이다.[18] 그런데 깨달음은 말보다 침묵이 앞선다. 선은 다르게 표현하면 말없음으로써 말없는 데에 이르는 것이고, 교는 말로써 말없는 데 이르는 것이다.[19] 설명을 통해 밝혀지는 것이 아니라 마음에서 마음으로 전하는 일, 말없는 데 이름. 이 침묵의 긴 대화가 바로 깨달음으로 가는 길이다. 그것은 선이나 교나 마찬가지이다. 그러나 궁극은 말없음의 지속인 마음에서 얻어진다. 즉, 말과 말없음이 모두 말없음으로 해소된다. 이는 마음 작용에 의해서만 드러날 뿐이다. 그래서 '일체유심조(一切唯心造)'라고 한다. 그렇다면 마음이란 무엇이며 무엇을 마음에서 자득(自得)하는가? 본래부터 한없이 밝고 신령한 일원(一圓)은 도대체 무엇인가? 교육의 의도적 행위는 어떻게 견줄 수 있는가?

인간이 자신의 마음 상태를 스스로 안다는 것은 참으로 어려운 일이다. 결국은 불가능(不可能)하거나 불가득(不可得)한 일이다(太田久紀/정병조 역, 1987: 64). 그러므로 '마음으로써 마음을 구했으나 얻을 수 없었다!'라는 표현이 나올 수밖에 없다.

선가(禪家)에서는 "교문에서는 오직 한 마음의 법만을 전했고, 선문에서는 오직 견성하는 법만을 전하였다. 마음은 거울의 바탕과 같고, 성품은 거울의 빛과 같다. 성품은 스스로 맑고 깨끗한 것이므로 즉시 깨우치면 바로 본마음을 얻는다."[20]라고 설명하며, 마음의 문제를 해명한다. 세계의 이치는 마음에서 하나로 꿰뚫어져 있다. 한 마음의 법이

17) 法者, 一物也, 人者, 衆生也. 法有不變隨緣之義, 人有頓悟漸修之機, 故不妨文字語言之施設也.
18) 世尊, 三處傳心者, 爲禪旨, 一代所說者, 爲敎門, 故日, 禪是佛心, 敎是佛語.
19) 以無言, 至於無言者, 禪也, 以有言, 至於無言者, 敎也.
20) 敎門, 惟傳一心法, 禪門, 惟傳見性 ; 心, 如鏡之體, 性, 如鏡之光, 性自淸淨, 卽時豁然, 還得本心.

그것이다. 그리고 마음은 이미 하나의 바탕으로 자리하고 있다. 중요한 것은 성품에 따라 어떻게 깨달아 가느냐의 문제이다.

교육적 측면에서 말한다면, 교육의 바탕은 이미 세계에 갖추어져 있다. 그 세계를 우리 인간이 깨우치기만 하면 교육이라는 것의 근본을 얻을 수 있다. 교육은 인간의 세계 인식을 통해 자기의 존재 이유와 삶을 깨우치는 작업이다. 이런 불교적 교육의 핵심인 마음과 본성은 다음과 같이 해명된다.

"마음에는 두 가지가 있다. 하나는 본바탕의 마음이고, 다른 하나는 무명의 형상만을 취하는 마음이다. 또 성품에도 두 가지가 있다. 하나는 근본법의 성품이고, 다른 하나는 성품과 모양을 마주 대한 성품이다. 그러므로 선을 닦는 이나 교를 배우는 이들이 다 같이 미혹하여 이름에만 집착하고 알음알이를 내어 오해를 일삼는다."[21)]

교육에서 우리는 흔히 본래의 목적과 수단이 미혹되어 엉뚱한 길로 파급되는 것을 목격한다. 본래 목적하던 그대로 하면 되는 일을 이런 저런 잡다한 생각과 유용성의 가늠으로 인해 다른 방향으로 나아간다. 이때 본래 목적을 잃는다. 오해를 불러일으킨다. 그것은 겉으로 드러난 이름에 집착하기 때문에 일어나는 현상이다. 교육은 본래의 목적을 지속 가능하게 하여 성취하는 작업이다. 겉으로 드러난 무명의 형상은 교육을 통해 제거해야 하는 부정의 대상이다. 우리의 교육 내용은 모든 것을 포괄하는 것이 아니라 바로 무명의 형상과 비근본법의 성품을 어떻게 판별하여 오해를 없앨 수 있는가를 중심으로 구성해야 한다.

그렇다면 사람이 먼저 인식해야 할 것은 무엇인가? '판단력'과 '변별력'이다. 그것은 무엇을 배워야 하고, 어떤 것을 깨우쳐가야 하는지에 대한 힘이다. "배우는 사람은 먼저 부처의 참다운 가르침으로써, 변하지 않는 것과 인연에 따르는 두 가지 뜻이 내 마음의 성품과 형상이며,

21) 心有二種, 一, 本源心, 二,無明取相心也. 性有二種, 一, 本法性, 二, 性相相對性也. 故禪敎者, 同迷守名生解, 或以淺爲深, 惑以深爲淺, 隧爲觀大病.

단박 깨치고 점점 닦는 두 가지 문은 공부의 시작과 끝임을 자세히 가려 알아야 한다. 그 다음에 교의 뜻을 버리고 오로지 그 마음이 뚜렷이 드러난 한 생각으로써 공부해야 한다. 그러면 반드시 얻는 바가 있다.[22)]

교육을 가름하는 기준은 판단력이다. 우리는 어떤 것을 배워야 하고 어떤 것을 교육에서 경계해야 하는가? 어떤 것이 이 시대에 필요하고 삶을 살찌우는가? 선가는 불변하는 것과 인연에 따라 바뀌는 것을 깨닫는 일이다. 그리고 돈오점수(頓悟漸修)의 길을 취해 교(敎)를 버리고 선(禪)의 길을 탐구하라고 강조한다. 부처의 말씀인 교를 선에 입문하는 하나의 방편으로 인식하고, 언젠가는 버려야 할 것으로 이해한다. 그래서 우리는 수많은 이론과 실천 가운데 '실천'에 무게중심을 둔다.

그렇다면 어떤 교육방법이 요구되는가? 선가에 의하면, 공부는 활구(活句)로부터 시작한다. '의미 없는 말', '무언가 잘 알 수 없는 모르는 그것', '말도 안 되는 말'로부터 출발한다, 이것이 선이다. '개가 불성이 없다!', '뜰 앞에 잣나무!', '삼 세근!', '마른 똥 막대기!'와 같은 화두(話頭)들, 이 도대체 무슨 말인가? 의미맥락을 따지는 사구(死句)에서는 도대체 통하지 않는 말이다. 선(禪)은 인간의 간절한 마음 자체에서 나오는 엄격한 행위일 따름이다. 닭이 알을 품듯, 고양이가 쥐를 잡을 때와 같이, 주릴 때 밥 생각하듯, 목마를 때 물 생각하듯, 어린애가 엄마 생각하는 것 같이,[23)] 마음에서 저절로 우러난다. 억지로 꾸며 낸 사안이 아니다.

공부도 마찬가지이다. 인간의 간절한 교육적 바람, 자연성의 발로에서 출발해야 한다. 첫 번째 공부방법이 바로 이것이다. 마음이 깨달은 바대로, 하고 싶은 대로 하라! 그러나 이 불교의 교육은 세 가지 요건을 갖추어야 한다. 그것은 신심과 분심과 의심[24)]이다. 깨달은 사람은

22) 學者, 先以如實言教, 委辨不變隨緣二義, 是自心之性相, 頓悟漸修兩門, 是自行之始終然後, 放下教義, 但將自心現前一念, 參詳禪旨則必有所得, 所謂出身活路.

23) 如鷄抱卵, 如猫捕鼠, 如飢思食, 如渴思水, 如兒憶母, 必有透徹之期.

24) 信根, 憤志, 疑情.

믿음을 근본으로 한다. 그리고 공부를 하는 사람은 먼저 뜻을 세우고, 교육적 화두를 의심해야 한다. 이는 유교의 교육과정 가운데 입지(立志)와 닮았다. 아울러 어떤 교육 문제가 있을 때, 근본이 무엇인지 깨달을 필요가 있으며, 이를 위해 그 문제에 대해 회의(懷疑)하는 작업과 연관된다. 그렇지 않는다면 큰 병이 된다. 의심하면 할수록 크게 깨친다. 그런데 인간은 무언가를 알아맞히려 하고, 생각으로 헤아리려 하며, 깨달음을 기다린다. 이런 사고 작용은 깨달음과 진리의 세계로부터 멀어져 가는 길일 따름이다. 오직 정신을 차려 의심하되 '이 무엇인고?', '교육이 뭐지?'라고 할 뿐이다.

중요한 것은 교육의 현상이 아니라 근본이다. 원래 목적했던 교육 내용을 제대로 실천하고 있느냐? 깨달은 바를 마음으로 지속시키느냐이다. 다시 마음의 문제, 우리 교육의 마음, 마음의 교육은 어떤 것인가? 하지만, "공부는 거문고의 줄을 고르듯 하여 팽팽하고 느슨함이 알맞아야 한다. 조급히 하면 혈기가 고르지 못하여 병이 나고, 잊어버리면 흐리멍텅하여 귀신의 굴로 들어가게 된다. 느리지도 않고 빠르지도 않게 되면 오묘함이 그 가운데 있다."[25] 그런데 말로만 배우는 무리들은 말할 때는 깨친 듯이 하다가도 실제 상황에서는 도리어 미혹하게 된다. 이른바 말과 행동이 서로 어긴 자이다.[26]

여기서 우리는 염불(念佛)의 교육론을 생각해 볼 필요가 있다. "염불이란, 입으로 하면 송이고, 마음으로 하는 것이 염이다. 입으로만 부르고 마음으로 생각하지 않으면, 도를 닦는 데 이익이 없다."[27] 염불과 선은 불교 공부의 두 방법이다. 선이 철저한 자력(自力) 공부라면, 염불은 아미타불의 원력(願力)에 의한 타력(他力) 공부이다(권기종, 1978: 262).

---

25) 工夫, 如調絃之法, 緊緩, 得其中. …… 急則動血囊, 忘則入鬼窟, 不徐不疾, 妙在其中.
26) 學語之輩, 說時似悟, 對境還迷, 所謂言行 相違者也.
27) 念佛者, 在口日誦, 在心日念. 徒誦失念, 於道無益.

그러나 휴정은 이를 통합한다. "나무아미타불의 여섯 글자 법문은 바로 윤회를 벗어나는 지름길이다. 마음으로는 불타의 경계를 생각하여 잊지 말고, 입으로는 불타의 이름을 부르되 분명하고 어지럽지 않게 해야 한다. 이와 같이 마음과 입이 상응하는 것이 염불이다."[28]

'나무아미타불(南無阿彌陀佛)'에서 '나무'는 산스크리트어(Sanskrit), 즉 범어(梵語)로 '나무스(namus)' 또는 '나모(namo)'인데, '경례(敬禮)·공경(恭敬)·순종(順從)·귀의(歸依)' 등의 뜻이 있고, '아미타(amita)'는 '한량없다'는 의미이다. 따라서 '나무아미타불'이라고 하면, 한량없는 목숨과 광명을 지닌 부처에게 예의를 갖추어 공경을 표한다는 말이 된다. 이런 차원을 염두엔 둔 염불은 입과 마음으로, 보다 근본적으로는 마음으로 하는 일이지 입으로만 외우는 작업이 아니다.

교육도 진정한 염불처럼 할 필요가 있다. 입으로 암송만 한다든가 지식의 측면에만 머무른다면 진정한 교육, 공부가 아니다. 마음에 체득하여 무언가를 느끼고 깨달으며 행위로 드러나야 한다. 즉, 객관적 지식의 습득에만 그치는 것이 아니라 마음의 심금을 울리며 깨달음의 세계로까지 나아가야 하는 것이다. 이렇게 공부하는 사람은 깊이 자기의 마음을 믿어 스스로 굽히지도 말고 높이지도 말아야 한다.[29] 그러므로 수행의 요체는 일반 사람의 생각을 다하는 일일 뿐이다. 별도로 성인의 알음알이가 있는 것은 아니다.[30]

어려운 점은 "이치는 단박에 깨칠 수 있을지라도 실제 일에서는 단박에 다스려지지 않는다."라는 사실이다.[31] 인간은 세상 가운데 수많은 일에 부딪히며 살아간다. 어떻게 하는 것이 도리인지 알지만 실제 삶에서는 마음대로 되지 않는 일이 너무나 많다. 교육은 그런 점에서 어렵

28) 阿彌陀佛六字法門, 定出輪廻之捷徑也. 心則緣佛境界, 憶持不忘, 口則稱佛名號, 分明不亂, 如是心口相應, 名日念佛.

29) 深信自心, 不自屈不自高.

30) 修行之要, 但盡凡情, 別無聖解.

31) 理雖頓悟, 事非頓除.

다. 왜냐하면 인간 세계는 다음과 같은 상태에 처해 있는 경우가 많기 때문이다.

"음란하면서 공부하는 것은 모래를 쪄서 밥을 지으려는 것과 같다. 살생하면서 공부하는 것은 제 귀를 막고 소리를 지르는 것과 같다. 도둑질하면서 공부하는 것은 새는 그릇에 가득 차기를 바라는 것 같다. 거짓말하면서 공부하는 것은 똥으로 향을 만들려는 것과 같다. 이런 경우, 아무리 많은 지혜가 있더라도 모두 잘못된 길로 가는 것이다."[32)]

우리는 많은 지혜를, 혹은 지식·정보를 소유하고 있다. 그러나 그 지혜가 인간 자신의 본래를 회복하기 위한, 진정한 자아실현을 위한 것이 아니라면, 우리의 공부, 교육은 가닥을 잘못 잡고 있는 것이다.

6. 불교의 교육적 특성

불교의 세계는 정말 난해하다. 그 형이상학의 높은 세계는 어떻게 이해해야 할지 쉬이 접근을 허용하지 않는다. 삶과 죽음에 대한 무차별의 세계, 색(色)과 공(空)의 동시성, 시간과 공간의 무한 확장 등, 그 이론의 위력은 상상을 초월한다. 그런 불교의 세계도 결국은 인간의 삶에 관한 담론(談論)인데, 교육적으로 무슨 메시지를 던지고 있을까?

불교의 가장 큰 화두는 '괴로움[苦: suffering]'의 문제였다. 우주의 모든 존재는 '괴로움'의 덩어리이다! 석가모니가 체험한 고통의 세계는 생로병사(生老病死)라는 우주적 존재의 전 과정이었다. 왜 인간은 고통스럽게 살아가야 하는가? 그것을 벗어날 길은 없는가? 해답은 의외로 간단했다. 우리가 지닌 모든 삶의 집착으로부터 벗어나 해탈의 길을 여는 일이다. 부처가 전개한 평생의 수도(修道)는 해탈을 향한 교육이었

---

32) 帶婬修禪, 如蒸沙作飯. 帶殺修禪, 如塞耳叫聲. 帶偸修禪, 如漏巵求滿. 帶妄修禪, 如刻糞爲香. 縱有多智, 皆成魔道.

다. 깨달음의 연속적 과정을 통해 괴로움의 집에서 벗어나 완전 자유의 세계로 나아가는 일이었다.

고집멸도(苦集滅道)와 팔정도(八正道)는 불교적 수행과 교육의 체계직 내용을 보여 준다. 윤회와 화해의 길도 마찬가지 인식이다. '고[苦]' 자체인 인간 세계! 이 지점에서 인간의 삶은 그것을 밝혀 깨달음으로 나아가는 임무를 띠고 있다. 교육은 그런 길을 헤쳐 나가는 일에 불과하다. 방법은 다양하다. 원효의 화쟁(和爭)이나 무애(無碍), 지눌의 교선일체(敎禪一體), 휴정의 회통(會通)하는 사고는 깨달음의 극치를 보여준다. 이때 깨달음은 인간 심연의 자각이다. 내면적 각성이다. 인간은 누구나 부처가 될 가능성을 지니고 있기에 자아의 각성을 통해 고통으로부터의 해탈에 도달할 수 있다. 그 해탈은 자비심(慈悲心)을 통해 가능하다.

자비(慈悲)는 불교 최대의 덕목이다. 그러므로 부처를 '대자대비(大慈大悲)'의 존재로 파악한다. 자비는 쉽게 표현하면 '사랑'과 '연민'이다. 사랑은 이기적 욕망을 벗어날 때 가능하다. 연민은 타인에 대한 관용과 배려에서 싹튼다. 그러기에 불교의 자비는 철저히 자기를 버리는 무아(無我)의 경지에서 가능하다.

불교를 교육적으로 환원해서 이해하면, 자비심을 지닐 수 있도록 내면적 각성을 하는 작업에 다름 아니다. 즉, 교사와 학생의 주체적 각성, 그 깨달음의 세계가 불교 교육관의 표준이다. 서구의 몇몇 철학자들도 이와 유사한 사고를 제시했다. 쉬프랑거(Eduard Spranger, 1882~1963)는 '인간을 내면적으로 눈뜨게 하는 것'이라고 하여, '교육은 항상 각성시키는 일을 뜻한다.'라고도 했다. 볼노오(Otto Friedrich Bollnow, 1903~1991)는 각성을 '마음을 고쳐먹도록 하는 일'로 보기도 했다. 마음을 고쳐먹는 일은 이전까지의 행위에 대해 '비본래성에서 본래성으로 전회'하려는 깨달음의 순간이다. 그것은 늘 일정함을 담보할 수 없는 무상(無常)을 전제로 한다. 우주의 존재 가운데 변화하지 않는 고정된 양식은 없다. 그것은 무상이라는 존재의 본질과 현상을 꿰뚫어보는 불교적 깨달음이다.

그러므로 불교적 관점에서 교육은 인간의 '깨달음', '내면적 자각'을 전제로, 문화지식을 전수하고 인간 행동의 변화를 꾀하며 사회의 유지와 혁신을 지향한다. 교육의 궁극적 목적은 개인적 측면에서 보면, 전통적으로 개인의 완성, 즉 인격 완성에 있다. 불교의 깨달음은 개인의 온전한 완성을 의미한다. 이 '깨달음'을 프롬(Erich Fromm, 1900~1980)은 다음과 같이 설명한다. 깨달음은 사람의 최량의 상태를 참답게 달성한 것이다. 심리학적으로 표현한다면, 사람이 자신의 외부 및 내부의 현실에 완전히 형세가 맞는 상태이고, 또한 현실에 대하여 사람들이 충분히 눈뜨고 확실히 그것을 잡고 있는 상태라고 말할 수도 있을 것이다. 이는 교육의 목적과 관련시켜 볼 때, 매우 중요한 인식이다. 교육은 바로 이러한 인간을 길러내는 일이다.

교육의 목적도 이를 벗어나지 않는다. 이런 교육적 인간상의 정점에 부처가 있다. 그런데 부처는 깨달은 사람, 밝은 사람, 따뜻한 사람으로 지혜와 자비를 상징한다. 깨달음은 본질적으로 스스로 깨닫는 자각을 의미한다. 따라서 부처는 '자각적 인간형', 또는 '자주적 인간형'이다. 자주적 인간형은 부처까지도 벗어 던진다. 특히 선가에서는 "본분을 바로 들어 보일 때는, 부처나 조사도 아무런 공능이 없는 것이다."[33]라고 하여 '스스로의 깨달음'을 가장 중시하였다.

이는 성불(成佛)과 해탈(解脫)의 길에서, 궁극적으로 부처의 구속으로부터 자유로울 것을 요구한다. 자비심의 발현과 무상의 깨달음이 그것을 해결할 수 있다. 이 원형을 보여주는 불교의 교육양식은 '줄탁동시(啐啄同時)'의 비유에서 확인된다. 『벽암록(碧巖錄)』에는 다음과 같은

---

33) 直擧本分, 佛祖無功能.

기록이 있다. "병아리가 쪼고 어미 닭이 쪼니 병아리가 눈떠 껍질이 없어졌다. 병아리와 어미 닭의 분별도 모두 잊어버린다. 인연에 따라 어긋남이 없으니, 같은 길에서 함께 노래하여 하나가 된다(『碧巖錄』)."[34]

이 비유는 달걀이 어떻게 부화하는지를 설명하고 있다. 우리가 잘 알고 있을 것이라고 생각하는 병아리의 탄생은 간단한 과정이 아니다. 신성한 교육의 원형적 과정을 암시하고 있다. 조금만 신경 써 관찰해 보면 모든 생명 탄생의 과정도 이와 마찬가지이다.

병아리가 달걀 속에서 껍질을 쪼는 것을 '줄(啐)'이라 하고, 어미 닭이 밖에서 달걀껍질을 쪼는 것을 '탁(啄)'이라 한다. 우리는 병아리와 어미 닭이 동시에 쪼는 행위 가운데, 한 생명의 탄생이라는 존재의 본래성(本來性)을 확인한다. 이것이 바로 불교적 각성이자 거룩한 교육의 행위이다. 병아리는 학생으로 어미 닭은 교사로 비유할 수 있다. 달걀이 부화할 때, 병아리가 계란의 안쪽에서 쪼고 어미 닭이 바깥에서 껍질을 쪼아 그 시기가 딱 들어맞을 때 달걀 껍질이 깨지고 새 생명이 탄생한다. 줄탁동시(啐啄同時)! 이것이 최고의 교육적 상황이자 작용이다. 불교의 교육은 그 인연의 노래이다.

---

34) 子啐母啄, 子覺無殼, 子母俱忘, 應緣不錯, 同道唱和.

제 4 장

유교

1. 공자의 초기 집대성

유교(儒教) 또는 유학(儒學)은 영어로 '컨퓨셔니즘(Confucianism)'이라고 표기한다. 이는 '공부자(孔夫子: 孔子)'의 중국식 발음을 그대로 옮긴 것이다. 그러므로 유교는 '공자교(孔子教: 孔教)' 또는 '공자학(孔子學)'이라는 말과 동일하다. 넓게 보면, 공자를 정점으로 제자 그룹의 공자학단이나 이후 공자의 사상을 신봉하는 맹자(孟子)나 순자(荀子), 동중서(董仲舒), 주자(朱子)나 왕양명(王陽明), 조선의 이황(李滉)이나 조식(曺植), 이이(李珥), 정약용(丁若鏞)과 같은 학자들이 지향했던 사상 체계이다. 공자의 일생은 『사기(史記)』「세가(世家)」의 기록에 근거하여, 『논어집주(論語集註)』「서설(序說)」에 간략하게 정돈되어 있다.

공자의 이름은 구(丘)이다. 자(字)는 중니(仲尼)이고, 그 선조는 송(宋) 나라 사람이다. 아버지는 숙량흘(叔梁紇)이고, 어머니는 안씨(顔氏)인데, 노(魯) 나라 양공(襄公) 22년 11월에 노나라 창평읍(昌平邑)에서 공자를 낳으셨다.

공자는 어렸을 때 항상 제기(祭器; 俎豆)를 진설해 놓고 예의를 행하며 일상을 보냈다. 청년으로 자라나서 창고지기인 위리(委吏)가 되어서는 곡식이나 물건을 나누어 줄 때 공평하게 하였고, 목축지기인 사직리(司職吏)가 되어서는 온갖 가축을 잘 길렀다. 주(周)나라에 가서 노자(老子)에게 예(禮)를 묻고 돌아왔는데, 이후, 제자들이 더욱 많이 찾아왔다.

소공(昭公) 25년은 공자의 나이 35세였다. 소공이 제(齊)나라로 도망가자 노나라가 혼란스러워졌다. 이에 공자가 제나라로 가서 고소자(高昭子)의 가신(家臣)이 되어 경공(景公)을 만나게 되었다. 경공이 니계(尼谿)의 땅을 공자에게 봉(封)해주려고 하는데 안영(晏嬰)이 반대하였다. 경공이 의심스럽게 여기자 공자는 제나라를 떠나 노나라로 돌아왔다.

정공(定公) 원년은 공자의 나이 43세였다. 계씨(季氏)가 아주 심하게 전횡을 휘두르며 참람(僭濫)되게 행동하고, 그의 가신인 양호(陽虎)가 난(亂)을 일으켜 정권을 마음대로 휘둘렀다. 이에 공자는 벼슬하지 않고 물러나 시서예악(詩書禮樂)을 닦았는데, 제자들이 더욱 많아졌다.

정공 9년은 공자의 나이 51세였다. 공산불뉴(公山不狃)가 비읍(費邑)을 차지하고 계씨를 배반하였다. 이에 계씨가 공자를 불렀는데, 공자가 가려고 하다가 끝내 가지 않았다. 정공이 공자를 중도(中都)의 원님으로 삼았는데, 다스린 지 1년 만에 사방이 모두 공자의 정치를 본받았다. 이후, 공자는 토지와 민사를 담당하는 관리인 사공(司空)이 되었다. 또 오늘날 검찰총장이나 법무부 장관에 해당하는 대사구(大司寇)가 되었다.

정공 10년에는 정공을 도와 제나라의 임금과 협곡(夾谷)에서 만나 협상을 진행했는데, 제나라 사람들이 노나라에서 빼앗아간 땅을 되돌려 주었다.

정공 12년에는 중유(仲由)를 계씨(季氏)의 가신이 되게 하여 세 도읍(都邑)의 성(城)을 허물도록 만들고, 그들의 갑옷과 병장기를 거두게 하였다. 하지만 맹씨(孟氏)가 성(成) 땅의 성을 허물려 하지 않아 성을 에워싸고 공격했으나 이기지 못하였다.

정공 14년은 공자의 나이 56세였다. 정승의 일을 함께 맡아 소정묘(少正卯)를 죽이고 국정에 참여하여 정치를 시행하자, 3개월 만에 노나라가 제대로 다스려졌다. 제나라 사람들이 아름다운 여자 악사(樂師)를 보내어 미인계로 저지했는데, 계환자(季桓子)가 이들을 받아들였다. 또 교(郊) 제사를 지낼 때 제사 지낸 고기를 대부(大夫)들에게 주지 않았다. 그러자 공자가 노나라를 떠나셨다.

공자가 위(衛)나라로 가서 자로(子路)의 처형(妻兄)인 안탁추(顔濁

鄒)의 집에 머물렀다. 그리고 진나라에 가면서 광(匡) 지방을 지나는데 그 지방 사람들이 양호라고 여겨 구금(拘禁)하였다. 간신히 풀려나자 위나라로 돌아가 거백옥(蘧伯玉)의 집에 머무르고 남자(南子)를 만났다. 위나라를 떠나 송(宋)나라로 가는데 사마 환퇴(司馬 桓魋)가 공자를 죽이려고 하였다. 또 송나라를 떠나 진(陳)나라로 가서 사성 정자(司城 貞子)의 집에 머물러 3년 동안 살다가 위나라로 돌아왔는데, 위나라 영공(靈公)이 등용하지 않았다.

진(晉)나라 조씨(趙氏)의 가신 필힐(佛肹)이 중모(中牟) 땅을 차지하고 배반한 후, 공자를 부르자 공자가 가려고 하다가 가지 않았다. 이후 서쪽 지역으로 가서 조간자(趙簡子)를 만나려고 하다가 하수(河水)에 이르러 돌아와 다시 거백옥의 집에 머물렀다. 영공(靈公)이 진(陳)치는 법을 묻자 대답하지 않고 떠났고, 다시 진나라로 갔다.

계환자가 죽을 때 맏아들 강자(康子)에게 유언하기를, '반드시 공자를 부르라'고 했는데, 그 신하들이 저지하자 강자는 마침내 염구(冉求)를 불러왔다. 공자가 채(蔡)나라로 가서 섭(葉) 땅에 이르렀다. 소왕(昭王)이 서사(書社)의 땅 700리를 공자에게 봉하려 했는데, 영윤 자서(令尹 子西)가 반대하자 중지하였다.

공자가 다시 위나라로 돌아오자, 이때 영공은 이미 죽고, 위나라 군주인 첩(輒)이 공자를 맞아들여 정치를 하려고 하였다. 염구가 노나라 계씨의 장수(將帥)가 되어 제나라와 싸워 전공을 세우자, 강자가 마침내 공자를 불렀다. 애공(哀公) 11년에 공자가 노나라로 돌아왔는데, 나이 68세였다.

그러나 노나라에서는 끝내 공자를 등용하지 않았다. 공자 또한 벼슬을 구하지 않았다. 이후, 『서전(書傳)』과 『예기(禮記)』를 정돈하여 순서를 매기고, 『시(詩)』를 정리하고, 『악(樂)』을 바로잡으며, 『주역(周易)』의 「단(彖)」·「계사(繫辭)」·「설괘(說卦)」·「문언(文言)」을 차례로 지었다.

제자가 3,000명이었는데, 육예(六藝)를 통달한 자가 72명이었다. 애공 14년에 노나라에서 서쪽으로 사냥 나갔다가 기린(麒麟)을 잡았는데, 공자가 『춘추』를 지었다.

이듬해, 자로(子路)가 위나라에서 죽고, 애공 16년 4월 11일에 공자가 별세하였다. 향년 73세였다. 노나라 도성 사수(泗水) 가에 장례를 지내니 제자들이 모두 심상(心喪) 3년을 입고 떠났다. 자공(子貢)만이 무덤가에 여막(廬幕)을 짓고 모두 6년을 지냈다. 공자가 아들 리(鯉)를 낳았는데, 자(字)는 백어(伯魚)였고, 공자보다 먼저 죽었다. 백어는 급(伋)을 낳았는데, 자는 자사(子思)이거 『중용』을 지었다."

공자의 교육적 사유는 『논어』의 첫 구절에서 강력한 메시지를 던진다. 교육에서 가장 중요한 '학습(學習)'의 문제를 제기한다. 그것은 유학이 학습에 관한 사유 체계임을 일러준다. "배우고 때로 익히면 또한 기쁘지 아니하겠는가? 친한 벗이 먼 곳에서 찾아오면 또한 즐겁지 아니하겠는가? 남이 알아주지 않아도 서운해 하지 않으면 또한 군자가 아니겠는가?(『論語』「學而」)"35)

이 『논어』의 첫 구절은 학문에 뜻을 두고 인생을 전개하라는 의미를 담고 있다. 주자의 주석에 의하면, "배운다는 것은 '본받음[效]'인데, 사람의 타고난 성품은 본래 착하지만 깨닫는 데는 먼저 깨닫고 나중에 깨닫는 사람이 있다. 나중에 깨닫는 사람은 먼저 깨달은 사람의 행동을 본받아야 착한 것을 분명히 알고, 본래의 인간성을 회복할 수 있다."라고 한다. 그리고 그 배운 사안을 때로 익힌다는 것은 "언제 어느 때고 연습하지 않음이 없다."라는 의미로 부단한 노력을 강조한 말이다. 유학에서 학문(學問)은 오늘날 얘기하는 단순한 '지식' 공부라기보다는 인생의 모든 측면에서 '묻고 배우는' 작업이다. 그러므로 인생의 즐거움은

35) 學而時習之, 不亦說乎, 有朋, 自遠方來, 不亦樂乎. 人不知而不慍, 不亦君子乎.

'배워서-익히고-알아서-스스로 마음에 흡족'하게 될 때, 만끽할 수 있다.

이런 배움은 뜻을 같이 하는 친구와 더불어 공유할 때 더욱 즐겁다. 배움은 내가 스스로 하는 행위이다. 나를 알아주지 않는 것은 남들이 그렇게 하는 행위이지 내가 의도적으로 한 행동은 아니다. 그러기에 남이 알아주지 않는다고 해서 성낼 필요는 없다. 왜냐하면 내가 스스로 배워서 기쁘고 즐거운 것이 중요하지, 남에게 보여주면서 칭찬 받는 일이 중요한 사안은 아니기 때문이다. 그러기에 유학을 자신의 인생을 진정으로 위하는 '위기지학(爲己之學)'이라고 한다.

'배움과 익힘 → 벗의 방문과 학문 내용의 공유 → 성내지 않음'의 공부 순서는 자기교육과 타자교육의 자연스러운 연결을 암시한다. 배우고 스스로 익혀 기쁨이 내면에 가득하면, 친구들이 많이 찾아오는 등 외면으로 드러난다. 그리하여 덕을 갖춘 군자는 늘 바르게 배우고 열심히 연습하며, 즐거운 가운데 만족한다.

그 사람 됨됨이와 사람다운 사람의 모습은 인(仁)이라는 사랑의 실천을 근거로 한다. "사람 됨됨이가 효도하고 공손하면서 윗사람에게 덤벼들기를 좋아하는 사람은 드물다. 또 윗사람에게 덤벼들기를 좋아하면서 난을 일으키기 좋아하는 사람은 없다. 군자는 근본에 힘써야 한다. 근본이 바로 서야 인간의 길이 보이므로, 효도와 공손이 인을 실천하는 근본이다(論語』「學而」)."[36]

여기에서 효도는 부모를 잘 모시는 일이고, 공손은 어른과 형을 잘 섬기는 일이다. 유학은 가정 윤리에서 시작하므로 효(孝)와 제(悌)를 기본 윤리로 한다. 효는 수직 윤리의 전형이고 제는 수평 윤리의 기본이다. 수직적·수평적 쌍무 관계 질서에 의해 유학의 도덕 질서가 성립한다. 효제는 공자에게서 가장 중요한 덕목인 인(仁)을 실천하는 근본이

36) 其爲人也, 孝弟而好犯上者, 鮮矣. 不好犯上而好作亂者, 未之有也. 君子務本, 本立而道生, 孝弟也者, 其爲仁之本與.

다. 인은 쉽게 표현하면 '사람을 사랑하는 일'인 '애인(愛人)'이다. 가족 사이에 부모에게 효도하는 일이나 어른과 형, 누나, 언니를 공경히 하는 것보다 큰 사랑은 없다. 유학의 교육은 이 효제(孝弟)를 실천하는 데 근본 목적이 있다. 그 다음에 충(忠)과 신(信)을 통해 내용을 확장한다. 이러한 효제충신(孝弟忠信)의 윤리를 제기하는 가운데, 공자는 지식에 대한 태도를 분명하게 정돈하였다. 글을 배우는 '학문(學文)' 행위가 어떤 자리에 서야 하는지 교육적 태도를 보인 것이다. "공자께서 말씀하셨다. 청소년들은 집에 들어와서는 효도해야 하고 밖에 나가서는 공손해야 한다. 신중히 행동하고 신의를 지켜야 한다. 널리 사람들을 사랑하되 어진 사람을 가까이 해야 한다. 이를 실천하고도 남는 힘이 있으면, 그때 글을 배워야 한다(『論語』「學而」)."[37)]

글을 배우는 지식교육은 언제 시작해야 하는가? 자신이 맡은 기본 윤리를 다 하고 남은 힘이 있을 때이다. 인간으로서 도덕을 실천한 후에 지식을 확보하기 위한 글을 배워야 한다. 인간으로서 기본 도덕이나 자신의 할 일조차 하지 않고 글을 먼저 배운다면, 자기를 위한 배움이라기보다는 남에게 자랑하고 보여주기 위한 배움이 되기 쉽다. 앞에서 언급한 것처럼, 유학은 철저하게 자신에게 충실한 '위기지학(爲己之學)'을 추구한다. 그러므로 덕행(德行)을 먼저 닦는 것이 근본이다. 문예(文藝)도 중시하지만, 덕행을 앞설 수는 없다. 그런 면에서 덕행이 근본이라면 문예는 지엽적인 사안이다.

이런 도덕과 지식교육의 과정은 인생의 전 단계에서 진행된다. 공자는 자신의 평생학습, 그 교육을 다음과 같이 회고한다. "나는 15세에 학문에 뜻을 두었다. 30대에 자립하였다. 40대에는 어떤 일에도 미혹되지 않았다. 50대에 천명을 알았다. 60대에 귀로 들으면 무슨 말이든 그대로 알아들었다. 70대에 인생 말기에는 마음 내키는 대로 행동을 해도

---

37) 子曰, 弟子入則孝, 出則弟, 謹而信, 汎愛衆, 而親仁, 行有餘力, 則以學文.

법도를 넘지 않았다(『論語』「爲政」)."[38]

이는 유학에서 인생과 교육의 과정을 개괄적으로 드러낸 장면이다. 꼭 그 나이대에 부합하는 것은 아닐 수 있지만, 일반적으로 이런 나이 전후로 인생은 질적 변화를 겪게 된다. 예컨대, 오늘날, 대학을 졸업할 나이는 대개 25세~30세 정도인데, 공자는 30세 전후에 립(立), 즉 자립하였다고 고백한다. 자립은 어느 정도의 학업을 마치고 취직하여, 결혼하고, 스스로의 삶의 영위하려는 자세이다. 인생의 전반적인 상황을 선택하고 판단해 결정하는 삶의 독립을 의미한다.

다시 정리하면 다음과 같다. 15세 전후에 입지(立志)를 하면서 학문에 뜻을 둔다. 그것이 '지우학(志于學)'이다. 이때 학문은 대학(大學)을 의미한다. 그리고 15년이란 긴 세월 동안의 학문을 통해, 30세 전후에 '이립(而立)'한다. 립(立)은 홀로서기이자 자립이며 삶의 독립이다. 40세 전후는 '불혹(不惑)'이다. 쉽게 흔들리지 않는다. 세상의 도리를 상당히 파악했기 때문에 사람들에게 함부로 시달리지도 않고 의심나는 것도 적어진다. 50세 전후는 '지천명(知天命)'이다. 50대 정도의 중년이 되면 사물의 존재 원인을 확실히 알아 나의 사명을 확인하는 수준에 나아간다. 60세 전후는 '이순(耳順)'이다. 말 그대로 귀가 순해진다. 어떤 소리를 들어도 마음으로 금방 알아차려 거스르는 것이 없다. 70세 전후의 노년에 이른 상황은 '종심소욕불유구(從心所欲不踰矩)'에 해당된다. 마음 내키는 대로 행동해도 법도를 어기지 않고 편안히 행동하면서 저절로 도에 맞았다.

이와 비슷한 과정이 『맹자』에서는 다음과 같이 드러난다. "착하게 살려 하는 사람은 선인(善人)이라 한다. 착함을 몸에 지니고 있는 사람을 신인(信人)이라 한다. 착함에 힘써서 내면의 알맹이가 꽉 찬 사람을 미인(美人)이라 한다. 속이 꽉 찬 것은 물론 빛나는 사람을 대인(大人)

38) 吾十有五而志于學, 三十而立, 四十而不惑, 五丨而知天命, 六十而耳順, 七十而從心所慾不踰矩.

이라 한다. 대인(大人)이면서도 모든 행동 면에서 저절로 척척 맞게 되어 가는 이를 성인(聖人)이라 한다. 성인(聖人)이면서도 헤아릴 수 없는 이를 신인(神人)이라 한다(『孟子』「盡心」下)."[39] 15세에서 70대에 이르는 공자의 인생 학문 단계나 '선인(善人)→신인(信人)→미인(美人)→대인(大人)→성인(聖人)→신인(神人)'의 순서는 유학이 갈망하는 교육적 인간상을 대변한다.

이러한 인간을 함양하는 데 기여할 스승의 역할도 의미심장하게 제시된다. 그것은 현실에 과거를 '탐구'하고 미래를 '창조'하는 작업과 연관된다. "옛날의 문화를 연구하고 새로운 문명을 알면, 인재를 배양하는 스승이 될 만하다(『論語』「爲政」)."[40] '온고지신(溫故知新)'에서 '온(溫)'은 찾아서 연구하는 일이고, '신(新)'은 지금 새로운 것을 얻는 작업이다. 때때로 옛날에 들은 것을 익혀서 매양 새로운 것이 있으면, 배운 내용이 바로 나에게 간직된다. 그렇게 되면 상대방에게 응답할 때, 어떤 질문이든지 함부로 하지 않고 대할 수 있다. 그런 만큼 다른 사람의 스승이 될 만하다. 이는 전통과 창조의 관점에서 교육의 자리를 확인하는 데 도움이 된다.

그 과정에서 배움과 생각의 기능이 중요하다. "배우기만 하고 생각하지 않으면 얻는 것이 없다. 생각만 하고 배우지 않으면 위태롭다(『論語』「爲政」)."[41] 학습과 사고의 변증법적 과정처럼 보이는 이 구절은 교육의 방식을 일러주는 주요한 대목이다. 배우기만 하고 마음으로 깊이 구하지 않으면 어두워서 얻는 것이 없다. 생각만 하고 그 일을 익숙하게 실천하지 않았기 때문에 위태로워 편안하지 않게 된다. 그러므로 공부를 할 때는, 먼저, 배워서 깊이 생각하고 몸에 배도록 하여 자신의 것으로 만들어야 한다. 동시에 깊이 생각하여 다시 학문적으로 응용하며

39) 可欲之謂善, 有諸己之謂信, 充實之謂美, 充實而有光輝之謂大, 而化之之謂聖, 聖而不可知之之謂神.
40) 溫故而知新, 可以爲師矣.
41) 學而不思則罔, 思而不學則殆.

익숙하게 다듬어야 한다. 즉, 배움과 생각을 변증법적으로 통일시켜야 한다.

그렇다면, 교육의 핵심 주제는 무엇이어야 할까? '인간사랑'이다. 공자는 간단하게 말한다. "어진 사람은 자기가 서려고 하는 곳에 남을 세워 주며, 자기가 통달하려고 하는 곳에 남도 통달하게 만든다(『論語』「雍也」)."[42] "번지가 인에 대해 묻자, 공자가 말하였다. 사람을 사랑하는 일이다(『論語』「顔淵」)."[43] 인간 사랑의 본체는 '인(仁)'으로 대변된다. 자기 마음을 남과 같이 하는 것이 어진 사람의 마음이다. 내가 하고 싶은 것은 다름 사람도 하고 싶어 하고, 내가 하기 싫은 것은 다른 사람도 하기 싫어한다. 그것이 인간의 일반적 감정이다. 인을 달리 표현하면, 다른 사람을 헤아려보는 '배려(配慮: caring)'의 마음이다. 이와 유사한 언표가 "내가 하려고 하지 않는 것을 다른 사람에게 베풀지 말라(『論語』「顔淵」)."[44]로 드러나기도 하고, "자기 몸에 베풀어 보아 원하지 않는 것을 또한 남에게도 베풀지 말라(『中庸』13章)."[45]로 표현되기도 하였다.

이러한 교육의 중요성을 고려했던 걸까? 공자는 당시로서는 혁명적인 인간교육의 가능성을 제기한다. "공자가 말하였다. 가르침에는 신분의 차이가 없다!(『論語』「衛靈公」)"[46] 또 말한다. "타고난 성품은 서로 가깝다. 하지만 습관에 따라 멀어진다(『論語』「陽貨」)."[47] 사람은 타고난 성품이 모두 착하다. 성선(性善)이다. 이는 맹자에게서 적극적으로 인정되었다. 그런데 왜 결과적으로 선하고 악한 사람이 존재하는가? 그것은 타고난 성품은 비슷했으나 습관에 따라 다르게 물들었기 때문이

42) 夫仁者, 己欲立而立人, 己欲達而達人.
43) 樊遲問仁, 子曰, 愛人.
44) 己所不欲, 勿施於人.
45) 施諸己而不願, 亦勿施於人.
46) 子曰, 有敎無類.
47) 性相近也, 習相遠也.

다. 즉, 교육 여하에 따라 인간이 달라진 것이다. 그러므로 사람을 가르치면 선을 실천하게 되고, 악을 제어할 수 있다.

교육적 행위의 실천 바탕에 아홉 가지 생각이 있다. 이 아홉 가지 사고는 교육받은 사람, 즉 교양을 갖춘 인격자인 군사(君子)의 도덕성에서 발견된다. "정확하게 보는 것, 명확하게 듣는 것, 온화한 얼굴, 공손한 용모, 충성스런 말, 성실한 일, 의심이 나면 질문하는 것, 분함을 참지 못했을 경우 닥칠 일을 생각함, 얻을 것을 보면 의를 생각한다(『論語』「季氏」)."[48] 주자의 풀이에 의하면, 눈에 가리는 것이 없으면 보이지 않는 사물이 없고, 듣는 데 막히는 것이 없으면 듣지 못하는 사안이 없다. 색은 얼굴에 나타나고 용모는 온몸을 대표한다. 질문할 것을 생각하면 의심이 쌓이지 않고, 앞으로 닥칠 어려운 일을 생각하면 반드시 분통을 참게 된다. 의리를 생각하면 얻는 것이 구차하지 않다. 이 아홉 가지 생각은 인간의 삶의 방식을 전체적으로 규정하여 생활의 지침을 준다.

이렇게 하여, 교육은 개인의 측면에서 공동체의 차원으로 확장된다. 그것은 교육받은 사람으로서, 현실적 인간형인 군자를 규정하는 데서 드러난다. "자로가 '군자가 무엇인지'에 대해 물었다. 공자가 말하였다. '경(敬)으로써 몸을 수양하는 일이다.' 다시 자로가 물었다. '이뿐입니까?' 공자가 말하였다. '몸을 수양하여 남을 편안하게 해야 한다.' 자로가 또 물었다. '이뿐입니까?' 공자가 말하였다. '몸을 수양하여 백성을 편안하게 해야 한다.'(『論語』「憲問」)"[49] '경(敬)으로 몸을 수양해야 한다!' 이 말은 공자 교육사상의 중심이다. 유학의 핵심 사상이기도 하다. 그런 만큼 유학 경전은 경(敬)공부의 내용을 담고 있다고 해도 과언이 아니다. 그런데 경을 몸에 체득한 군자의 모습을 자로가 공자에게 물었는데, 공자의 대답이 자로 마음에 차지 않았던 모양이다. 그래서 자로

---

48) 有九思. 視思明, 聽思聰, 色思溫, 貌思恭, 言思忠, 事思敬, 疑思問, 忿思難, 見得思義.
49) 子路問, 君子. 子日, 修己以敬. 日如斯而已乎. 日修己以安人. 日如斯而已乎, 日修己以安百姓.

는 두 번 세 번 되묻는다. 공자는 그것을 교육의 수준과 단계, 확장의 논리로 설명한다. 먼저, 자기 몸을 닦아라! 다음 단계는 자기 몸을 닦은 것을 바탕으로 다른 사람을 편안하게 해주라! 그리고 최종적으로는 모든 사람들을 편하게 살도록 하라! 이는 수기(修己)라는 개인교육에 근거하여 안인(安人)이라는 공동체 교육에 이르는 논리이다. 한 마디로 축약하면 '수기치인(修己治人)'의 교육이다.

2. 맹자와 순자의 중흥

공자 이후, 유학은 맹자와 순자에 의해 발전된다. 특히, 맹자의 선단설(善端說), 즉 성선설(性善說)과 순자의 성악설(性惡說)은 인간의 성품을 구체적으로 적시하면서, 교육적 사고에 결정적 영향을 미친다. 여기에서는 맹자와 순자는 어떤 사람인지 간략하게 살펴보고, 그들의 몇몇 사유를 짚어 본다. 사마천(司馬遷)의 『사기(史記)』「맹자순경열전(孟子荀卿列傳)」에는 다음과 같이 기록하고 있다.

맹가(孟軻: 孟子)는 추(鄒)나라 사람으로 공자의 손자인 자사(子思)의 문인에게 배웠다. 제(齊)나라 선왕(宣王)을 섬기려 하였으나 들어주지 않았으므로 양나라로 갔다. 양(梁)나라 혜왕(惠王)은 맹가의 말을 믿지 않았다. 그를 만나보니 하는 말들이 현실적 의미가 너무 적어 사정에 어둡다고 생각했던 것이다. 당시 진나라는 상군(商君: 商鞅)을 등용하여 부국강병을 힘쓰고, 초(楚)·위(魏)나라는 오기(吳起)를 등용하여 싸움에 이겨 적을 꺾었으며, 또 제나라 선왕은 손자(孫子: 孫臏)·전기(田忌) 등을 등용하여 동쪽의 제후들에게 조공을 바치게 하는 등, 천하는 바야흐로 '합종연횡'에 미쳐 날뛰어 싸움하고 치는 것을 현명한 일로 인식한 시대였다. 그런데 맹가는 오로지 당(唐: 堯)·우(虞: 舜) 삼대[하·은·주]의 제왕의 덕을 부르짖어 시세의 요구에 멀었다. 때문에 어디에 가서 유세를 해도 용납되지 않았다. 그러자 유세를 그만두고 물러나 제자 만장(萬章) 등과 『시경』『서경』을 강술하고, 공자의 사상을 펴서 『맹자』 7편을 저술하였다.

순경(荀卿: 荀子)은 조나라 사람이다. 50세가 되어서야 비로소 제나라에 유학하였다. 그 때 제나라에는 추연이 있었는데, 그 학술은 허하고 크면서도 넓었으며, 추석의 문장은 실용성은 없었으나 훌륭하였으며, 또 순우곤은 오래 함께 있으면 명언을 쏟아놓는 사람이었다. 그러므로 제나라 사람은 이 세 사람을 칭찬하기를 '하늘의 일을 애기하여 탕탕망망(蕩蕩茫茫)한 연(衍)·룡(龍)을 새기는 것과 같이 실용에 맞지 않는 석(奭), 수레의 심대를 불에 그슬려서 기름이 다 함이 없이 흐르는 것과 같은 지혜가 많은 곤(髡)'이라고 하였다. 또 전병의 무리는 다 제(齊)나라 양왕(襄王) 때 이미 죽었다. 그 가운데 순경이 가장 나이 많은 늙은 선생이었다.

제나라는 열대부의 결원을 보충했는데 순경은 세 번이나 제주[(祭酒: 열대부의 최고 장로]가 되었다. 어떤 사람이 순경을 무고로 몰아가자, 순경은 초나라로 갔다. 초나라 춘신군(春申君)이 죽자 관직은 면직되고 쫓겨나 난릉(蘭陵)에서 살았다. 이사(李斯)는 일찍이 순경의 제자였는데 그 뒤에 진(秦)나라의 재상이 되었다. 순경은 혼탁한 세상의 정치와 나라를 망치는 문란한 임금이 계속해서 나오고, 대도(大道)가 행해지지 않고 무당이나 점쟁이에게 홀려서 길흉화복을 믿고, 되지 못한 선비들이 작은 일에 구애하며 장주(莊周: 莊子)의 무리가 고담방론(高談放論)하여 풍속을 어지럽히는 것을 꺼려하였다. 그리하여 유가와 묵가의 도덕 행실과 흥패를 연구하여, 『순자』를 저술하였다.

먼저, 『맹자』의 첫 대목에 등장하는 인의(仁義)와 리(利), 학(學)에 관한 인식을 이해하면서, 교육이 어떤 모습을 지향해 나갈 것인지 추측해 보자.

"맹자가 양혜왕(梁惠王)을 만났다. 왕이 말하였다. '노인께서 천리 길을 멀다않고 오셨으니, 앞으로 내 나라를 이롭게 할 방법이 있겠습니까?' 맹자가 대답하였다. '왕께서는 왜 이익에 대해서만 말씀하십니까? 지도자의 덕목은 인의(仁義)가 있을 따름입니다. 왕께서 어떻게 하면 내 나라를 이롭게 할까 궁리하신다면, 그 아래에 있는 대부(大夫)는 어떻게 하면 내 가문을 이롭게 할까 생각합니다. 또 그 아래의 하급 관리나 백성은 어떻게 나 자신을 이롭게 할까 말할 것입니다. 이렇게 위아래가 서로 이익만을 취한다면 나라는 위태롭게 됩니다. 수레 10,000대를 가진 강한 나라에서 그 임금을 죽인 자는 반드시 그 아래에 있는 수레 1,000대를 지닌 가문일 것입니다. 1,000대의 가문에서 그 임금을 죽이는 자는 반드시 그 아래에 있는 수레 100대 정도의 힘을 지닌 집안일 것입니다. 수레 10,000대 정도의 국력이 강한 나라에서 수레 1,000대의 영토를 가지며, 수레 1,000대의 나라에서 수레 100대의 영토를 가지는 것은 결코 적다고 할 수 없는 후한 대우입니다. 그러나 정의를 뒤로 돌리고 이익을 앞세운다면, 그 나라를 모두 빼앗지 않고서는 만족하지 못합니다. 어진 행동을 하면서 그 부모를 버린 자는 있지 않으며, 정의로우면서 자기 임금을 소홀히 여긴 자는 없었습니다. 왕께서는 지도자의 덕목으로 인의(仁義)를 말씀하실 따름인데, 어째서 이익을 말씀하십니까?'

양혜왕이 말하였다. '나는 나라를 다스리는데 마음을 다하고 있습니다. 하내 지방에 흉년이 들면 그 백성을 하동 지방으로 옮기고, 하동의 곡식을 하내로 옮기며, 하동에 흉년이 들면 역시 그렇게 합니다. 이웃 나라의 정치를 살펴보면 내가 마음을 쓰는 것 같이 하는 자가 없습니다. 그런데도 이웃나라의 백성은 줄지 않고, 내 나라의 백성이 늘지 않는 것은 무엇 때문입니까?'

맹자가 대답하였다. '왕께서 전쟁을 좋아하시니 전쟁으로서 비유하여 말씀드리겠습니다. 둥둥하고 북이 울려 양쪽 군사들이 서로 칼날이 부딪치고 싸울 때 갑옷을 버리고 무기를 끌며 달아나는 사람이 있었습니다. 어떤 자는 100보를 달아난 후 멈추고, 어떤 자는 50보를 달아난 후에 멈춥니다. 그런데 50보 달아난 자가 100보 달아난 자를 비웃는다면 어떻겠습니까?' 왕이 말하였다. '안 되지요! 난지 100보가 아닐 뿐이지 그 또한 달아난 것입니다.'

맹자가 말하였다. '왕께서 만약 그런 이치를 아신다면, 백성이 이웃나라보다 많아지기를 바라선 안 됩니다. 농사철을 어기지 않으면 풍년이 들어 곡식이 충분하게 될 것이고, 촘촘한 그물을 연못에 넣지 않으면 물고기와 자라를 풍부하게 생산할 것이고, 도끼를 제 때에 산림에 넣는다면 재목을 적절하게 쓸 수 있게 될 것입니다. 곡식과 물고기와 자라가 풍족하고, 재목이 적절하게 확보되었다는 것은, 살아 있는 사람을 기르고 죽은 사람을 장사 지내는데 유감이 없게 할 것입니다. 살아 있는 사람을 기르고 죽은 사람을 장사 지내는데 유감이 없게 하는 것이 왕도의 시초입니다.

다섯 이랑의 택지에다 뽕나무를 심으면 50대의 사람들이 명주옷을 입을 수 있게 됩니다. 닭·새끼돼지·개·큰 돼지 등의 가축을 기른다면, 70대의 사람들이 고기를 먹을 수 있게 됩니다. 100이랑의 밭에 농사를 짓는다면, 수명의 식구를 가진 가구가 굶주리는 일이 없을 것입니다.

학교의 교육을 근엄하게 하여 효성과 우애의 뜻을 되풀이하여 가르친다면 반백이 된 사람이 길에서 이고 지고 다니지 않게 될 것입니다. 70대의 사람들이 명주옷을 입고 고기를 먹고, 백성들이 굶주리지 않고 춥게 살지 않게 되고서도, 왕 노릇을 하지 못한 사람은 아직까지 없었습니다.

개나 돼지가 사람 먹을 곡식을 먹게 되어도 거둬들이지 않고, 길에 굶어 죽은 송장이 생겨도 풀어먹일 줄 모르고, 사람이 죽으면 '내가 한 게 아니라 흉년이 한 짓이다'라고 한다면, 사람을 찔러 죽이고 '내가 한게 아니라 무기가 한 것이다'라고 하는 말과 무엇이 다르겠습니까? 왕께서 흉년을 허물하는 일이 없게 되면, 온 세상 사람들이 모여 오게 될 것입니다.'(『孟子』「梁惠王」上)"[50]

맹자가 양나라 혜왕을 만난 것은, 혜왕 35년, 그러니까 죽기 1년 전, 거의 말년이다. 혜왕은 36년간 재위하였는데, 맹자를 만났을 때 35년이 넘는 기간을 지도자의 자리에서 정치를 시행했으면서도, 아직도 맹자가 추구하는 인의(仁義)의 정치가 아니라 사리사욕(私利私慾)에 사로잡혀 있었다. 맹자가 볼 때, 너무나 답답한 형국이 연출되고 있었던 것이다.

조기(趙岐)의 주석에 의하면, 이 부분은 '정치의 도리'에 대해 말한 것으로, 맹자가 그 포인트를 '인의'에 두었다고 보았다. 무엇보다도 공동체를 인도하는 지도자와 구성원 사이의 호응과 화합을 강조하였다. 주자(朱子)는 인의의 실천과 개인의 이익 추구를 대척점에 놓고 이해한다. 인의는 사람들이 본래부터 마음에 지니고 있는 것이자 우주자연의 질서가 공평무사하듯이 그것에 뿌리박고 있다. 반면에 개인이 이익을 추구하는 마음은 인간의 사리사욕에서 발생한다. 착한 사람의 마음이나 공편무사한 자연의 이치에 따르면, 억지로 이익을 구하지 않아도 저절로 이익이 찾아든다. 그러나 사리사욕을 지나치게 추구하면 이익을 구하려고 해도 제대로 이익을 얻지 못할 뿐만 아니라 오히려 해로움이 미

---

50) 孟子見梁惠王. 王曰, 叟不遠千里而來, 亦將有以利吾國乎? 孟子對曰, 王何必曰利, 亦有仁義而已矣. 王曰何以利吾國, 大夫曰何以利吾家. 士庶人曰何以利吾身. 上下交征利, 而國危矣. 萬乘之國, 弑其君子, 必千乘之家. 千乘之國, 弑其君子, 必百乘之家. 萬取千焉, 千取百焉, 不爲不多矣. 苟爲後義而先利, 不奪不饜. 未有仁而遺其親者也. 未有義而後其君者也. 王亦曰仁義而已矣. 何必曰利. 梁惠王曰, 寡人之於國也, 盡心焉耳矣. 河內凶, 則移其民於河東, 移其粟於河內. 河東凶亦然. 察隣國之政, 無如寡人之用心者. 隣國之民不加少, 寡人之民不加多, 何也. 孟子對曰, 王好戰, 請以戰喩. 塡然鼓之, 兵刃旣接, 棄甲曳兵而走. 或百步而後止, 或五十步而後止. 以五十步笑百步, 則何如. 曰, 不可. 直不百步耳, 是亦走也. 曰, 王如知此, 則無望民之多於隣國也. 不違農時, 穀不可勝食也. 數罟不入洿池, 漁鼈不可勝食也. 斧斤以時入山林, 材木不可勝用也. 穀與漁鼈不可勝食, 材木不可勝用, 是使民養生喪死無憾也. 養生喪死無憾, 王道之始也. 五畝之宅, 樹之以桑, 五十者可以衣帛矣. 鷄豚狗彘之畜, 無失其時, 七十者可以食肉矣. 百畝之田, 勿奪其時, 數口之家可以無飢矣. 謹庠序之敎, 申之以孝悌之義, 頒白者不負戴於道路矣. 七十者衣帛食肉, 黎民不飢不寒, 然而不王者, 未之有也. 狗彘食人食而不知檢, 塗有餓莩而不知發; 人死, 則曰, 非我也, 歲也. 是何異於刺人而殺之, 曰, 非我也, 兵也 王無罪歲, 斯天下之民至焉.

치기 쉽다. 그것은 사람이 살아가는 데 올바르고 합당한 도리가 아니다! 이는 맹자가 글의 첫머리에 내세우게 된 깊은 뜻이다. 때문에 배우는 사람들은 이 지점을 제대로 살피고 분별해야 한다고 설명한다.

맹자가 양나라 혜왕과의 대화에서 강조한 인의(仁義)의 정치를, 흔히 '왕도(王道)'라고 한다. 왕도는 최고의 지도자로서 추구하는 교육의 궁극적 지향이다. 그 과정은 '부동심(不動心)'과 호연지기(浩然之氣), 그리고 '지언(知言)'의 실천을 통해 달성될 수 있다.

"맹자가 말하였다. '나는 40세에 마음을 동요하지 않았다! 이른 바 '부동심(不動心)'을 터득했다.' 공손추가 물었다. '마음을 동요하지 않는, '부동심'을 실천하는 방법이 있습니까?' 맹자가 말하였다. '있다! 옛날에 증자가 자양에게 이르기를 '그대는 용기를 좋아하는가? 내 일찍이 큰 용기를 선생님에게 들었다. 스스로 돌이켜서 정직하지 못하면, 갈관박(褐寬博)일지라도 내 두려워하지 않겠는가! 스스로 돌이켜서 정직하다면, 천만 명이 있더라도 내가 가서 대적할 수 있다!'라고 하였다.'

공손추가 또 물었다. '선생님의 부동심과 고자(告子)의 부동심이 어떤 차이가 있는지 설명해 줄 수 있습니까?' 맹자가 말하였다. '고자가 말하기를 '말에 대해 이해하지 못하거든 마음에 알려고 구하지 말며, 마음에 얻지 못하거든 기운에 도움을 구하지 말라.'고 하였다. '마음에 얻지 못하거든 기운에 도움을 구하지 말라'는 주장은 옳다. 하지만 '말에 이해되지 못하거든 마음에 알려고 구하지 말라'는 주장은 옳지 않다. 의지(意志)는 기(氣)의 장수이다. 기는 몸에 꽉 차 있는 것이므로, 의지가 최고이고 기는 그 다음이다. 그러므로 '그 의지를 잘 잡고, 또 그 기를 포악하게 하지 말라.'고 한 것이다.'

'의지가 최고이고 기가 그 다음이다'라고 하였고, 또 '그 의지를 잘 잡고, 그 기를 포악하게 하지 말라'고 한 말은 무슨 뜻입니까?' '의지가 한결 같으면, 기를 움직이고 기가 한결 같으면 의지를 움직인다. 여기

넘어지는 자와 달리는 자가 있을 때, 이는 기이지만, 도리어 그 마음을 동요하게 만든다.'

공손추가 물었다. '선생님께서는 어디에 장점이 있습니까?' 맹자가 말하였다. '나는 말을 알며, 나의 호연지기(浩然之氣)를 잘 기른다.' '무엇을 호연지기라 합니까?' '말하기 어렵다. 그 기됨이 지극히 크고 지극히 강하니, 정직함으로써 잘 기르고 해침이 없으면 호연지기가 천지 사이에 꽉 차게 된다. 그 기됨이 의(義)와 도(道)에 짝하니, 이것이 없으면 굶주리게 된다. 이 호연지기는 의리를 많이 축적하여 생겨난다. 의는 하루아침에 갑자기 엄습하여 취해지는 것이 아니다. 행하고서 마음에 부족하게 여기는 것이 있으면, 호연지기가 굶주리게 된다. 그러므로 '고자가 일찍이 의를 알지 못한다.'라고 말한 것이다. 이는 의를 밖에 있다고 보기 때문이다. 반드시 호연지기를 기르는데 종사하고, 미리 효과를 기대하지 말라. 마음에 잊지도 말고, 억지로 조장하지도 말라. 다음의 송나라 사람같이 하지 말라.

송나라 사람 가운데 벼 싹이 자라지 못함을 안타깝게 여겨 뽑아 놓은 자가 있었다. 그는 아무 것도 모르고 돌아와서 집안사람들에게 말하였다. '오늘 나는 매우 피곤하다. 내가 벼 싹이 자라도록 도왔다.' 그러자 이상하여 아들이 달려가 보았다. 벼 싹은 말라 있었다. 세상에는 이처럼 벼 싹이 자라도록 억지로 조장하는 자가 적지 않다. 비유하자면, 유익함이 없다 해서 버려두는 자는 벼 싹을 김매지 않는 자이다. 억지로 조장하는 자는 벼 싹을 뽑아 놓는 자이다. 이는 유익함이 없을 뿐만 아니라, 도리어 해치는 일이다.'

'무엇을 일러 '말을 안다[지언知言]'고 합니까?' 맹자가 말하였다. '편벽된 말에 가려져 있는 것이 무엇인지를 알며, 방탕한 말에 빠져 있는 것이 무엇인지를 알며, 부정한 말에 괴리된 것이 무엇인지를 알며, 도피하는 말에 논리가 궁색함을 알 수 있다. 마음에서 생겨나 정사에 해를 끼치고, 정사에 발로되어 일에 해를 끼친다.'(『孟子』「公孫丑」上)"[51]

이러한 부동심과 호연지기의 실천 근거는 마음에 있다. 맹자는 인간의 마음에서 발생하는 단초(端初: 실마리)를, 그 유명한 '선단(善端)'으로 구명해 낸다. '선단(善端)'은 일반적으로 '성선(性善)'으로 알려져 있는 인간성의 원초적 모습이다.

맹자가 말하였다. "사람마다 모두 남에게 잔인하게 굴지 못해 하는 마음이 있다. 선왕들은 차마 남에게 잔인하게 굴지 못해 하는 마음을 지니고 있었는데, 그래서 차마 남에게 잔인하게 굴지 못하는 정치가 생겨났다. 그런 마음으로 정치를 실시한다면, 세상을 다스리는 일은 정치를 손바닥 위에서 움직이는 것처럼 쉽게 할 수 있다. 사람마다 모두 차마 남에게 잔인하게 굴지 못해 하는 마음이 있다고 하는 까닭은 이러하기 때문이다.

지금, 사람들이 어린아이가 우물에 빠지려는 상황을 언뜻 보게 된다면, 모두 겁이 나고 측은한 마음이 생긴다. 그것은 어린아이의 부모와 사귀어 이익을 보려는 차원도 아니고, 동네 사람들과 친구들에게 칭찬을 받으려는 차원도 아니다. 더구나 그 아이가 내지르는 소리를 듣기 싫어서도 아니다.

이런 측면에서 보면, 가엾고 불쌍히 여기는 마음이 없으면 인간이

51) 孟子曰否, 我四十不動心. 曰不動心有道乎. 曰有. 昔者 曾子謂子襄曰子好勇乎. 吾嘗聞大勇於夫子矣, 自反而不縮, 雖褐寬博 吾不惴焉, 自反而縮, 雖千萬人, 吾往矣. 曰敢問夫子之不動心, 與告子之不動心, 可得聞與. 告子曰不得於言, 勿求於心, 不得於心, 勿求於氣, 不得於心, 勿求於氣, 可, 不得於言, 勿求於心, 不可. 夫志, 氣之帥也, 氣體之充也, 夫志至焉, 氣次焉. 故曰持其志, 無暴其氣. 旣曰志至焉, 氣次焉, 又曰 持其志, 無暴其氣者, 何也. 曰志壹則動氣, 氣壹則動志也, 今夫蹶者趨者, 是氣也而反動其心. 敢問夫子, 惡乎長. 曰我知言, 我善養吾浩然之氣. 敢問何爲浩然之氣. 曰難言也. 其爲氣也, 至大至剛, 以直養而無害, 則塞於天地之間. 其爲氣也, 配義與道, 無是 餒也. 是集義所生者. 非義襲而取之也, 行有不慊於心, 則餒矣. 我故曰告子未嘗知義, 以其外之也. 必有事焉而勿正, 心勿忘 勿助長也, 無若宋人然. 宋人有閔其苗之不長而揠之者, 芒芒然歸, 謂其人曰今日病矣. 予助苗長矣. 其子趨而往視之, 苗則槁矣. 天下之不助苗長者寡矣. 以爲無益而舍之者, 不耘苗者也, 助之長者, 揠苗者也. 非徒無益 而又害之. 何謂知言. 曰詖辭, 知其所蔽, 淫辭, 知其所陷, 邪辭, 知其所離, 遁辭, 知其所窮. 生於其心, 害於其政, 發於其政, 害於其事, 聖人復起, 必從吾言矣.

아니고, 부끄러워하는 마음이 없으면 인간이 아니다. 양보하는 마음이 없으면 인간이 아니고, 옳고 그름을 가리는 마음이 없으면 인간이 아니다. 가엾고 불쌍히 여기는 마음은 인(仁)의 단초이고, 부끄러워하는 마음은 의(義)의 단초이며, 양보하는 마음은 예(禮)의 단초이며, 옳고 그름을 가리는 마음은 지(知)의 단초이다. 이 네 가지 단초를 지니고 있는 것은 사람이 사지(四肢: 팔다리)를 지닌 것과 같다. 이 네 가지 단초를 지니고 있으면서 선(善)한 일을 하지 못한다고 스스로 말하는 것은 자신을 해치는 자이다. 자기 임금이 선한 일을 하지 못한다고 말하는 것은 자기 임금을 해치는 자이다. 자신에게 이 네 가지 단초가 있는 사람이면 모두 그것을 확충시킬 줄 알게 마련이다. 네 가지 단초는 불이 처음 타오르고 샘이 처음 솟아나는 것과 같아서 진실로 그것을 확충시킬 수 있다면, 온 세상을 편안하게 만들기에 충분하고, 그것을 확충시키지 않는다면 부모를 섬기기에도 부족하다(『孟子』「公孫丑」上)."[52]

이는 맹자 성선설(性善說)의 근거가 되는 네 가지 단서, 즉 사단(四端)이 설명되어 있는 곳이다. 착한 마음의 상징으로 대변되는 측은(惻隱), 수오(羞惡), 사양(辭讓), 시비(是非)는 인의예지(仁義禮智)의 네 가지 실마리로 발전하고, 인간은 그 네 가지 덕을 단서로서 갖게 된다. 따라서 이 사단은 인간의 존재 근거가 된다.

엄밀하게 말하면, 맹자의 성선설은 '사람의 본성이 착하다!'라는 의미라기보다 사람의 마음은 인의예지의 단서가 되기 때문에, '사람의 마음에는 착할 수 있는 실마리, 그 가능성이 있다!'라고 보는 것이 정확하다. 이런 점에서 맹자의 성선설을 선단설(善端說)로 이해하는 것이 옳다.

---

52) 孟子曰, 人皆有不忍人之心. 先王有不忍人之心, 斯有不忍人之政矣. 以不忍人之心. 行不忍人之政, 治天下可運於掌上. 所以謂人皆有不忍人之心者, 今人乍見孺子將入於井, 皆有怵惕隱之心. 非所以內交於孺子之父母也, 非所以要譽於鄕黨朋友也, 非惡其聲而然也. 由是觀之, 無惻隱之心, 非人也. 無羞惡之心, 非人也. 無辭讓之心, 非人也. 無是非之心, 非人也. 惻隱之心, 仁之端也. 羞惡之心, 義之端也. 辭讓之心, 禮之端也. 是非之心, 知之端也. 人之有是四端也, 猶其有四體也. 有是四端, 而自謂不能者, 自賊者也: 謂其君不能者, 賊其君者也. 凡有四端於我者, 知皆擴而充之矣. 若火之始然, 泉之始達. 苟能充之, 足以保四海. 苟不充之, 不足以事父母.

조기는 이에 대해, '사람의 행위는 내면으로 자기 자신이 옳은지 그렇지 아닌지를 스스로 찾아 자신의 사단을 확충해 나가도록 해야 한다. 그리하여 그 도리를 확충하면 위로는 지도자를 바르게 섬길 수 있고, 아래로는 자신을 영광스럽게 할 수 있다.'라고 주석하였다. 주자는 측은·수오·사양·시비를 사람의 감정이나 정서로 보았고, 인의예지는 사람의 본성으로 보았다. 그리고 사람의 마음이 이 정서와 본성을 거느린다고 해석하였다.

마음의 문제를 논의하였지만, 이 장의 요점은 역시 정치에 있다. 맹자가 당시의 지도자들에게, 사람에게 차마하지 못하는 마음을 확충하여, 훌륭한 정치를 베풀도록 권장한 것이다. 인간은 인의예지(仁義禮智)의 네 가지 단초를 바탕으로 자신의 모습을 가꾸어 나간다. 그 도덕적 기준인 인륜(人倫)의 핵심이 오륜(五倫)으로 드러난다. 이른바 '부자유친(父子有親), 군신유의(君臣有義), 부부유별(夫婦有別), 장유유서(長幼有序), 붕우유신(朋友有信)'의 윤리이다.

"후직(后稷)이 백성에게 가색(稼穡: 농사)을 가르쳐서 오곡(五穀)을 심고 가꾸게 했는데, 오곡이 성숙하여 풍년이 드는 만큼 백성의 삶도 편안해졌다. 인간에게는 도리가 있는데, 배불리 먹고 따뜻하게 옷을 입고 편안하게 살며 가르침이 없으면 금수(禽獸)에 가까워진다. 때문에 성인이 이를 근심하여 설(契)에게 사도(司徒) 직책을 맡기고 인륜을 가르치게 하였다. 주요 내용은 '부모와 자식 사이에는 친함이 있고, 임금과 신하 사이에는 의리가 있으며, 남편과 아내 사이에는 분별이 있고, 어른과 어린이 사이에는 차례가 있으며, 벗과 벗 사이에는 믿음이 있다.'라는 다섯 가지이다(『孟子』「滕文公」上)."[53]

인간의 본성에 터하여 인륜을 확인한 후, 그것을 구체적으로 고심하고 이행하기 위해, 맹자는 학문(學問)의 길을 제기한다.

---

53) 后稷敎民稼穡, 樹藝五穀, 五穀熟而民人育, 人之有道也, 飽食煖衣, 逸居而無敎, 則近於禽獸, 聖人有憂之, 使契爲司徒, 敎以人倫, 父子有親, 君臣有義, 夫婦有別, 長幼有序, 朋友有信.

공도자가 말하였다. “고자는 ‘성은 선한 것도 없고, 선하지 않는 것도 없다.’라고 하였고, 어떤 사람은 ‘성은 선하게 될 수도 있고, 선하지 않게 될 수도 있다. 이 때문에 문왕(文王)과 무왕(武王)이 정치를 했을 때, 백성은 선(善)을 좋아하였고, 유왕(幽王)과 여왕(厲王)이 정치를 했을 때는 백성이 포악한 것을 좋아한다’라고 했다. 어떤 사람은 ‘본성이 선한 사람도 있고, 성이 선하지 못한 사람도 있다. 그런 까닭에 선한 요(堯)를 임금으로 두면서도, 선하지 못한 상(象)이 나왔고, 선하지 못한 고수(瞽瞍)를 아버지로 하면서도 선한 순(舜)임금이 나왔으며, 포악한 걸(紂)을 형의 아들로 두고 또 임금으로 두면서도 선한 미자계(微子啓)와 왕자 비간(比干)이 나왔다’라고 말합니다. 이제 ‘본성은 선한 것이다’라고 하니, 그렇다면 앞에서 말한 사람들은 모두 옳지 않다는 것입니까?”

맹자가 말하였다. “자기의 본성[性]과 정감[情]에 따른다면 선(善)해질 수 있는데, 그것이 바로 선이다. 나쁘게 된다면, 그것은 자질[才]이나 본성[性]의 잘못은 아니다. 가엾고 불쌍히 여기는 마음은 사람이면 누구나 가지고 있다. 부끄러워하는 마음도 사람이면 모두 가지고 있다. 공경하는 마음도 사람이면 다 가지고 있다. 옳고 그름을 가리는 마음도 사람이면 누구나 가지고 있다. 가엾고 불쌍히 여기는 마음은 인(仁)이다. 부끄러워하는 마음은 의(義)이다. 공경하는 마음은 예(禮)이다. 옳고 그름을 가리는 마음은 지(智)이다. 인의예지는 밖에서부터 나를 녹여서 오는 것이 아니라 내가 본래가지고 있는 것으로, 생각하지 않을 뿐이다. 그래서 ‘구하면 얻고, 버려두면 잃어버린다.’라고 하는 것이다. 선과 악을 비교해보면, 서로 수백 배의 차이가 난다. 이를 비교할 여지가 없는 사람은 자기의 자질이나 본성을 모두 발휘하지 못하는 사람이다. 『시경』에서 ‘하늘이 백성을 내렸는데, 사물이 있으면 법칙이 있다. 백성은 변치 않는 마음을 가졌기에, 이 아름다운 덕을 좋아한다.’노래한 것이다.”

맹자께서 말씀하셨다. “인(仁)은 사람의 마음이고, 의(義)는 사람의 길이다. 그 길을 버리고 따르지 않으며, 그 마음을 잃어버리고 찾을 줄을 모르니, 안타깝다. 사람과 닭과 개가 도망가면 찾을 줄을 알지만, 마음을 잃고도 찾을 줄 모르니, 학문하는 방법은 다른 것이 없다. 그 해이해진 마음을 찾는 일일 뿐이다.”[54](『孟子』「告子」 上).

맹자의 학문은 단순하게 지식을 습득하는 ‘학문(學文)’이 아니라, 우주 자연과 인간사회 전반에 관해 배우고 묻는 ‘학문(學問)’이다. 해이해진 마음, 놓아버린 마음을 찾는 일이다. 그것을 ‘구방심(求放心)’이라고 하는데, 유학의 수양론이 제시하는 가장 중요한 화두이기도 하다.

학문은 방심한 마음을 되찾는 일 자체이다. 주자는 “학문은 방심한 본심을 되찾는 데 있다. 하지만 방심한 본심을 되찾은 후에 다시 학문에 종사하여야 비로소 학문 발전이 있다.”라고 보고, 한 발짝 더 나아가서 방심한 마음을 되찾는 일과 학문을 상호작용의 차원에서 점층적으로 진행해 나가기를 권고하였다.

조기는 “사람의 길을 따라 그 마음을 찾아야 기본을 얻는다. 닭과 개를 쫓아다니는 일은 말단에 힘쓰는 짓이다. 배워서 본심을 찾으면 그 의미가 무엇인지 파악할 수 있다. 사람은 대부분 큰일은 버리고 작은 일은 싫어한다. 이는 그 요점을 모르는 짓이다. 해야 할 일을 놓치고 힘써야 할 곳을 잘못 잡아 서둘러야 할 일을 하지 못하는 것도 인간의 결점이다. 이에 자기 행실을 기르고 자기의 올바름으로 다스리는 데 모든

---

54) 公都子曰, 告子曰, 性無善無不善也. 或曰, 性可以爲善, 可以爲不善. 是故文武興, 則民好善. 幽厲興, 則民好暴. 或曰, 有性善, 有性不善. 是故以堯爲君而有象. 以瞽瞍爲父而有舜. 以紂爲兄之子, 且以爲君, 而有微子啓, 王子比干. 今曰 性善, 然則彼皆非與. 孟子曰, 乃若其情, 則可以爲善矣, 乃所謂善也. 若夫爲不善, 非才之罪也. 惻隱之心, 人皆有之. 羞惡之心, 人皆有之. 恭敬之心, 人皆有之. 是非之心, 人皆有之. 惻隱之心, 仁也. 羞惡之心, 義也. 恭敬之心, 禮也. 是非之心, 智也. 仁義禮智, 非由外鑠我也, 我固有之也, 弗思耳矣. 故曰, 求則得之, 舍則失之. 或相倍蓰而無算者, 不能盡其才者也. 詩曰, 天生蒸民, 有物有則. 民之秉彝, 好是懿德. 孔子曰, 爲此詩者, 其知道乎. 故有物必有則. 民之秉彝也, 故好是懿德. 孟子曰, 仁人心也, 義人路也. 舍其路而不由, 放其心而不知求, 哀哉. 人有鷄犬放, 則知求之, 有放心而不知求, 學問之道無他, 求其放心而已矣.

힘을 쏟아야 한다."라고 풀이하였다.

맹자의 사유는 기본적으로 공자의 인(仁) 사상을 계승하여 발전시켰다. 그는 인(仁)에 의(義)를 더해 인의(仁義)를 주장했고, 그 근거로 성선설(性善說: 善端說)을 내세웠다. 맹자에 의하면, 인간은 본래 착한 마음을 지니고 태어나며, 누구나 인의예지(仁義禮智)의 마음을 가지고 있다. 남을 측은하게 여길 줄 아는 마음은 인(仁)의 단초가 되고, 잘못을 부끄러워하고 불의를 미워하는 마음은 의(義)의 단초가 되고, 양보할 줄 아는 마음은 예(禮)의 단초가 되고, 옳고 그름을 가리는 마음은 지(智)의 단초가 된다. 이 네 가지 단초가 되는 마음은 선천적으로 타고난 것으로 본래 지닌 것이다. 하지만, 이를 내버려두면 인의예지의 마음이 점점 줄어들어 결국 소인(小人)이 된다. 그러나 이를 잘 기르고 베풀면 인의예지가 완전한 덕(德)으로 완성되어 결국에는 누구나 다 성인(聖人)이 될 수 있다고 했다.

교육[학문]은 본래의 착한 마음을 바로 잡는 일이며, 이러한 마음을 가지고 정치를 하는 것이 진정으로 백성을 잘 살게 하는 왕도(王道)이다. 착한 본성에 따라 정치를 하게 되면 자연히 백성을 위해 부역과 세금을 줄이고 전쟁이 일어나지 않게 하며, 백성을 존중하는 정치를 하게 된다. 이런 점에서 교육은 정치를 담보하는 내면 수양이다.

이러한 맹자의 성선설과 왕도에 상대되는 교육론을 전개한 사상가가 순자이다. 순자는 그의 저서 『순자(荀子)』의 첫 편부터 학문의 필요성을 밝히고 있다. 다시 말하면, 「권학(勸學)」을 통해 '교육 제일주의(教育 第一主義)'를 제시한다. 학문[교육]은 쪽 풀에서 푸른 물감을 만들어 내거나 곧은 나무를 굽혀 놓은 것처럼 사람의 성격이나 행동을 변화시킨다. 태어날 때 비슷한 사람들도 교육에 따라 완전히 다른 사람으로 성장할 수 있다. 그러기에 인간은 성실히 배우면서 올바른 도리를 찾아가야 한다. 배워야 사람이 된! 이것이 순자의 교육에 대한 인식이었다.

"군자가 말하였다. '학문은 하지 않을 수가 없는 일이다.' 푸른 물감은 쪽 풀에서 얻지만 쪽 풀보다 더 푸르다. 얼음은 물에서 이루어졌지만 물보다 더 차다. 먹줄을 따라 곧던 나무라도 둥근 바퀴를 만들면 콤파스로 그리듯이 둥글어 제 아무리 땡볕에 말려도 다시 펴지지 않는 것은 단단히 구부려 놓았기 때문이다. 나무는 먹줄을 따르면 곧아지고 쇠는 숫돌에 갈면 날카로워진다. 이처럼, 선비도 널리 배우고 날마다 자기에 대해 생각하고 살피면, 앎이 밝아지고 행실에 허물이 없다.

높은 산에 올라가 보지 않으면 하늘이 높은 것을 알지 못하고, 깊은 계곡 가까이 가보지 않으면 땅이 두터운 것을 알지 못한다. 옛 임금들이 남긴 말씀을 듣지 못한다면, 학문의 위대함을 알지 못한다. 오나라나 월나라 같은 오랑캐의 자식들도 태어났을 때는 같은 소리를 내지만, 자랄수록 풍습이 달라진다. 이는 가르침이 다르기 때문이다.

『시경』에 노래하였다. '아아, 그대들 군자여! 편안히 쉬려고만 생각지 말라. 그대의 자리를 잘 다스려, 바르고 곧은 이들을 좋아하라. 천지도 그대를 어여삐 보아, 큰 복을 내려주신다!'

올바른 길로 교화시키는 일보다 더 크게 여기는 신명은 없다. 화를 입지 않는 것보다 더 좋은 복은 없다. 나는 일찍이 하루 종일 생각만 해본 일이 있었으나 잠깐 동안 공부한 것만 못하였다. 나는 일찍이 발돋움하고 바라본 일이 있었으나 높은 곳에 올라가 널리 바라보는 것만 못하였다. 높이 올라가 손짓을 하면 팔이 더 길어지는 것은 아니지만 멀리서도 보인다. 바람을 따라 소리치면 소리가 더 커지는 것은 아니지만 분명히 들린다. 수레와 말을 타면 발이 더 빨라지는 것은 아니지만 천리 길을 갈 수 있다. 배와 노를 이용하면 물에 익숙지 않더라도 강을 건너갈 수 있다. 교육받은 사람으로서 지성인인 군자는 태어나면서부터 남과 달랐던 것이 아니다. 사물을 잘 이용할 줄 아는 것이다(『荀子』

「勸學」).”[55]

그러기에 군자는 차근차근 자신을 닦아 나간다. “착한 것을 보면 마음을 가다듬고 반드시 스스로를 살펴본다. 나쁜 것을 보면 걱정스런 마음으로 반드시 스스로를 반성한다. 착한 것이 자신에게 있으면 꿋꿋이 스스로를 좋아하고, 나쁜 것이 자신에게 있으면 걱정스러운 듯이 스스로를 싫어한다. 나를 비난하지만 올바른 사람은 나의 스승이고, 나를 옳게 여기면서도 올바른 사람은 나의 친구이고, 나에게 아첨하는 자는 나를 해치는 자이다.

그러므로 군자는 스승을 높이고, 벗과 친하게 지내며, 그를 해치는 자를 매우 미워한다. 착한 것을 좋아함에 싫증내지 않으며, 충고를 받아들여 훈계를 삼을 줄 안다. 이런 상황에서 발전하지 않으려 해도 안 할 수가 있겠는가! 소인은 이와 반대이다. 심하게 난동을 부리면서도 남들이 자기를 비난하는 것을 싫어하고, 매우 못났으면서도 남들이 자기를 어진 사람이라고 여겨주기 바란다. 마음은 호랑이나 승냥이 같고 행동은 짐승 같으면서도 남들이 자기를 해치는 것을 싫어한다. 아첨하는 자와 친하고, 진정으로 충고하는 자는 멀리한다. 수양을 쌓은 올바른 사람을 비웃음거리로 삼고, 지극히 충실한 사람을 자기를 해치는 자로 여긴다. 이런 지경인데, 망하지 않으려 해도 안 할 수가 있겠는가!

착한 일로 사람을 인도해주는 것을 ‘가르침’이라 한다. 착한 일로 사람들과 화합하는 것을 ‘순조로움’이라 한다. 나쁜 일로 사람들을 인도하는 것을 ‘모함’이라 한다. 나쁜 일로 사람들과 화합하는 것을 ‘아첨’이라

55) 君子日學不可以已. 靑取之於藍, 而靑於藍. 氷水爲之, 而寒於水. 木直中繩, 輮以爲輪,其曲中規, 雖有槁暴, 不復挺者, 輮使之然也. 故木受繩則直, 金就礪則利, 君子博學而日參省乎己, 則知明而行無過矣. 故不登高山, 不知天之高也, 不臨深谿, 不知地之厚也, 不聞先王之遺言, 不知學問之大也. 干越夷貉之子, 生而同聲, 長而異俗, 敎使之然也. 詩日, 嗟爾君子, 無恒安息. 靖共爾位, 好是正直. 神之聽之, 介爾景福. 神莫大於化道, 福莫長於無禍. 吾嘗終日而思矣, 不如須臾之所學也, 吾嘗跂而望矣, 不如登高之博見也. 登高而招, 臂非加長也, 而見者遠, 順風而呼, 聲非加疾也, 而聞者彰. 假輿馬者, 非利足也, 而致千里,假舟楫者, 非能水也, 而絶江河. 君子生非異也, 善假於物也.

한다. 옳은 일을 옳다 하고, 그른 일을 그르다 하는 것을 '지혜[슬기]'라 한다. 옳은 일을 그르다 하고 그른 일을 옳다고 하는 것을 '어리석음'이라 한다. 훌륭한 사람을 손상시키는 것을 '모함'이라 하고, 훌륭한 이를 해치는 것을 '도둑'이라고 한다. 옳은 일은 옳다 하고 그른 일을 그르다고 하는 것을 '곧음'이라 하고, 남의 재물을 훔치는 것을 '도둑'이라 하며, 자기 행동을 숨기는 것을 '사기[거짓]'라 하고, 말을 바꾸는 것을 '허풍'이라고 한다.

취하고 버리는 일이 일정치 않는 것을 '무상'이라 하고, 이익을 취하고 의로움을 버리는 것을 '강도'라 한다. 들은 것이 많음을 '박식'이라 하고, 들은 것이 적음을 '천박'이라 하며, 본 것이 많음을 '제대로 앎'이라 하고, 본 것이 적음을 '비루함'이라 한다. 나아가기 힘들어 하는 것을 '느슨함'이라 하고, 잊기를 잘함을 '엉성함'이라 하며, 조리가 간명한 것을 '다스림'이라 하고, 복잡하고 어지러워지는 것을 '혼란'이라 한다(『荀子』「修身」)."[56]

인간의 정의롭지 못한 행위는 성악(善惡)에서 기인한다. '인간의 본성이 악하다'는 인식은 근원적으로 교육을 요청한다. 순자는 단언한다. "인간의 본성은 악하다. 인간의 본성은 나면서부터 이익을 좋아한다. 이를 따르기 때문에 쟁탈이 생기고 사양함이 없어진다. 나면서부터 질투하고 미워한다. 이를 따르기 때문에 남을 해치고 상하게 하는 일이 생기며, 충성과 믿음이 없어진다. 사람은 나면서부터 귀와 눈의 욕망이 있어 아름다운 소리와 빛깔을 좋아한다. 이를 따르기 때문에 지나친 혼

---

56) 見善, 修然必以自存也. 見不善, 愀然必以自省也. 善在身, 介然必以自好也. 不善在身,災然必以自惡也. 故非我而當者, 吾師也, 是我而當者, 吾友也, 諂諛我者, 吾賊也. 故君子, 隆師而親友, 以致惡其賊. 好善無厭, 受諫而能誡, 雖欲無進, 得乎哉. 小人反是,致亂, 而惡人之非己也 .致不肖, 而欲人之賢己也. 心如虎狼, 行如禽獸, 而又怨人之賊己也. 諂諛者親, 諫爭者疏, 修正爲笑, 至忠爲賊, 雖欲無滅亡, 得乎哉. 以善先人者謂之教, 以善和人者謂之順, 以不善先人者謂之諂, 以不善和人者謂之諛. 是是非非謂之知, 非是是非謂之愚. 傷良日讒,害良日賊. 是謂是非謂非日直. 竊貨謂盜, 匿行日詐, 易言日誕, 趣舍無定謂之無常, 保利棄義謂之至賊. 多聞日博, 少聞日淺, 多見口閑, 少見口陋. 難進日偍, 易忘日漏, 少而理日治, 多而亂日秏.

란이 생기고, 예의와 아름다운 형식이 없어진다. 인간의 본성을 따르고 인간의 감정을 좇으면, 반드시 서로 쟁탈하고 분수를 어기고 이치를 어지럽혀 난폭함으로 귀결된다. 그러므로 반드시 스승과 법도에 따른 교화와 예의의 교도가 있어야 한다. 그런 뒤에야 서로 사양하게 되고, 아름다운 형식을 갖게 되어 다스림으로 귀결될 것이다. 이렇게 본다면 인간의 본성은 악한 것이 분명하다. 그것이 선하다는 말은 작위[인위]의 결과이다.

그러기에 굽은 나무는 반드시 댈 나무를 대고 쪄서 바로 잡은 뒤에라야 곧아지며, 무딘 쇠는 반드시 숫돌에 간 뒤에라야 날카로워지듯이, 지금 사람의 본성이 악한 것은 반드시 스승과 법도의 가르침이 있은 뒤에라야 다스려지는 것이다.

지금 사람들에게 스승과 법도가 없다면, 편벽된 데로 기울어져 바르지 않을 것이다. 예의가 없다면, 이치에 어긋나는 어지러운 짓을 해 다스려지지 않을 것이다. 옛날 성왕께서는 사람들의 본성은 악하여 편벽된 데로 기울어져 바르지 않으며, 이치에 어긋나는 어지러운 짓을 해 다스려지지 않는다고 생각하였다. 때문에 이를 위해 예의를 만들고 법도를 제정해 사람들의 감정과 본성을 바로 잡고, 사람들의 감정과 본성을 길들이고 교화함으로써 올바르게 인도하였다. 이에 비로소 모두 잘 다스려지고 도리에 맞는 행동을 하게 되었다.

지금 사람들은 스승과 법도에 교화되고 학문을 쌓으며 예의를 실천하고 있는 사람을 군자라 한다. 본성과 감정을 멋대로 버려두고 멋대로 행동하는 데 안주하고 예의를 어기는 자를 소인이라 한다. 이렇게 본다면 사람의 본성은 악한 것이 분명하다. 그것이 선하다는 말은 작위의 결과이다. 맹자는 "사람이 배우는 것은 그의 본성이 선하기 때문이다."라고 말하였다. 그러나 그렇지 않다. 그것은 사람의 본성을 제대로 알지 못해, 본성과 작위의 구분을 잘 살피지 못해서이다.

본성이란 타고났기 때문에 배워서 행하게 될 수 없는 것이다. 노력으로 이루어질 수 없다. 예의란 성인이 만들어 낸 것이어서 배우면 행할 수 있다. 노력하면 이루어질 수 있는 것이다. 배워서 행할 수 없고 노력해서 이루어질 수 없는데도 사람에게 있는 것을 본성이라 한다. 배우면 행할 수 있고 노력하면 이루어질 수 있는 것을 작위라 한다. 이것이 본성과 작위의 구분이다(『荀子』「性惡」)."[57]

순자에게서 악(惡)은 본성에 내재해 있는 이익을 추구하는 경향이나 감각적 욕망에 따르는 결과로 생겨난다. 순자는 맹자의 성선설에 대해 본성과 작위를 구분하지 못해 그러하다고 비판한다. 맹자는 사람이 배울 수 있는 것은 그의 본성이 선하기 때문이라고 말하였다. 그러나 순자는 사람의 본성을 제대로 알지 못하고 하는 소리라고 반박하였다.

본성이란 하늘로부터 타고난 것이어서 배워서 행하게 될 수 있는 사안이 아니다. 노력으로 이루어질 수 없는 것이다. 예의란 성인이 만들어냈기 때문에 배우면 행할 수 있다. 노력하면 이루어질 수 있는 것이다. 배워서 행할 수 없고 노력하여 이루어질 수 없는데도 사람에게 있는 것을 본성이라 한다. 배우면 행할 수 있고 노력하면 이루어질 수 있는 사람에게 있는 것을 작위라 한다. 지금, 눈은 볼 수가 있고, 귀는 들을 수가 있다. 모든 볼 수 있는 시력은 눈을 떠나지 않으며, 들을 수 있는 청력은 귀를 떠나지 않는다. 눈은 시력이 있고, 귀는 청력이 있는

---

57) 人之性惡, 其善者僞也. 今人之性, 生而有好利焉, 順是故爭奪生而辭讓亡焉, 生而有疾惡焉, 順是故殘賊生而忠信亡焉, 生而有耳目之欲, 有好聲色焉, 順是故淫亂生而禮義文理亡焉. 然則從人之性, 順人之情, 必出於爭奪, 合於犯分亂理而歸於暴. 故必將有師法之化. 禮義之道, 然後出於辭讓, 合於文理而歸於治. 用此觀之, 然則人之性惡明矣, 其善者僞也. 故枸木必將待檃栝烝矯然後直, 鈍金必將待礱厲然後利. 今人之性惡, 必將待師法然後正, 得禮義然後治. 今人無師法, 則偏險而不正, 無禮義,則悖亂而不治. 古者聖王以人之性惡, 以爲偏險而不正, 悖亂而不治, 是以爲之起禮義, 制法度, 以矯飾人之情性而正之, 以擾化人之情性而導之也. 使皆出於治, 合於道者也. 今之人, 化師法, 積文學, 道禮義者爲君子, 縱性情, 安恣睢, 而違禮義者爲小人. 用此觀之, 然則人之性惡明矣, 其善者僞也. 孟子曰, 人之學者, 其性善, 曰是不然. 是不及知人之性, 而不察乎人之性僞之分者也. 凡性者, 天之就也, 不可學, 不可事. 禮義者, 聖人之所生也, 人之所學而能, 所事而成者也. 不可學, 不可事而在天者, 謂之性, 可學而能, 可事而成之在人者, 謂之僞, 是性僞之分也.

데, 이는 배워서 될 수 없는 것들이다. 사람을 본성대로 내버려 두면, 그의 질박함이 떠나고 그의 자질도 떠나 버려 선한 것을 반드시 잃어버린다. 이렇게 볼 때, 인간의 본성은 악한 것이 분명하다.

순자는 이처럼 본성이 악하기 때문에 인간이 교육을 통해 선을 추구한다고 생각하였다. 즉, 얇으면 두터워지기를 바라고, 보기 흉하면 아름다워지기를 바라며, 좁으면 넓어지기를 바라고, 가난하면 부유해지기를 바라며, 천하면 귀해지기를 바라는 것처럼, 인간은 자신에게 없는 것을 반드시 외부에서 구하려고 한다. 이는 본성이 악하기 때문에 그렇다는 것이다. 인간이 본래 타고난 것과 인위적인 창조에 대해 이렇게 개념을 규정한 후, 이상의 각 요소가 공동 집단생활 속에서 인류에 어떠한 역할을 하였는가에 대해 대담하게 문제제기를 하였다. 그는 말하기를 "인간이 성정에 따르는 한 이익을 추구하여 투쟁하고 증오하며 타인을 해치고 관능을 탐닉하여 인륜을 어지럽히게 된다."라고 하였다.

이러한 점에서 볼 때, 인간의 성은 악이며, 맹자의 성선설은 성립하지 않는다. 그렇다면 선은 누구에 의하여 어떻게 창조되는가? 순자는 그러한 역할은 특정한 인물들, 즉 성인(聖人)이나 대인(大人), 지인(至人)이 할 수 있다고 보았다. 현대적 의미의 교육자이다. 이들의 마음은 고요하고 청명하여 절대적으로 자유롭다. 모든 사물과 우주의 중심에서서 그들에게 질서를 부여할 수 있다. 이러한 질서로 부과한 것이 바로 예(禮)이다.

예는 공자 이래로 유교에서 매우 중시해왔다. 그런데 자사나 맹자는 예의 정신적 내용을 강조하였다. 그러나 순자는 기능적·형식적 측면을 강조하고 이에 절대적 권위를 부여하였다. 순자는 예가 발생하게 된 경위를 다음과 같이 설명하였다.

예는 어디에서 생겨났는가? 사람은 태어나면서부터 욕망을 추구한다. 바라면서도 얻지 못하면 곧 추구하지 않을 수 없고, 추구함에 일정한 기준과 한계가 없다면 다투지 않을 수 없게 된다. 다투면 어지러워지고, 어지러워지면 궁색해진다. 옛날 임금들은 그 어지러움을 싫어하였다. 때문에 예의를 제정해 이들의 직분을 정함으로써, 사람들의 욕망을 충족시켜주고, 사람들이 원하는 것을 공급하게 하였다. 그리하여 욕망은 반드시 물건에 궁색해지지 않도록 하고, 물건은 반드시 욕망에 부족함이 없도록 하여, 이 두 가지가 서로 균형 있게 발전하도록 하였다. 이것이 예가 생겨난 이유이다.

인간도 일종의 동물이므로 자신이 추구하는 욕구가 없을 수 없다. 욕구가 충족되는 것을 좋아하고, 충족되지 않는 것을 싫어한다. 이런 가치관으로 볼 때, 욕구의 충족 상태를 선(善)이라 할 수 있고, 욕구가 충족되지 않은 상태는 악(惡)이라 할 수 있다. 인간의 자연적 욕구는 사람 사이에 서로 충돌할 수밖에 없다. 따라서 모든 사회적 혼란은 이러한 충돌과 갈등에서 기인한다. 순자는 이를 인간의 원초적 심정(心情) 때문이라 본다. 예의는 욕구를 절제하고 조정하기 위하여 성립된 규범이다.

맹자는 교육을 통해 모든 사람이 요(堯)·순(舜)과 같은 성인이 될 수 있다고 하였다. 순자는 누구든지 우(禹)와 같은 성인이 될 수 있다고 하였다. 표면적으로 맹자와 순자가 성인이 될 수 있음을 언급한 점은 같다. 그런데 방법에서 둘은 전혀 다른 인식을 하고 있다. 맹자는 사람의 본성에는 본래 사단(四端)의 근원이 있으므로, 이를 확충하면 성인이 되고, 도덕적 양지(良知)와 양능(良能)을 계발하여 온전한 사람이 된다고 생각한다. 그러나 순자는 선천적 도덕성을 근본적으로 부정하고, 후천적 경험과 수양, 노력에 의하여 인간이 형성된다고 보았다. 다시 말하면, 예의(禮義)를 학습하고, 내면화함으로써 올바른 인간 형성이 가능하다는 것이다.

공자는 예(禮)의 정신을 인(仁)에 근거하여 펼쳤고, 맹자는 인의

(仁義)로서 다시 보완·설명하였다. 이는 인간의 도덕(道德)과 천명(天命)이 일치한다는 믿음을 전제하고 있다. 그러나 순자는 예의(禮義)라는 객관적 제약 규정에 의하여 인간의 집단생활을 질서 지우려고 하였다. 이 객관적 규정은 인간의 성정(性情)을 규제하여 감시하려고 한다. 그것은 강제적 법에 가까운 규정이나 예의이다. 순자가 예의를 규정한 것은 인간의 본성을 이해하는 방식 때문이다. 인간은 생리적으로 성악(性惡)이 존재이다. 객관적 제약 규정에 의하여 강제하지 않고는 질서를 확립할 수 없다. 그러므로 사람의 성정(性情)은 모범적 스승, 즉 사법(師法)으로 교화해야 한다. 이 사법(師法)과 예의(禮義)가 문화를 형성한다. 그것을 만든 사람은 성인(聖人)이다.

이 예의와 사법이라는 문화는 성인의 작위이다. 결코 인간의 본성에서 주어진 것이 아니다. 순자에 의하면, 인간은 예의와 사법을 체득해 갈 수 있는 문화적 존재이다. 때문에 인간은 문화의식을 후천적으로 습득하고 교육함으로써 사람답게 성장할 가능성이 있다.

3. 동중서의 국가 이념화

공자가 초기에 집대성한 이후, 유학은 두 차례의 큰 변화를 겪었다. 하나는 전한(前漢)의 동중서(董仲舒, 기원전 179~기원전 104)가 대일통(大一統)을 중심으로 하는 국가주의의 기치아래 이룬 유학의 국교화(國敎化)이고, 다른 하나는 남송(南宋)의 주희(朱熹: 朱子, 1130~1200)가 집대성한 성리학(性理學)이다. 그런 만큼 동중서는 한(漢)나라의 국가 초석을 다진 교육사상가이다.

특히, 교육을 국가제도로 정착시키는 동시에 국가기반을 건실하게 다지는 핵심 기능으로서 지위를 부여하며, 그 기준과 방침을 구체적으로 정돈하였다. 이는 중국이라는 국가의 체계를 설정하는 엄중한 신호이다. 그것은 '국가주의 대일통(國家主義 大一統)'이라는 독특한 국가공동체의 정체성 확립인 동시에, 이후 주자의 성리학으로 이어지면서 유학의 교육적 토대를 형성한다(魏彥紅, 2018: 51−69).

한나라 초기는 유학을 중심으로 인간의 삶을 설계해 나가기보다는 도가(道家)의 색채가 상당히 반영된 '무위(無爲)' 정치가 성행하였다. 황로학(黃老學)이 큰 영향력을 미치고 있었는데, 개공(蓋公)·조참(曹參) 등의 학자가 '청정무위(淸靜無爲)'를 핵심사상으로 펼치고 있었다. 하지만 국가 체제를 정비해 나가는 과정에서 '청정무위' 사상은 한계를 드러내기 시작하였다. 국가부흥을 위해서는 무엇보다도 인재(人材)의 양성(養成)과 선발(選拔)이 중요하였다. 이때 제시된 대안이 '현량대책(賢良對策)'이다. 이는 국가의 인재함양을 일차적으로 내세운, '무위(無爲)'에서 '유위(有爲)'로 전환하는 새로운 교육정책의 시발점이었다. 그러기 위해서는 유교를 중심으로 사상을 통일할 필요가 있었다. 학문적으로 혼란한 국면을 바꾸고, 통일된 사상 체계를 아래로부터 위에 이르기까지 시행해야만 했다. 그것이 바로 '대일통(大一統)'이다.

"『춘추』의 대일통(大一統)이란 공간적으로 세상의 영원한 원칙이며, 시간적으로 옛날부터 지금까지의 공통된 이치이다. 현재 학자마다 그 지향하는 진리가 다르고, 사람마다 그 주장하는 이론도 다르며, 온갖 학파가 방향을 달리하면서 그 취지도 같지 않다. 때문에 윗사람은 통일된 양식을 일관되게 지킬 방법이 없고, 법제가 자주 바뀌어 아래 사람들은 지켜야 할 사안이 무엇인지 알지 못한다. 이에 육예(六藝)의 과목과 공자의 학술에 속하지 않는 것은 모두 금지하여 함께 나아가지 못하도록 해야 한다. 비뚤어지고 한쪽으로 치우친 이론이 사라진 다음에야 학술이 하나의 계통으로 정돈될 수 있고 법도가 밝혀질 수 있으므로 백성들이 따를 것이 무엇인지 알게 된다(『漢書』「董仲舒傳」)."[58]

---

58) 春秋大一統者, 天地之常經, 古今之通誼也. 今師異道, 人異論, 百家殊方, 指意不同, 是以上亡以持一統; 法制數變, 下不知所守. 臣愚以為諸不在六藝之科孔子之術者, 皆絕其道, 勿使並進.

동중서는 과거 진(秦)나라가 강력한 법치(法治)를 시행하였고, 그 경직된 사고와 지나친 엄격함이 나라를 멸망으로 이끈 역사적 교훈을 생생하게 기억하고 있었다. 이에 법치의 한계를 심각하게 인식하고, 처음부터 유가(儒家)의 학설을 기반으로 국가수립의 기초를 마련하였다. 특히, 군주는 정심(正心)으로 조정을 바르게 하고, 조정을 바르게 함으로써 모든 관리를 바르게 하고, 관리를 바르게 함으로써 백성을 바르게 하고, 백성을 바르게 함으로써 세상을 바르게 한다는 논리를 강조한다. 이는 제왕(帝王)의 수양학(修養學)인 『대학(大學)』의 격물(格物)－치지(致知)－성의(誠意)－정심(正心)－수신(修身)－제가(齊家)－치국(治國)－평천하(平天下)의 정신이고, '유학을 중심으로 사상을 통일한다!'라는 관점을 바탕에 두고 있다. 최고지도자인 군주는 인(仁)·의(義)·예(禮)·지(智)·신(信)의 오상(五常)을 기본 덕목으로 터득해야 한다. 오상은 유학이 강조하는 육예(六藝)의 과목과 공자의 학술에 기초한다. 때문에 유학 이외의 잡다한 모든 이설(異說), 통일적 사고를 방해하는 사악한 학설은 끊어야 한다.

이것이 바로 그 유명한 '유학만이 존귀하다!'라는 '독존유술(獨尊儒術)'의 국가철학이다. '독존유술(獨尊儒術)'은 정치적 차원에서 한나라를 이끌어갈 핵심사상일 뿐만 아니라 사회문화나 교육적 측면에서도 필연적으로 담보해야 하는 사유의 중심이었다. 유학을 치국사상(治國思想)으로 설정한 후, 이에 기초한 정치를 시행하기 위해서는, 선행되어야 할 중요한 문제가 대기하고 있었다. 그 무엇보다도 유학으로 무장한 국가인재의 발굴과 양성, 그리고 선발이었다.

당시 한나라 무제는 밤낮으로 부지런히 생각을 짜내고 정신을 다 썼을 정도로 국가의 안정과 발전을 고심하였다(『漢書』「董仲舒傳」).[59]

邪辟之說滅息, 然後統紀可一而法度可明, 民知所從矣.

59) 烏虖. 朕夙寤晨興, 惟前帝王之憲, 永思所以奉至尊, 章洪業, 皆在力本任賢. 今朕親耕藉田以為農先, 勸孝弟, 崇有德, 使者冠蓋相望, 問勤勞, 恤孤獨, 盡思極神, 功烈休德未始云獲也. 今陰陽錯繆, 氛氣充塞, 群生寡遂, 黎民未濟, 廉恥貿亂, 賢不肖渾淆, 未得其真, 故詳延特起之士,

그러나 노력한 만큼의 정치적 공적이나 효과를 거두지 못했다. 이런 상황에 대해, 동중서는 현명한 인재가 군주인 무제(武帝)를 제대로 보좌하지 않았고, 동시에 무제가 현명한 인재를 얻지 못한 이유에 대해서도 깊이 생각하였다. 이런 상황에서 최고지도자를 제대로 보좌하지 못하는 관리들이 횡행한다면, 그것은 청산해야 할 사회의 문제점이다! 동중서는 적폐청산의 내용을 세 가지로 정돈하였다.

첫째, 나라를 이끌어갈 학자를 제대로 양성하지 않고 인재 발굴을 위한 교육을 진지하게 실시하지 않았다. 둘째, 인재 선발과 발탁의 과정에서 합리적인 방식을 채택하지 않았다. 한나라 초기의 관리는 대부분 관료를 세습한 자손들을 대상으로 선발했고, 부자들이 돈을 기부하거나 뇌물 같은 것으로 관직을 얻었다. 셋째, 관리가 되어 승진하는 과정에서도 비합리적 요소가 작용하였다. 승진의 자격을 논의할 때 실력이 아니라 선배나 후배와 같은 나이에 따라서 줄을 세우는 불합리한 현상이 존재하였다.

이러한 국가 발전의 저해 요소들은 동중서를 개혁의 선봉으로 나서도록 만들었다. '독존유술(獨尊儒術)'을 내세운 동중서는 단호했다. 유학의 합리성에 근거해 볼 때, 위의 세 가지 적폐청산의 문제는 개혁이나 혁신이라기보다는 올곧은 학자라면 오히려 당연한 작업이었다.

첫째 문제인 국가를 위해 헌신할 학자를 양성하지 않고 인재 발굴을 위한 교육을 제대로 실시하지 않은 것은, 제대로 정비된 학교가 없기 때문이었다. 이에 동중서는 인재양성의 요람인 태학(太學: 大學) 설립을 강조하였다. 그는 태학을 인재양성의 장소로 보았을 뿐만 아니라 백성의 교화(敎化)를 추진하는 핵심 수단으로 삼았다.

둘째, 인재선발과 발탁의 과정에서 합리적인 방식으로 하지 않은 문제에 대해, 동중서는 관리선발을 엄격히 할 것을 건의하였다. 관리를

意庶幾乎.

선발하고 임용하는 과정에는 관리로서의 자질과 자격을 철저히 논의하여, 국가를 위해 진정으로 봉사할 수 있는 인재등용을 고민하였다.

셋째는 관리 등용 이후의 질적 성장을 위한 승진의 문제를 합리적으로 시행하는 일이었다. 단순하게 나이가 많고 적은 순서로 줄을 세우는 왜곡된 현상을 극복하여, 양재(量材)로 관직을 수여하고, 녹덕(錄德)으로 지위를 정하였다. 이러한 조치는 국가 설계를 비롯하여 성장과 발전을 위한 교육원칙의 설정이었다.

한 무제는 이와 같이 동중서가 태학을 일으키고 인재를 선발하며 능력이 있는 자를 임용하려는 건의를 기꺼이 받아들였다(『漢書』「董仲舒傳』).[60] 인재의 발굴과 양성, 이후 관리로 등용하여 국가를 발전시키는 작업은 교육의 주요한 임무이다. 특히, 현명한 관리의 뛰어난 재능은 국가 성장의 핵심 동력 역할을 한다. 현명한 관리의 재능은 단순한 기술 수준을 넘어, 관리의 덕성(德性)과 연결된다. 즉, 현능(賢能)의 '재(材)'는 '덕(德)'의 기준과 유학의 경술(經術)·도덕(道德)과 연결된다. 여기에서 그 능력을 관찰하여 천거하는 제도인 찰거(察擧)가 등장한다. 이는 교육제도를 크게 발전시켰을 뿐만 아니라 한나라의 유학 부흥을 가속화시켰다.

이 지점에서 동중서가 무엇을 중심으로 국가교육의 밑그림을 그렸는지, 그 핵심을 진지하게 성찰할 필요가 있다. 당시 유학은 다른 학파가 갖지 못한 경쟁력을 지니고 있었다. 유학사상은 하(夏)·은(殷)·주(周) 삼대(三代)의 역사지식을 토대로 춘추전국시대의 공자·맹자·순자 등 여러 학자들이 전통을 계승하며 일관된 체계를 유지하고 있었다. 무엇보다도 대일통(大一統)을 구심으로 하는 중앙집권화를 위해 관료의 안정적 충원을 보장할 수 있는 제도적 장치가 요구되었다. 이에 무제는

60) 養士之大者, 莫大虐太學; 太學者, 賢士之所關也, 教化之本原也. …… 臣願陛下興太學, 置明師, 以養天下之士, 數考問以盡其材, 則英俊宜可得矣. 所貢賢者有賞, 所貢不肖者有罰. …… 遍得天下之賢人, 則三王之盛易為, 而堯舜之名可及也. 毋以日月為功, 實試賢能為上, 量材而授官, 錄德而定位, 則廉恥殊路, 賢不肖異處矣. …… 於是天子復冊之.

기원전 134년에 처음으로 군국(郡國)에서 효렴(孝廉) 각 1인을 천거(薦擧)하는 찰거제도(察擧制度)를 통해 황제를 보필할 새로운 인재를 등용하기 시작하였다. 그리고 동중서의 건의에 따라 유학을 국학(國學)으로 채택하였다. 기원전 124년에는 유학의 경서(經書)인 『시(詩)』·『서(書)』·『예(禮)』·『악(樂)』·『춘추(春秋)』를 연구하는 오경박사(五經博士)를 두고, 태학을 설치하여 중앙 귀족과 지방 출신의 인재들에게 유학의 경전을 교수하였다. 이와 같이 유학의 경전이 중앙과 지방에서 대대적으로 교수되고, 관리임용에서 시험과목으로 채택됨에 따라 선제(宣帝) 이후에는 유학 출신의 관료가 법가 출신의 관료를 대체하기에 이른다. 오경박사 제도의 실행과 태학 건립 이후, 대관료의 자제와 대부호의 관직 독점에 제동이 걸렸고, 중소 지주와 지식인들이 관직으로 나아가는 길이 열렸다. 이제 과거의 왜곡된 인재문제를 청산하고 새로운 양식의 국가인재양성을 위한 합리적인 교육이 시행되기 시작하였다(이춘식, 1998: 240; 유동원, 2002; 신정근, 2012).

이는 국가교육의 기조를 '국가적 인재양성'에 둔 것이다. 학교의 제도적 공고화를 근간으로 인재를 양성하여 통일성을 기하면서도 유연한 국가 체제를 고려하였다(『漢書』「董仲舒傳」).[61]

유학은 시조에 해당하는 공자가 『논어』의 첫 구절에서 '학이시습(學而時習)'이라고 언급했듯이, 학(學)의 철학(哲學)이다(『論語』「學而」).[62] 따라서 학(學)을 삶의 기저로 하는 '인간'을 어떻게 이해하느냐의 문제가 교육을 인식하고 실행하는 관건이 된다.

춘추시대를 살았던 공자는 인간의 본성에 대해 많이 언급하지는 않았다. 앞에서 언급한 것처럼, "본성은 비슷하지만 교육에 의해 습관이 달라진다!"라는 대명제를 제시하였다. 이후, 맹자와 순자는 본성에 서

---

61) 立大學以教於國, 設庠序以化於邑, 漸民以仁, 摩民以誼, 節民以禮, 故其刑罰甚輕而禁不犯者, 教化行而習俗美也.

62) 學而時習之不亦說乎? 有朋自遠方來不亦樂乎? 人不知而不慍不亦君子乎?

(善)과 악(惡)이라는 가치를 강력하게 개입시켰다. 맹자가 강조한 성선(性善: 善端)이나 순자가 주장한 성악(性惡)은 교육의 방향이나 목표를 상당히 다른 양상으로 진행시킨다. 인간의 본성을 선(善)으로 인식하는 경우, 그 선을 확장해 나가는 계발식(啓發式) 교육이 강조될 수 있고, 악하게 인식하는 하는 경우, 그 악을 고쳐나가는 교정식(矯正式) 교육이 강조되기 쉽다(신창호, 2012: 276-280).

하지만 동중서는 맹자나 순자와 같은 기존의 본성론과 다른 방식으로 인간의 성품을 이해한다. "인간의 본성이라 명명할 때 이는 타고나는 것 아닌가? 자연스럽게 자질로 타고나는 것을 성이라 이른다. 성이란 자질이다(『春秋繁露』「深察名號」)."[63] "성이란 태어나면서 지니고 있는 근본 바탕이다(『春秋繁露』「實性」)."[64] "성이란 타고난 자질이다(『漢書』「董仲舒傳」)."[65]

동중서는 어떤 가치 개입도 하지 않고, 냉정하고 객관적으로 인간의 본성을 탐구했다. 공자가 그랬듯이 성(性)의 본질에 대한 절제된 의견을 제시한다. 얼핏 보면, 동중서의 '생지자연지자(生之自然之資)'는 고자(告子)의 '생지위성(生之謂性)'이나 순자(荀子)의 '본시재박(本始材朴)' 등과 유사한 구조를 가지고 있다. 그것은 선과 악이라는 가치를 개입하기 이전의 인성으로, 인간이 태어나면서 지니는 소질(素質)이다. 맹자의 성선(性善)을 기준으로 볼 때, 동중서의 본성론은 그것과는 다른 성미선(性未善) 또는 선질론(善質論)으로 정돈할 수 있다(박동인, 2010: 55).

문제는 소질로서의 본성을 어떻게 이해하느냐이다. "인간 본성의 경우, 자연스럽게 생성한 것을 성정(性情)이라 한다. 성(性)과 정(情)은 서로 합쳐서 하나의 명(瞑: 어두움)이 된다. 정(情) 또한 성(性)이다. 성

63) 性之名非生與? 如其生之自然之資謂之性. 性者, 質也.
64) 性者, 天質之樸也.
65) 性者, 生之質也.

(性)이 이미 선(善)하다고 말한다면 정(情)은 어떻게 되는가? 그러므로 공자는 성선(性善)을 말한 적이 없다. 왜냐하면 그렇게 이름 붙일 경우 본성을 제대로 파악하지 못하고 얽매이기 때문이다(『春秋繁露』「深察名號」)."[66]

성(性)과 정(情)은 성분만 다른 동일한 물질로 형성되어 실재로 분리될 수 없는 하나의 실제이다(김주창, 2016: 258). 성과 정을 동일한 본체의 다른 작용 양상으로 놓고 이해하면, 인간 본성은 두 가지 의미를 지닌다. 하나는 '타고난 자질(資質)로서의 본성'이고 다른 하나는 '정욕(情欲)에 대립하는 본성'이다. 그런데 타고난 자질로서 근원적 본성은 정욕에 대립하는 성(性)인 '인(仁)'과 정욕을 함유한 '정(情)'인 '탐(貪)'을 모두 포함한다(안승석, 2015: 59). 다시 말하면, 동중서는 본성의 일반적 범주 이외에, 본성을 다시 성(性)과 정(情)으로 나누어 설명한다. 이때 성(性)은 사람의 본질(本質)이고 정(情)은 사람의 욕망(欲望)이다(代春敏, 2019: 634).

"사람의 참다운 실정에는 탐(貪)과 인(仁)의 측면이 있다. 이 두 가지는 모두 사람의 몸에 깃들어 있다. 몸이라는 명칭은 자연에서 연유한다. 자연은 음과 양이라는 두 기운의 작용을 겸비하고 있다. 자연에 있는 음은 제어를 받아야 한다. 몸에도 정욕이 있어 절제를 받아야 한다. 이는 자연의 질서와 같다. 하늘이 이처럼 음을 제어하는데, 사람이 어찌 자신의 욕망을 덜어내고 정욕을 멈추게 하여, 자연의 질서에 적응하지 않겠는가?(『春秋繁露』「深察名號」.; 『漢書』「董仲舒傳」)"[67]

여기에서 탐(貪)과 인(仁)의 내용과 형식을 주시할 필요가 있다(陳福濱, 2019: 331-332.). 인(仁)의 기운은 본성을 주도하는 측면이고,

---

66) 天地之所生, 謂之性情. 性情相與為一瞑. 情亦性也. 謂性已善, 奈其情何? 故聖人莫謂性善, 累其名也.

67) 人之誠, 有貪有仁. 仁貪之氣, 兩在於身. 身之名, 取諸天. 天兩有陰陽之施, 身亦兩有貪仁之性. 天有陰陽禁, 身有情欲, 與天道一也. 是以陰之行不得干春夏, 而月之魄常厭於日光. 乍全乍傷, 天之禁陰如此, 安得不損其欲而輟其情以應天.; 命者, 人之令也. 性者, 生之質也. 情者, 人之欲也.

탐(貪)의 기운은 종속적 측면에 해당한다. '인(仁)'은 본성 가운데 사회의 도덕을 추진하고 발전시키는 선천적 요소를 가리키고, '탐(貪)'은 본성 가운데 사회의 도덕을 저해하고 퇴폐시키는 선천적 요소를 가리킨다. 이 두 가지는 인간의 본성 자체에 동시 거주하면서 대립하는 특성을 지닌다. 이런 차원에서 인간은 욕망을 소유한 존재이다. 따라서 인간의 순순한 성품을 선으로 만들기 위해서는 윤리적 교화가 요청되고, 정욕을 억제시키기 위해서는 도덕적 규범이 필요하다(김상래, 2017: 23).

동중서 이전에도 여러 측면에서 인간 본성에 대한 논의가 진행되었다. 하지만 크게 보면 맹자의 성선설과 순자의 성악설로 대별된다. 성선과 성악은 도덕적 선험론의 차원을 벗어나지 않는다. 어떤 측면에서는 동중서의 인성론이 맹자와 순자의 관점을 종합한 것으로 이해할 수도 있다. 그러나 맹자와 순자의 인성론은 선악(善惡)의 도덕가치가 선천적으로 부여된 것에 무게중심을 둔다. 동중서의 경우, 본성은 성악(性惡)이라는 도덕적 가치개입을 앞세우기보다는 자연스런 소질(素質) 자체이고, 성(性)에 녹아든 정욕(情欲)의 문제를 처리하는 방식에서 교육을 통한 후천성에 무게중심을 둔다. 성(性)의 순수한 측면을 선(善)으로 이해하면 맹자의 관점이 엿보이고, 정욕(情欲)을 악(惡)으로 이해하면 순자의 관점이 엿보이기도 한다. 자세히 확인하면, 동중서의 인성론은 맹자·순자와는 엄연한 차이가 존재한다(金春峰, 2006: 155-159).

동중서의 '인기(仁氣)'와 '탐기(貪氣)'의 사상도 이런 측면과 동일하지는 않지만, 연결되는 지점은 존재한다. 하지만 동중서는 인간의 본성과 선(善)을 엄격히 구분하였다. 그는 인성과 선을 가능성과 현실성, 또는 근거와 결과의 관계로 파악하였다. 본성은 선의 가능성이자 선이 내재하는 근원이다. 선은 본성의 이러한 가능성과 내재적 근거이다. 때문에 교육의 조건에 따라, 도덕적 선이 현실의 인격으로 전화되는 결과를 가져온다. 인성 가운데는 기본적인 욕망인 정욕(情欲)과 탐욕(貪欲)이 근원적으로 존재한다. 그런데 맹자처럼 성(性)이 이미 선(善)하다고 가치를 부여하면, 선천적인 정(情)은 어떻게 처리할 수 있는가? 동중서는 인간의 본성과 선의 관계를 다음과 같이 서술한다.

"인간의 성(性)이란 태어나면서 지니고 있는 근본 바탕이고, 선(善)이란 왕의 가르침에 의한 교육을 통해 이루어진 결과물이다. 그 바탕이 없으면, 왕의 교육은 이루어질 수 없고, 왕의 교육이 없으면 바탕의 소박함은 선할 수 없다(『春秋繁露』「實性」)."[68] "본성은 점진적인 교육을 거쳐 비로소 선으로 바뀐다. 본성이 선으로 바뀐 것은 교육이 만들어낸 결과이지 천성적 본질이 바로 이런 것은 결코 아니다. 그러므로 본성이라 말하지 않는다(『春秋繁露』「實性」)."[69] "인간의 본성은 벼에 비유되고, 선은 쌀에 비유된다. 벼에서 살이 산출되어 나오더라도 벼의 상태는 아직 온전하게 쌀이 되었다고 할 수 없다. 마찬가지로 선이 본성에서 산출되어 나오더라도 성의 상태는 아직 온전하게 선이 되었다고 할 수 없다(『春秋繁露』「深察名號」)."[70] "성은 누에고치와 같고 계란과 같다. 계란은 어미 닭이 품어 일정한 시간이 지나야 병아리를 까고 병아리가 자라나 닭이 된다. 누에고치는 고치 켜기를 기다려야 실이 된다. 본성은 교육을 통해 시간이 지나야 인격적 선이 된다(『春秋繁露』「深察名號」)."[71] "본성에는 선의 실마리가 있고, 마음에는 선의 바탕이 있다(『春秋繁露』「實性」)."[72]

이런 관점에서 보면, 본성은 가치가 이미 담겨 있는 선이 아니다. 선은 본성에서 나온다. 그 과정에 교육이 적극적으로 개입한다. 다시 말하면, 교육의 과정을 거치지 않은 본성은 인격적 선으로 나아갈 수

68) 性者, 天質之樸也. 善者, 王教之化也. 無其質, 則王教不能化. 無其王教, 則質樸不能善. 質而不以善性.

69) 性待漸於教訓而後能為善. 善, 教訓之所然也, 非質樸之所能至也, 故不謂性.

70) 性比於禾, 善比於米. 米出禾中, 而禾未可全為米也. 善出性中, 而性未可全為善也.

71) 性如繭如卵. 卵待覆而成雛, 繭待繅而為絲, 性待教而為善.

72) 性雖出善, 而性未可謂善也.

없다. 이것이 동중서가 인간에게 왜 교육이 필요한지, 그 논리적 근거를 마련하는 모습이다. 교육의 결과, 선은 사회를 지탱하는 윤리 도덕이 된다. 즉, 도덕적 인격을 형성한다.

동중서 교육사상적 기반은 아주 간단하다. “본성은 교육 이후에 착하게 된다!” 본성은 교육의 작용이 없을 경우, 국가사회를 지도할 인재로서 선한 인간양성을 꿈꿀 수 없다. 동중서의 인성에 관한 사유는 형식적으로 볼 때, 맹자와 상당히 다른 양상이다. ‘본성이 이미 선하다면, 교육할 의미가 없다!’ 그것은 인위적으로 ‘유위(有爲)’의 차원에서 교육을 실천하는 작업을 부정하는 것과 마찬가지가 된다.

동중서는 교육의 불이행을 무위의 자연으로 인식하고, 유위나 인위가 없는 교육에 강력한 회의를 제기한다. “지금 말하는 본성이 이미 선하다면, 이런 상황에서는 특별히 선으로 만들기 위한 교육이 필요 없다. 그렇다면 아무것도 하지 않고도 스스로 자라는 자연과 같은 것이 아닌가?(『春秋繁露』「實性」)”[73)]

맹자나 순자가 강조한 본성의 선악 입장에서 보면, 동중서의 인간 본성 이해는 차원이 다르다. 상당히 비판적이고, 무엇보다도 교육을 향한 열정을 드러낸다. 동중서는 선진 시기부터 한나라 초기까지 보편적으로 유행하던, 인간 본성을 이해하는 여러 이론을 진지하게 고려한 듯하다. 특히, 공자가 언급한 인간성의 등급을 고민하며 그것을 구체적으로 이론화 한 것 같은 인상을 준다.

공자는 다음과 같이 인간의 등급 차이에 대해 언급하였다. “보통 사람 이상에게는 고차원적인 사안을 말해 줄 수 있으나 보통 사람 이하에게는 그런 것을 말해줄 수 없다(『論語』「雍也」).”[74)] “가장 지혜로운 사람과 가장 어리석은 자는 변화시킬 수 없다(『論語』「陽貨」).”[75)]

---

73) 今謂性已善, 不幾於無教而如其自然.
74) 子曰, 中人以上, 可以語上也; 中人以下, 不可以語上也.
75) 子曰, 唯上智與下愚不移.

인간을 상(上)·중(中)·하(下)의 위계로 나눌 때, 중간급에 속하는 보통 사람, 즉 '중인(中人)'이 인간의 속성을 구별하는 기준으로 설정되어 있다. 이러한 사유는 일반적이고 보편적으로 생각할 수 있기 때문에 상당한 설득력을 갖는다. 다시 말하면, '중인(中人)' 이하의 자질을 지닌 사람에게 갑자기 고상한 차원의 형이상학적인 이론을 말하면 제대로 알아듣지 못한다. 교육은 사람의 지적 수준 차이에 따라, 적절하게 눈높이를 맞추어 실시해야 한다. 많이 배우고 도덕성을 갖춘 사람은 스스로 자신을 수양해 나가기 때문에 별도의 교육을 하지 않아도 그 수준이 함부로 떨어지지 않는다. 그와 반대편에 자리하는, 제대로 배우지 못하고 수준이 낮은 인간의 경우, 교육을 한다고 해서 어느 순간에 자질이 놀랍게 향상되기도 어렵다. 공자는 이처럼 인간 본성의 층계를 어렴풋이 지적하였다.

그러나 동중서는 보다 과학적이고 세밀하게 인간의 성품을 정돈하였다. 인간의 본성을 세 가지 등급으로 분명하게 나누었다. "성인의 차원에서 본성은 일반적인 본성으로 명명할 수 없다. 그릇이 작은 사람의 본성도 일반적인 본성으로 명명할 수 없다. 일반적인 본성으로 명명하는 것은 보통 사람의 본성이다. 일반 백성의 본성은 누에고치나 계란과 비슷하다. 계란은 어미 닭이 20일을 품어야 병아리가 될 수 있다. 누에고치도 삶고 켜는 작업을 한 다음에야 실을 뽑을 수 있다. 마찬가지로 본성도 단계별 교육과 훈련을 거친 다음에야 완전한 인격을 형성할 수 있다. 선은 교육과 훈련을 거쳐 그렇게 된 것이지 바탕이 소박하게 미칠 수 있는 것이 아니므로 성이라 하지 않는다(『春秋繁露』「實性」)."[76] "본성이라고 명명할 때, 이는 지혜로운 사람의 성도 아니고 어리석은 사람의 성도 아니며, 중간 정도의 수준을 갖춘 보통 사람의 본성을 말

76) 聖人之性不可以名性, 斗筲之性又不可以名性, 中民之性如繭如卵. 卵待覆二十日而後能為雛, 繭待繅以涫湯而後能為絲, 性待漸於教訓而後能為善. 善, 教訓之所然也, 非質樸之所能至也, 故不謂性.

한다(『春秋繁露』「深察名號」)."[77]

인간의 본성을 세 가지 등급으로 나눈 것을 일반적으로 '성삼품설(性三品說)'로 명명한다. 그것은 앞에서 논의한 성정(性情)과 함께 동중서 인성론의 핵심을 차지한다. 동중서는 본성을 '성선(性善)－정악(情惡)'이라는 이원구조로 정리하면서 맹자나 순자가 인성을 '선(善)－악(惡)'으로 해석하는 데서 오는 편협성과 그로 말미암아 봉착할 수 있는 모순에서 벗어날 수 있게 하였다. 동시에 인간이 오직 선한 성인(聖人)이나 오직 악한 두소(斗筲)가 아닌, '중민(中民)'으로 인식함으로써, 교육의 가능성을 명확하게 제시하였다(김봉건, 1990: 368).

이 세 가지 등급의 본성 가운데 동중서가 기준으로 삼은 것은 보통 사람, 즉 '일반 백성'에 해당하는 '중민(中民)'이다. 특히, 인간의 본성을 가치가 개입된 선과 악의 양극단에서 취하지 않고, 인간 자체를 있는 그대로 보고 중간에서 취하였다. 이는 인간의 본성에 내포된, 인간을 규정하는 사실적 근거이다. 때문에, 본성이라고 했을 때, 동중서가 고민한 본성은 공자가 말한 '중인(中人)'의 본성을 의미한다.

교육은 인간의 능력이 유사하더라도 비슷한 결과를 가져오지 않을 경우가 있다. 하물며 동일한 수준이 아닐 경우, 그 효과나 결과가 비슷하거나 동일할 수 있겠는가? 세 가지로 나눈 성품 가운데, 성인(聖人)의 차원에 있는 사람은 자각을 통해 자신의 감정과 욕망을 억제하며 반드시 선(善)한 방향으로 발전한다. 그릇이 작은 사람, 즉 두소(斗筲)에 해당하는 사람은 감정과 욕망이 강열하고 스스로 절제하기 어렵기 때문에 반드시 악(惡)한 방향으로 발전하게 된다. 이들은 교육을 통해 선으로 유도할 수 있는 대상이 아니다! 그러므로 그 중간 지점에 걸쳐 있는 보통 사람, 즉 일반 백성인 '중민(中民)'의 본성을 소유한 인간이 교육의 주요 대상이 된다. 무엇보다도 '중민(中民)'은 그들이 지닌 정(情)을

77) 名性, 不以上, 不以下, 以其中名之.

선(善)하게 바꾸어야 한다(손홍철, 2012: 287).

동중서는 인간 본성의 기준을 최고 단계인 성인(聖人)이나 최하 단계인 두소(斗筲)에 두지 않고 보통 사람인 '중민(中民)'에 두었다. 하지만 그 최종 목표는 성인(聖人)의 본성을 지향한다. 이런 점에서 그의 인간론은 본질적으로 교육에 무게중심을 두고 있다. 이것이 동중서의 교육사상적 공헌이다. '중인(中人)'이라는 일반 백성을 교육의 대상으로 적시하고, 국가교육의 근거가 되는 인성을 과학적으로 구명해 낸 것이다.

총괄하면, 동중서는 한(漢)나라를 대일통(大一統)의 국가로 만들어 낸 장본인이다. 그것은 현재까지도 중국 문화제도의 초석으로 자리하고 있다. 그는 유학을 국교로 하는 대일통의 사상을 확립하고, 이에 헌신할 수 있는 인재양성을 교육의 기본 방침으로 삼았다. 그 기초는 독존유술(獨尊儒術)을 통해 국가인재를 양성하고, 인재선발과 발탁, 관리등용과 승진의 문제를 합리적으로 시행하는 사업으로 연결되었다. 또한 동중서는 인간을 객관적으로 인식하고 인간의 기준을 상지(上智)나 하우(下愚)가 아닌, '중민(中民)'의 본성에 두었다. 성미선(性未善)과 선질론(善質論), 그리고 성삼품설(性三品說)을 통해 '중인(中人)'이라는 보통 사람을 국가교육의 주요 대상으로 삼고, 국가가 교육해야 할 구체적 근거를 마련하였다.

4. 주자의 체계적 종합

공자, 맹자, 순자, 동중서로 발전을 거듭해 온 유학은 북송오자(北宋五子; 邵雍·周敦頤·張載·程顥·程頤)를 거쳐 주자(朱子: 朱熹: 1130~1200)에 의해 종합되었다. 주자가 종합한 유학이 바로 성리학 또는 주자학이다. 주자학은 이후 중국을 비롯한 동아시아 교육에 절대적 영향을 미쳤다. 특히 조선시대의 지배적인 국가이데올로기 교육사상으로 한국 전통교육의 저변을 형성하였다.

주자의 자(字)는 원회(元晦)이고 호(號)는 회암(晦庵)이다. 중국 복건성 용계(龍溪; 지금의 南平)에서 태어났다. 주자가 활동했던 남송(南宋) 시대는 사회적 모순과 위기가 충만했던 혼란의 시기였다. 남송은 금(金)나라와 민족적 갈등이 첨예하게 대립했고, 남송의 통치계급 내부에서는 정치적 분열이 심했다. 농민 봉기도 자주 일어나 나라가 심각한 상황에 직면해 있었다. 주자의 사상은 이러한 시대를 배경으로 태동하였다(王余光/한인희·이동철 옮김, 1993: 275-277).

어린 시절 주자는 부친의 가르침 아래 유교 경전을 읽기 시작했다. 유교를 공부하는 모든 학인이 그렇듯이, 공자와 맹자처럼 성인이 되고자 자신의 뜻을 세웠다. 성년이 되면서 성리학의 대가인 이정(二程; 정명도·정이천]의 3대 제자인 이동(李侗; 李延平, 1093~1163)에게 가르침을 받았다. 이후 그는 이정(二程)의 리학(理學)을 계승하여 성리학을 집대성하였다. 이정(二程; 程子)과 주자(朱子)의 학문을 포괄적으로 인식하는 차원에서, 정자(程子)의 '정(程)'과 주자(朱子)의 '주(朱)'를 따서, 이를 '정주리학(程朱理學)'이라고 한다.

주자는 어려서부터 학문을 좋아하였다. 생각을 깊이 하고 근면하여, 성장해 가면서 엄청난 저작을 남긴 위대한 학자가 되었다. 그는 일생의 대부분을 학문을 가르치고 책을 저술하는 교육에 종사하였다. 관직에 나아가 실제로 정사를 돌본 날은 얼마 되지 않는다고 한다(미우라 쿠니오/김영식·이승연 옮김, 1996).

주자의 위대함은 동아시아 교육의 핵심으로 작용한 '사서(四書)'의 편찬에서 확인할 수 있다. '사서'는 『논어』『맹자』『대학』『중용』을 가리킨다. 『논어』는 공자의 제자들이 편집·정리한 공자의 언론집이고, 『맹자』는 맹자 및 그의 문하생들이 쓴 논저이다. 『대학』은 본래 『예기』 49편 가운데 제42편에 수록되어 있었고, 『중용』은 제31편에 수록되어 있었다. 이 가운데, 『대학』과 『중용』은 성리학의 교육 사상적 기초와 근거가 된다.

『대학』의 경우, 송대(宋代) 이전에는 크게 주목을 받지 못하였다. 사마광(司馬光, 1019~1086)이 『중용대학광의(中庸大學廣義)』를 저술하면서 『대학』—『중용』이 병칭되고, 구체적으로 연구되기 시작했다. 특히, 이정(二程)인 정호(程顥, 明道, 1032~1085)·정이(程頤, 伊川, 1033~1107)는 『대학』을 "처음 학문을 하는 사람들이 덕(德)에 들어가는 문"이라고 높이 평가하여, 『논어』『맹자』『중용』과 대등하게 다루었다. 이후, 주자가 이정(二程)의 뜻을 받들어 『대학』을 숭상하고 정이의 『대학정전』을 기초로 주해를 붙여 『대학장구』를 지었다. 그리고 『대학』『논어』『맹자』『중용』을 합쳐 사서(四書)로 명명하여, 유교의 필독서로 장려하였다. 이리하여 『대학』은 유교의 기본 경전으로서 새로운 지위를 굳히게 되었다.

『대학』의 저자에 대해서는 이설(異說)이 많다. 그러나 주자는 『대학』을 「경(經)」 1장(一章)과 「전(傳)」 10장(十章)으로 나누고, 「경」1장은 공자(孔子)의 말을 그의 제자인 증자(曾子)가 기록했고, 「전」10장은 증자의 말을 그 문인이 기록한 것으로 정돈하였다.

『대학』의 명칭에 대해서는 몇 가지 설이 있다. 첫째, 대학(大學: 太學)은 중국 고대의 최고학부로 '소학(小學)'과 상대되는 학교의 명칭이라는 것이다. 이는 대학을 교육기관으로 보고, 그 대학의 교육이념을 반영한 책으로서 『대학』을 이해한다. 둘째, 교육의 내용 또는 교육 목표와 관련된 것으로 보아, '대인의 학문[大人之學],' 즉 '어른에게 필요한 학문'이라는 설이다. 이때 '대인(大人)'을 어떻게 보느냐에 따라 의미가 달라진다. 어른[大人]을 보통 사람인 소인(小人)에 대해 지도자[다스리는 사람]로 볼 때, 어른들의 학문은 지도자를 위한 학문이 된다. 그리고 어른[大人]을 어린이[小人]에 상대한 성인(成人)의 의미로 본다면,

어른들의 학문은 아동교육이 아니라 성인교육이 된다.

이러한 의미를 지닌 『대학』은 유교의 경전 가운데 가장 체계를 잘 갖춘 저작이다. 그런 만큼 유교의 정치이론과 교육철학을 강령과 단계별 조목으로 자세하게 제시하였다. 이른바 '3강령(三綱領)'과 '8조목(八條目)'이라는 정연한 논리 체계를 갖추어 유교 사상의 기본 구조를 밝히고 있다. 동시에 참다운 학문의 체득과 전인적 완성이라는 유교의 이상적 목표와 실천 방법을 체계적으로 서술하고 있다.

유교의 기본 윤리는 가정(家庭)에서 출발한다. 가정 윤리를 국가 사회적으로 확충시켜 나라의 공통된 도덕으로 실현하려고 한다. 그러므로 부모에게 효도하고, 자식을 사랑하며, 형제간에 우애를 지킴으로써, 나아가 국가 사회의 올바른 인간관계를 윤리의 조화 위에 이루어 내려는 학문을 강조한다. 이는 모든 사람 각자가 인격적 바탕을 지녀야 가능하다. 그러므로 수신(修身)이 가장 중요시 된다.

수신(修身)은 격물(格物)로부터 시작하여 '치지(致知)→성의(誠意)→정심(正心)'의 과정을 통해 이루어진다. 수신(修身)을 근거로 '제가(齊家)→치국(治國)→평천하(平天下)'의 단계적 성장이 제시된다. 이것이 바로 유교의 근본 사상인 '자신을 수양하고 사람을 다스린다!'라는 '수기치인(修己治人)'의 도리이다.

한편, 『중용』은 한 대(漢代)부터 이미 중시되었고, 당(唐)·송(宋) 시대에도 많은 학자에 의해 연구되었다. 그러다가 송대(宋代)에 와서 이정(二程)은 『중용』을 공자 문하의 제자가 전수한 '심법(心法)'으로 존숭하고, 그 가치를 극도로 높이 평가하였다. 그 후 주자가 이정의 설을 계승·발전시켜 『중용장구(中庸章句)』를 편찬한 후, 사서의 하나가 되었다. 이때부터 『중용』은 더욱 널리 읽히고 유교의 경전으로서 확고한 지위를 차지하게 되었다. 유교의 철학을 잘 보여주는 『중용』은 성리학자들 대부분이 존숭했다.

『중용』의 저자는 사마천의 『사기(史記)』「공자세가(孔子世家)」와 정현(鄭玄)의 『삼례목록(三禮目錄)』 등에서 공자의 손자인 자사(子思)라고 전한다. 자사는 이름이 급(伋)이고, 증자(曾子)의 제자이다.

중용(中庸)의 의미와 명칭에 대해 정자는 "치우치지 않음을 중(中)이라 하고, 바뀌지 않음을 용(庸)이라 한다."라고 하였다. 주자는 그의 『중용장구』 첫 머리에 정자의 논급을 인용하여 "치우치지 않고 기대지 않아, 지나침도 미치지 못함도 없는 평상의 도리이다."라고 정의하였다.

'중용'사상의 근본은 당연히 '중(中)'에 있다. '중(中)'이란 말은 원래 깃발의 모습을 본뜬 것으로 '중앙(中央)·중심(中心)·적중(的中)' 등의 뜻이 있다. 그러나 정주학파(程朱學派)가 말하는 '중(中)'은 무조건 중간(中間)을 의미하는 것은 아니다. 일정한 두 지점 사이의 거리에서, 중간 지점을 가리키는 것만은 아니다. '중'은 그러한 기계적·물리적인 중간이 아니라는 말이다. 사람과 사람, 또는 사람과 사물 사이에 발생하는 다양한 사안에서, 누구에게나 맞는 도리(道理)이다. 가장 적절하며 합당하며 딱 들어맞는 상황을 뜻한다.

일반적으로 말하는 상식적인 의미의 무사안일(無事安逸)이나 소극적 처세관을 '중(中)'이라고 한다면, 그것은 잘못된 생각이다. 안이한 타협이나 어정쩡한 절충은 '중(中)'이 될 수 없다. 이런 행위는 '사이비중용(似而非中庸)'이다. 정자의 중용에 대한 언급에서 "중은 세상의 올바른 도리이고, 용은 세상의 정해진 이치이다."라고 했듯이, 중용은 올바른 도리이므로 부정(不正)에 대한 저항을, 또 정해진 이치이므로 정해지지 않은 비정상적인 이치에 대한 거부를 의미한다.

'중(中)'은 시간에 따라 바뀌고, 사물에 따라, 사안에 따라 다양한 차이가 있다. 존재마다 상대적이고, 상황 변화에 따라 그에 알맞은 도리가 있는 것이다. '중'은 평범한 일상의 행위 속에서 변통(變通)이 있으며, 타당한 이치의 극치이다. 달리 말하면, 세상의 모든 존재가 발휘하는 지선(至善)의 경지이다. '용(庸)'은 삶의 구석구석에서 언제 어디에나 있으며, 영원 불변하다는 뜻이다. 그러므로 중용의 도리는 가장 평범한 것 같으면서도 상당한 덕의 수양이 있어야만 올바로 행할 수 있다.

『중용』은 모두 33장으로 되어 있다. 『대학』과 체제가 다르지만, 제1장은 대학의 「경」과 같은 역할을 하면서, 인성철학(人性哲學)의 요지를 담고 있다. 제2장 이하는 대학의 「전」처럼, 공자의 말이나 고전에 나오는 사례, 또는 시 같은 것을 인용하면서 제1장의 요지를 짜임새 있게 해명하고 있다.

유교 교육철학의 기초를 제공하는 『대학』은 유교의 요지를 조직적으로 천명한다. 그 근본 사상은 유교가 목적으로 하는 수기치인(修己治人)이다. 수기(修己)는 자신의 덕을 닦는 개인적인 일이고, 치인(治人)은 백성을 다스리는 사회적 사업이다. 다시 말하면, 대학의 근본 사상은 먼저 스스로의 의무와 수양을 다하고, 나아가서 이를 기초로 천하 국가를 다스리고자 한다. 그것은 대학의 첫머리인 3강령과 8조목에 잘 나타나 있다.

먼저, 대학의 3강령을 보면 다음과 같다. "대학의 도는 밝은 덕을 밝히는 데 있고, 백성을 새롭게 하는데 있으며, 지극히 착한데 머무름에 있다."[78](『大學』「經」1章).

대학의 3강령은 '명명덕(明明德)', '신민(新民)', '지어지선(止於至善)'의 세 가지이다. 첫째, '밝은 덕을 밝힌다.[明明德]'라는 말은 '스스로 덕을 닦아 몸과 마음을 수양하는 일'이다. 둘째, '백성을 새롭게 한다.[新民]'라는 말은 '자기 수양을 기초로 하여 천하 국가의 인민을 다스려 나가는 일'이다. 다시 설명하면, 명명덕은 학문과 덕행을 닦는 일이고, 신민은 사회적 공업을 쌓는 일이다. 셋째, '지극히 착한 데 머무른다.[止於至善]'라는 말은 마지막 귀착점에 이르는 사안으로, 명명덕과 신민이라

78) 大學之道, 在明明德, 在新民, 在止於至善.

는 지선의 경지를 일상에서 꾸준히 지속해 나간다는 의미이다. 이와 같은 3강령을 보다 구체적으로 살펴보면, 교육적 의미가 분명해진다.

첫 번째, '밝은 덕을 밝힌다.'라는 의미이다. 주자에 의하면, "밝은 덕[明德]은 인간이 본래 갖추고 있는 성(性)이다. 즉 사람이 하늘로부터 부여받은 것, 타고난 본성이다. 그래서 텅 비어 있으면서도 신령하고 항상 빛난다. 온갖 이치를 갖추고 있으며, 온갖 일이 합당하게 적응하는 덕이다. 단지 기품에 구애가 되고 욕망에 가리어지면 때때로 어두워지기도 한다. 그러나 그 본체는 항상 빛나고 있어 조금도 쉬는 일이 없다. 그러므로 배우는 사람들이 때 묻지 않게 하고, 늘 밝게 닦아서 원래 타고난 대로 유지하려는 것이다." 주자는 맹자 이래로 유교의 전통인 선천적으로 타고난 양심설(良心說)을 주장한다. 명덕은 바로 '착한 마음', 곧 양심(良心)이다. 그러므로 양심을 밝히는 일이 명명덕이 된다. 이는 본질적으로 수신(修身)의 측면에서 논의한 것으로, 개인의 도덕적 완성을 꾀하는 일이다.

두 번째, '백성을 새롭게 한다.'라는 말이다. 두 번째 강령인 신민(新民)은 옛날의 주석인 고주(古註)와 정자의 새로운 주석인 신주(新註) 사이에 차이가 있다. 왕수인(王守仁: 陽明, 1472~1528)의 심학(心學) 계통이 옹호하는 고주에 의하면, '신민(新民)'은 원래 '친민(親民)'으로 되어 있다. 친민이란 '친애하다'라는 뜻으로 백성[모든 사람]들과 친근해지는 일을 말한다. 그러나 정자는 '친(親)'을 '신(新)'으로 써야 옳다고 보았다. 그래서 '신민(新民)'이라고 하였다. '신민'은 '백성을 새롭게 한다'는 의미이다.

주자는 사서(四書)를 확정·편집하면서 정자를 계승하여 다음과 같이 이해하였다. "'새롭다[新]'는 말은 옛것을 바꾸는 일이다. 즉 스스로의 착한 마음인 양심[명덕]을 밝힌 후에는 마땅히 이웃도 그렇게 되도록 영향을 미쳐서 이웃들도 묵은 때를 제거할 수 있도록 해야 할 것이다.” 주자의 생각은 군주가 정치지도자로서 백성을 교화(敎化)하는 일에 무게중심을 둔 것 같다.

‘신민(新民)’이라 하지 않고, ‘친민(親民)’이라고만 한다면, 『대학』이 지향하는 목적 가운데 절반을 차지한다고 볼 수 있는 ‘다른 사람을 다스리는 치인(治人)’의 문제를 해명하는데 한계가 드러난다. 적극성이 부족한 것이다. 지도자의 정치 행위이자 교육 활동인 치인(治人)을 실제로 구현하기 위해서는 세상을 도덕적으로 교화하여 지선의 경지에 이르게 만들어야 한다. 세상을 도덕적으로 만들기 위해서는 단순하게 백성들과 친하게 지내는 것을 넘어, 적극적으로 시대에 맞게 백성을 새롭게 교화해야 한다. 그러므로 정자와 주자의 설은 자기 수양이라는 ‘명명덕’을 기본으로 하여, 사회적 공업이라는 ‘신민’으로 개작한 것이다.

어떤 양식으로 이해하건, ‘명명덕’과 ‘신민[친민]’은 불가분의 관계이다. 착한 마음을 밝히고 양심을 연마하며 자신의 존재를 확립하는 일은 그 자체로는 양심의 발휘이자 도덕적 품성 수립에 지나지 않는다. 그러나 이는 개인을 넘어서서 공동체[사회·국가]로 확대하면, 인격적 확충성의 원칙에 따라 사회와 국가 또한 그 영향을 받아 일반적으로 건전하게 되기 마련이다.

세 번째, ‘지극히 착한 데 머무른다.[지어지선]’라는 말은 다양하게 해석할 수 있다. 중요한 점은 ‘지극히 착한 곳’이 어떤 경지인지 구체적으로 이해하는 일이다. ‘지극히 착한 경지’는 앞에서 언급한 두 가지 강령인 ‘밝은 덕을 밝힌다.’와 ‘백성을 새롭게 한다.’를 통합하는 아름다운 세상이다. 즉, 자신의 착한 마음을 깨우치며 자존감을 갖도록 하고 다른 사람을 새롭게 하여 착한 존재로 교화시키고 좋은 관계를 이루는 것이다. 개인적 수양과 사회적 공업이 동시에 이루어진 선의 경지이다. ‘지극히 착한 경지에 머무른다’라는 의미는 각자가 당연히 해야 하는 의무를 행하고 조그마한 동요도 없이 도덕적 근본주의에 안주함을 말한다. 요컨대, '명덕'과 '신민'을 일상에서 지속적으로 실천하는 일이다.

총괄하면, 『대학』의 3강령은 첫째, 개인적으로 선한 마음인 양심[명덕]을 밝히고, 둘째, 사회적으로 이웃을 새롭게 하여 공동체[국가]를 도덕화 하는 것이며, 셋째, 이런 수기치인이라는 지극히 선한 경지에 개인과 공동체를 안주시키는 일이다. 여기에서 명덕은 자기 수양에 관한 일이고, 신민은 공동체[사회 민중]에 대한 교화이다.

'명덕'과 '신민'의 선후본말(先後本末) 관계를 엄밀하게 따진다면, 자기 수양[수신]인 '명덕'이 먼저이고 근본이다. 공동체의 백성을 새롭게 하는 일인 '신민'은 나중이며 말단이 된다. 그러나 이 둘은 그 중요도를 따질 수 없을 정도로 연속적이고 통합적인 과정이다. '지어지선'은 바로 이 두 가지의 귀결점이나 종착지를 말한다. 따라서 대학의 길은 개인의 도덕적 수양인 교육과 사회의 건전한 질서 확립인 정치의 결합이다. 이는 공자의 일관된 길인 '충서(忠恕)'의 확장이다. '충(忠)'은 자기 충실로서 명덕(明德)이나 수기(修己)에 해당하고, '서(恕)'는 다른 사람에 대한 이해와 배려로서 신민(新民)이나 치인(治人)에 해당한다.

다음은 8조목(八條目)이다. "예전에 밝은 덕을 천하에 밝히려는 사람은 먼저 그 나라를 다스린다. 그 나라를 다스리려는 사람은 먼저 그 집안을 정돈한다. 그 집을 정돈하려는 사람은 먼저 그 몸을 닦는다. 그 몸을 닦으려는 사람은 먼저 그 마음을 바르게 한다. 그 마음을 바르게 하려는 사람은 먼저 그 뜻을 정성스럽게 한다. 그 뜻을 정성스럽게 하려는 사람은 먼저 그 아는 것을 극진히 해야 한다. 아는 것을 극진히 하는 것은 사물의 이치를 연구하는 데 있다. 사물의 이치가 궁구된 뒤에야 앎에 이른다. 앎에 이른 뒤에야 뜻이 정성스러워 진다. 뜻이 정성스러워 진 뒤에야 마음이 바르게 된다. 마음이 바른 뒤에야 자신의 덕이 닦인다. 자신의 덕이 닦인 뒤에야 집안이 정돈된다. 집안이 정돈된 뒤에야 나라가 다스려진다. 나라가 다스려진 뒤에야 세상이 평화롭게 된다(『大學』「經」1章)."[79]

『대학』에서는 3강령(三綱領)을 정초한 후, 그것을 실천하기 위한 여덟 가지 항목으로 8조목(八條目)을 제시한다. 8조목은 '격물(格物)', '치지(致知)', '성의(誠意)', '정심(正心)', '수신(修身)', '제가(齊家)', '치국(治國)', '평천하(平天下)'이다. '격물'은 '사물을 연구하는 일'이고, '치지'는 '연구한 것을 제대로 인식하는 일'이다. '성의'는 '뜻을 진실하게 품는 일'이고, '정심'은 '마음을 바르게 하는 일'이다. '수신'은 '몸을 닦는 일'이다. '제가'는 '집안을 가지런히 하는 일'이고, '치국'은 '나라를 다스리는 일'이며, 평천하는 '세상을 평안하게 하는 일'이다. 이를 보다 구체적으로 설명하면 다음과 같다.

첫째, 격물(格物)에 대해서이다. 주자에 의하면, 격물은 "천하 사물의 이치를 궁구하는 일," 즉 사물에 대한 연구[탐구]를 말한다. 그런데 왕양명은 격물을 "사물을 바르게 하는 것"이라고 하여 주자와 다르게 이해했다. 이는 '격물(格物)'의 '격(格)'자를 이해하는 방식의 차이에서 비롯되었다. 주자는 '격'을 '이르다', '다다른다'라는 의미의 '지(至)'로 본 반면, 양명은 '격'을 '바르게 하다'의 '정(正)'으로 보았다. 다시 말하면, 주자는 세상의 사물은 제각기 이치를 갖추고 있으므로, 그 이치를 하나하나 캐물어 나가면 사물의 표리와 정조가 훤하게 관통된다고 보았다. 그러나 왕양명은 사물에 대해 나의 의지가 있는 곳이라고 해석하였다. 주자는 사물을 객관적으로 보려고 하였으나 왕양명은 주관적으로 이해하려고 하였다.

둘째, 치지(致知)이다. 주자에 의하면, 치지는 지식을 추구하여 앎에 이르는 것이다. 현대 교육적 측면에서 보면, 지식의 계발을 의미한다.

---

79) 古之欲明明德於天下者, 先治其國, 欲治其國者, 先齊其家, 欲齊其家者, 先修其身, 欲先修其身者, 先正其心, 欲正其心者, 先誠其意, 欲誠其意者, 先致其知, 致知, 在格物. 格物而後知至, 知至而後意誠, 意誠而後心正, 心正而後身修, 身修而後家齊, 家齊而後國治, 國治而後天下平.

그것은 나의 지식을 끝까지 추구하여 알아서 모르는 일이 없도록 하는 공부이다. 지식을 한없이 넓고 깊게 구명하여 세상의 사물에 대하여 모르는 것이 없도록 하는 일이다. 그러나 왕양명은 본래 타고난 내 마음의 양지(良知)에 이르는 것으로 해석하였다. '지'는 선천적으로 타고난 양지이고 '치'는 이 양지에 이르는 작업이다.

셋째, 성의(誠意)이다. 성의는 자기의 생각을 성실히 하는 사안이다. 그러므로 자기를 속이는 일이 없도록 한다. 나쁜 냄새를 싫어하는 것처럼 악을 미워하고, 잘 생긴 여인을 좋아하는 것처럼 선을 좋아한다. 이런 것을 두고 스스로 만족하여 흡족함이라고 한다. 스스로 속이지 않음은 성의의 소극적 측면이고, 스스로 마음에 흡족해 함은 성의의 적극적 측면이다.

넷째, 정심(正心)이다. 정심은 '마음이 올바른 상태로 돌아가는 것'을 말한다. 사람의 마음에는 '기쁨, 노여움, 슬픔, 즐거움, 두려움' 등 여러 가지 정서가 있다. 정서는 감정이 지나치게 될 때, 바른 마음을 잃는다. 그러므로 뜻을 정성스럽게 갖는 동시에 그 본체인 마음을 바른 위치에 두도록 힘써야 한다. 마음이 정서와 감정에 지배당하여 그 정상적 상태인 바름을 잃으면, 어떤 사물을 보아도 보이지 않고, 어떤 소리를 들어도 들리지 않으며, 어떤 음식을 먹어도 맛을 분간하지 못할 수 있다.

다섯째, 수신(修身)이다. 수신은 '몸을 닦는 일'이다. 수신은 달리 표현하면, '인격의 수양'을 말한다. 이때 '신(身)'은 단순히 육체를 뜻하는 '몸'이 아니라 몸과 마음을 통합한 '전체적 인격'을 지칭한다. 이 수신이 바로 '밝은 마음을 밝히는 일'인 명명덕(明明德)이다. 수신은 '격물-치지'의 학문(學文)과 '성의-정심'의 덕행(德行)을 닦아 행하는 데, 핵심이 자리한다.

여섯째, 제가(齊家)이다. 대학의 도리는 기본적으로 '자기 몸을 닦고 남을 다스리는 데' 있다. 남을 다스리는 첫 걸음이 나와 가장 가까운 관계에 있는 집안의 구성원을 다스리는 일이다. 자기 집안을 다스리기 위해서는 효(孝)·제(弟)·자(慈)의 실천이 요구된다. '효'는 임금을 섬기는 도리이고, '제'는 어른을 모시는 도리이며, '자'는 여러 사람을 부리는 길이다. '효·제·자', 이 세 가지가 제가에서 가장 중요한 덕목이다.

일곱째, 치국(治國)이다. 치국은 '국가[공동체]를 다스리는 일'이다. 그 요체이자 전제 조건은 '제가'를 어떻게 이행하느냐에 달려 있다. 집안이 잘 다스려지면 자연스럽게 나라도 잘 다스려질 수 있다는 의미이다.

여덟째, 평천하(平天下)이다. 평천하는 '세상을 고르게 하여 평안하게 한다.'라는 뜻이다. 즉, 세상을 통일 국가를 만들어 태평하게 만드는 것을 말한다. 이를 위해서는 인간 사이에 삶의 논리가 요청된다. 윗자리에 있는 사람이 늙은이를 늙은이로 대접하여 모시면 그 사회는 효성스러운 기풍이 일어난다. 연장자를 연장자로 받들어 모시면 백성들이 우애하는 기풍이 생긴다. 불쌍하고 어려운 사회적 약자를 가엾게 여기면 사람들이 배반하지 않는다. 이런 자세를 '혈구지도(絜矩之道)'라고 한다. 여러 사람의 형편을 헤아리며 그에 맞게 대처하는 삶의 태도이다.

요약하면, 『대학』의 3강령 8조목은 유교가 지향하는 윤리의 근본과 도덕 실천의 원리를 적시하고 있다. '명명덕'이라는 '인격의 완성'과 '신민'이라는 '사회적 공업'의 수행을, 일상에서 도덕적 품성으로 체득하여 지속적으로 승화시키고, 8조목을 통해 수기치인의 도리를 실천한다.

한편, 『중용』은 한마디로 말하면, 천인합일(天人合一)의 이치를 설명하고, 진실함[誠]의 도리를 밝힌 사상이다. 인간의 본성[性]은 우주의 본체인 성(誠)의 표현이고, 때문에 인간은 소우주라고 생각하였다. 자사(子思)에 의하면, "하늘과 사람은 합하여 하나가 된다."라고 하여, 도덕의 근원을 하늘에 두었다. 그러므로 천도(天道)가 바로 인도(人道)이고, 만물의 근본 원리는 성(誠; 진실함)이다. 이 성은 천지의 법칙으로, 시작도 없고 끝도 없는 항구 불변의 특성을 지닌다.

『중용』의 첫 구절은 '본성'과 '길'과 '가르침'을 하나로 꿰뚫으며 인간의 길을 제기한다. "하늘이 명한 것을 본성이라 하고, 이 본성을 따르는 것을 도라고 하고, 도를 닦는 것을 가르침이라 한다(『中庸』1章)."[80] 이는 유교가 지향하는 교육철학사상의 기본 강령이다.

'성(性)－도(道)－교(敎)'의 유기체는 자연과 인간의 관계, 인간 삶의 본질적 특성을 구체적으로 구명하고 있다. 여기에서 성(性)은 하늘로부터 부여받은 천부의 성(誠)을 말한다. 모든 사물이 구비하고 있는 본성이다. 원래 인간이나 만물은 우주 자연의 원리[誠]을 그 본성으로 담지하고 있다. 그러므로 그 성품을 따라 자기를 성장시키고 움직인다. 이것이 바로 도에 합치되는 일이다. 본성은 진실한 자연의 길, 그 천도(天道)의 발현이다. 이 천도를 따라 그 본래의 사명을 행할 때, 자연스럽게 인간의 길인 인도(人道)가 구현된다. 교육[가르침]은 바로 이러한 인도를 닦아 문명의 세계를 건설하는 작업과 연관된다.

다시 강조하면, 천명(天命)에서의 천(天)은 절대적인 우주의 주재자로서 인간에게 본성을 부여한다. 본성은 인간의 존재 이유이자 이치이다. 성리학에서 '성즉리(性卽理)'라고 하는 이유가 여기에 있다. 성이 이치이므로 성을 따르는 것이 인간에게 가장 올바르고 선한 중정(中正)의 도가 된다. 따라서 '도를 닦는다'는 것은 인간의 선한 본성을 닦아 덕을 쌓는다는 의미로 이해할 수 있다. 이때 가르침은 자기의 덕을 닦고 그것을 세상에 널리 펴는 것을 뜻한다. 그러기에 사람이 삶을 영위할 때, 이 도는 잠시도 인간의 삶을 떠날 수 없다.

요약하면, '하늘이 명한 것을 성이라고 한다.'라는 말은 유교 인본주의(人本主義)의 요체가 되는 진리이다. '본성을 따르는 것을 도라고 한다.'라는 말은 덕에 나아가고 공업(功業)을 닦는 공부의 요체이다. '도를 닦는 것을 가르침이라 한다.'라는 말은 교화(敎化)와 정치(政治)를 실천

---

80) 天命之謂性, 率性之謂道, 修道之謂敎.

하는 요체이다. 한마디로 말하면, 유교가 지향하는 교육의 핵심을 담고 있다. 이러한 유교의 교육은 '성실하려는 노력'과 '내면의 실천'을 요청한다.

"성실한 것은 하늘의 도이고, 성실하게 만드는 것은 사람의 도이다. 성실한 사람은 힘쓰지 않아도 딱 들어맞고, 생각하지 않아도 터득되며, 조용히 바른길에 맞다. 이런 사람이 성인이다. 성실하게 만드는 사람은 착한 것을 선택하여 굳게 잡는다. …… 남이 한 번에 잘하면, 자기는 백 번을 하며, 남이 열 번에 잘하면 자기는 천 번을 한다. 이 방법을 잘 실천한다면, 어리석은 사람일지라도 반드시 총명해지고, 유약한 사람일지라도 반드시 강해질 것이다(『中庸』 20章)."[81]

『중용』에서 강조하는 인생의 목적은 본구(本具)의 진실한 성품(性品)을 발휘하는 데 있다. 본성을 따라 그것을 최대한 실현하는 길이다. 왜냐하면 인간의 본성은 바로 우주의 본체인 진실함이므로 이를 좇아 삶을 실천할 때, 그 결과는 자연스럽게 인간의 도리에 부합하기 때문이다. 진실함[誠]이 천도(天道)라면 본성[性]은 인도(人道)이다. 천도는 자연의 길이고 인도는 인간의 길이다. 이 진실함[誠]은 자연의 질서이지만 인간사회에 응용될 때는 도덕의 근본이자 교육의 목적이 된다. 그렇다면 인간은 어떻게 진실함에 도달할 수 있는가? 성현(聖賢)은 타고난 천재(天才)이므로 스스로 하늘의 도리를 깨우칠 수 있다. 하지만 그렇지 못한 대다수의 보통 사람들은 성실한 본성을 발휘하기 위해 어떻게 해야 하는가?

『중용』은 선(善)을 중심으로 성실하게 노력하는 인생을 최고의 가치로 삼는다. 그러기에 '성지(誠之), 즉 '성실하려고 노력하는 자세나 태도'를 중시한다. 이는 중용의 인간 이해와 관련된다. 중용에서는 인간을

81) 誠者, 天之道也, 誠之者, 人之道也. 誠者, 不勉而中, 不思而得, 從容中道, 聖人也. 誠之者, 擇善而固執之者也. …… 人一能之, 己百之, 人十能之, 己千之, 果能此道矣., 雖愚, 必明, 雖柔, 必强.

세 가지로 분류한다. 첫째는 성현과 같이 '타고나면서 아는 사람'이다. 둘째는 '나름대로 재주를 지닌 사람으로서 어려움을 극복하고 선을 행하는 사람'이다. 셋째는 '보통 사람으로 끊임없이 노력하여 장애를 극복하며 수양하여 선을 행하는 사람'이다. 이중 성현과 같은 이는 선천적으로 천도를 깨달은 사람이므로 학습이 없이도 하늘의 사명을 자각하고 발휘할 수 있다. 그러나 나머지 사람들은 노력과 수양을 통해야만 진실함의 세계, 선의 경지로 나아갈 수 있다.

그런데 현실 속에서 인간은 선을 제대로 실천하지 못하고 있다. 왜 그런가? 중용을 중시하지 않기 때문이다. 중용에서 '중(中)'은 '지나침이나 모자람이 없는 상태', 즉 '무과불급(無過不及)'이다. '중(中)'은 단순히 산술적으로 가운데 자리이거나 기하학적으로 가운데 위치는 결코 아니다. 그것은 때와 상황에 따라 변화하는 '시중(時中)'의 개념이다. 이는 『중용』에서 '중화(中和)'의 원리로 나타난다.

중(中)과 화(和)는 다음과 같이 표현된다. "기쁨·노여움·슬픔·즐거움 등이 겉으로 드러나지 아니한 것을 중이라 하고, 겉으로 드러나 절도에 맞는 것을 화라고 한다. 중이 세상의 큰 근본이라면 화는 세상의 보편적인 도리이다. 중화가 이루어지면, 천지의 자리가 바르게 되고, 만물이 제대로 길러진다."82)(『中庸』 1章).

'중'은 기쁨·노여움·슬픔·즐거움이 나타나지 않은 상태이다. 이는 인간의 본성인 마음이 겉으로 드러나지 않고, 고요하게 있을 때와 같다. 본성이 혼연일체(渾然一體)하여 치우침이 없는 공평한 상태이다. 그런데 그것이 겉으로 펼쳐질 때, 희노애락의 감정으로 드러난다. '화'는 감정으로 발휘되면서 모두 삶의 절도에 맞는 것을 의미한다. 예컨대, 기쁨·노여움·슬픔·즐거움 등은 본래 인간의 감정이자 정서로 내면에 간직되어 있다. 그것은 기쁠 때 기뻐하고, 슬플 때 슬퍼하며, 노여

82) 喜怒哀樂之未發, 謂之中, 發而皆中節, 謂之和. 中也者, 天下之大本也. 和也者, 天下之達道也. 致中和, 天地位焉, 萬物育焉.

울 때 성내고, 즐거울 때 즐기는 감정으로 표출된다. 이런 중화는 본체[體]와 작용[用]의 관계에 있다. 중은 체이고 화는 용이다. 기본적으로 보존된 마음 상태와 그것의 행위 운용으로, 둘 사이는 떨어질 수 없는 관계인 내면의 실천이다. 이러한 중화의 원리를 체득해야 진실함을 추구하는 원리를 이해할 수 있다.

희로애락이 나타나지 않았을 때의 중(中)은 인간의 본성과 같다. 이 본성을 성실하게 펼쳐 모든 사물의 절도에 맞게 하는 것이 화(和)이다. 이런 중화(中和)를 이루는 일은 성(誠)을 완수하는 것과 같다. 중화를 이루면, 세상 만물은 제자리를 찾고 잘 자란다. 모든 사물이 정상적이고 올바른 상황을 지속할 수 있다. 그러기에 '중(中)'은 세상의 큰 근본이 되고, '화(和)'는 세상의 보편적 도리가 되는 것이다.

이러한 『중용』의 교육은 인간을 바라보는 방법의 차이에서 나온다. 앞에서도 언급했듯이, 중용에서는 인간의 성품을 세 가지로 나누어 본다. 첫 번째가 태어나면서부터 아는 자인 '생이지지(生而知之)', 두 번째가 배워서 아는 자인 '학이지지(學而知之)', 세 번째가 곤란을 당해서 깨우친 자인 '곤이지지(困而知之)'이다. 여기에서 두 번째와 세 번째는 수양과 교육의 대상이다. 중용은 수양과 교육의 과정에서 '존덕성(尊德性)'과 '도문학(道問學)'의 방법을 쓴다.

존덕성은 각자가 자신의 덕성을 존중하는 일이다. 즉, 자기의 선한 마음을 보존하고 기르며, 반성하고 살피는 존양(存養)·성찰(省察)을 말한다. 도리는 나의 본성에 있고, 이 본성을 벗어나서 달리 구할 수 있는 것이 아니다. 그러므로 각자의 양심을 존중하고 존양·성찰하는 노력이 필요하다. 이 존양·성찰은 마음의 본체를 지키는 일이다. 사사로운 인간의 욕망을 막아내고 홀로 있을 때 조심하는 일이다. 이런 수양의 요체는 신독(愼獨)에 있다. 그러기에 『중용』에서는 "건전한 인격자는 보이지 않는 것을 조심하고 삼가며, 들리지 않는 것을 두려워한다. 숨은 것보다 잘 드러나는 것은 없으며, 미세한 것보다 잘 나타나는 것은 없다. 그러므로 건전한 인격자는 홀로 있을 때 삼가는 것이다."라고 하였다.

도문학은 학문의 길을 말한다. 여기에는 '널리 배우는 일'인 '박학(博學)'과 '자세하게 묻는 일'인 '심문(審問)', '진지하게 생각하는 일'인 '신사(愼思)', '밝게 분별하는 일'인 '명변(明辯)', 그리고 이를 '실제로 행동에 옮겨 실천하는 일'인 '독행(篤行)'의 다섯 가지 과정이 있다. 이는 『대학』에서 격물(格物)의 목적이 치지(致知), 즉 참된 지식을 얻는 작업과 유사하다. 이러한 공부를 통해 도달해야 하는 인간의 도덕이 '부자(父子), 군신(君臣), 부부(夫婦), 장유(長幼), 붕우(朋友)' 사이의 도리인 오륜(五倫)이다.

오륜은 천하의 보편적인 도리이다. 이 오륜을 실천하게 만드는 근본 이유가 세 가지 공통되는 덕인 '지(智)·인(仁)·용(勇)'이다. 이때 지는 오륜을 깨닫는 덕이고, 인은 오륜을 체득하는 덕이며, 용은 이를 실천하는 덕이다. 이 세 가지 덕은 중용을 행하는 근본적 작용이다. 그 근본 이유는 진실함의 추구인 성(誠)에 있다.

이런 차원에서 『중용』은 '인간의 본성은 하늘로부터 부여받은 것이고, 이러한 선한 본성을 잘 성장시켜서, 더욱 건전한 인격으로 승화시켜나가야 한다'라는 유교의 교육 체계이다. 여기에서 '중'의 내면적 가치와 '화'의 외면적 절도를 체득하여, 천도의 진실함[誠]에 다가가 성실하려는 노력[誠之]이 중시된다. 그 핵심 방법이 자신의 덕성을 존중하고 지속적인 학문 실천을 수행하는 일이다.

그렇다면 『대학』과 『중용』은 유교의 전통 교육에서 볼 때 어떤 역할을 할까? 그것은 표리일체(表裏一體)의 교육론으로 드러난다. 『대학』과 『중용』은 공통적으로 머릿장에서 이론적 선언을 하고, 나머지 장은 머릿장을 자세하게 설명하면서 인간이 어떻게 해결해 나가야 하는지 구체적 방안을 제시해 주는 형태를 취하고 있다.

『대학』은 "대학의 도는 밝은 덕을 밝히는 데 있으며, 백성을 새롭게 하는 데 있으며, 지극히 착함에 머무르는 데 있다."라는 3강령과 "대상을 탐구하고, 알아서 깨닫고, 뜻을 성실히 하여, 마음을 바르게 하고, 몸을 닦고, 집안을 가지런히 하고, 나라를 다스리고, 천하를 평화롭게 한다."라는 8조목을 구체적으로 펼쳐 나가려는 이론과 실천의 근거가 담겨 있다. 또 『중용』은 첫 세 구절인 "하늘이 명한 것을 성이라 하고, 성을 따르는 것을 도라 하며, 도를 닦는 것을 교라 한다."라는 구절의 구체적 이해와 실천의 체계이다.

율곡은 그의 『성학집요(聖學輯要)』「통설(統說)」에서 『대학』과 『중용』을 "서로 바깥이 되기도 하고 안이 되기도 하여, 몸을 닦고 사람을 다스리는 도가 갖추어져 있다"[83]라고 판단하였다. 그리하여 "천명의 성은 명덕의 갖춘 바이고, 솔성의 도는 명덕의 행한 바이며, 수도의 교는 신민의 법도이다."[84]로 정돈하였다. 하늘이 명령한 성(性)은 인간의 입장에 보면 '인간의 이치[理]'인 본성의 이치[性理]이다. 이 성(性)은 마음에 따라 정해진다. 따라서 '밝은 덕'인 마음이 갖춘 바가 된다. 이 마음(心) 작용은 '정신활동의 총체'라는 측면에서 본성[性]의 능력과 동일한 의미로 이해할 수 있다. 이미 밝고 착한 존재이므로 그 길을 따르는 것이 바로 밝은 덕을 행한 바가 되고, 밝은 덕을 행해야 한다는 방법적 가르침이 백성을 새롭게 개명시키고 의식화하는 신민의 방법이다. 이는 교화(敎化)라는 이름으로 행해지는 교육의 양식이다.

하늘의 명령은 인간이 인식하고 파악한 세계의 이치를 인간이 자발적으로 부여한다. 객관적으로 존재하는 하늘이 외부로부터 인간에게 명령하여 주입한 것은 아니다. 인간은 자신에게 스스로 명령을 부여하고 스스로 복종하기를 강요하는 필연적 질서를 만들었다. 천명(天命)은 모든 사물에게 제 각각의 성(性)이라는 본질적 이치를 갖도록 인간이 파

83) 中庸大學, 首章之說, 實相表裏, 而手記治人之道, 無不該盡.
84) 天命之性, 明德之所具也. 率性之道, 明德之所行也. 修道之敎, 新民之法度也.

악한 세계관이다. 인간에게서 이 성은 명덕(明德; 밝고 큼)이라는 개념으로 표현된다. 밝고 큰 것은 '마음'이다. 마음은 인간의 정신이 활동하는 전반적 상황을 대변한다. 그래서 밝고 큰 마음을 '허령불매(虛靈不昧)'로 표현한다. 때문에 모든 이치를 갖추고, 모든 대상을 인식하며, 사물에 의미를 부여할 수 있다(『大學』「經」 註).[85]

인간의 행위는 마음의 지향에 따라 결정된다. 그런데 마음에 이미 밝고 큰, '착함'이라는 이념을 부여했다면, 그로부터 발출되는 모든 행위는 착하게 펼쳐 나온다고 유추할 수 있다. 이 착하게 표출되리라는 인간의 자기 믿음이 성(性) 또는 마음[心]에 부여되고, 그에 따르는 자연스러운 인간의 행동을 도(道)로 보게 하는 근거이다. 이 도는 개인에게는 자기 몸의 완성을 위한 과정으로서 천리(天理)의 회복을 요구한다. 사회적 준칙으로서는 공동체를 유지하고 개혁해 가는 질서로 작용한다. 사회적 준칙은 그 사회 구성원의 대다수가 인정한 사회 유지의 기본 잣대이다. 사회 유지를 위해 이런 표준이나 질서를 전수하는 과정이 다름 아닌 교육이다. 인간의 조화로운 사회적 관계를 형성하고 유지하는 공동체 차원의 교육이 되는 것이다(고대혁, 1995: 276). 이로 미루어 볼 때, 유교[성리학]의 인도(人道)는 어찌면 사회 질서 유지의 기본으로서 인간 대대로 전해 내려가야 할 필연 법칙으로 판단된다.

수기(修己)로 상징되는 유교의 교육 이론 정립을 위한 『대학』과 『중용』의 연결은 천명(天命)이라는 인간 성(性)에 따른 삶 자체가 어떤 행위와 지향을 따라 사회를 이끌어 가며, 그 사회의 건전한 유지와 발전을 모색하느냐와 직결된다. 그것은 인간사회의 건전한 회복을 꾀한다. 이는 다음과 같은 도식으로 설명할 수 있다(김형효, 1985: 180−181).

85) 明德者, 人之所得乎天, 而虛靈不昧, 而具衆理而應萬事者也.

	↑↓	至善之體	-----	天命之性	-----	性　論	↑↓	
中論	↑↓	至善之用	-----	率性之道	-----	情　論	↑↓	中論
	↑↓	止於至善	-----	修道之教	-----	德行論	↑↓	

지선(至善)의 본체(本體)는 『중용』이 말하는 '천명지성(天命之性)'과 같고, 지선(至善)의 활용(活用)은 『중용』의 '솔성지도(率性之道)'가 된다. 『대학』이 말한 '지어지선(止於至善)'의 개념은 『중용』에서의 '수도지교(修道之教)'의 개념과 상통한다. 위의 도표에서 화살표가 내려오는 방향은 자연의 화육(化育) 질서를 상징하고, 올라가는 방향은 인간의 교육(教育) 질서를 말한다.

이는 곧 인간성의 회복과 건전한 사회로의 지향을 담은 인간의 존재 확인과 해명이다. 이를 위한 근본이 인간의 자기 수양이다. 인간의 존재 규명과 바른 행위의 탐색, 그리고 지속적인 자기확인의 시도이다. 이를 다음과 같이 간략히 정리해 볼 수 있겠다.

中庸	天命 之 性	率性 之 道	修道 之 教
大學	明德 之 所具	明德 之 所行	新民 之 法度
교육적 독해	* 인간의 존재 원리·근거 (밝은 덕을 갖춤) * 마음에 본래 갖추고 있는 것은 착한 마음, 즉, 밝고 큰 마음, 양심(良心)이다.	* 인간(마음)의 지향과 운동(행위) (밝은 덕이 행하는 움직임의 지향) * (착한) 마음에 따른 행동으로 표출된 사회적 준칙으로서의 질서체계	* 인간 존재와 행위의 지속 * 사회 준칙의 전수에 따른 사회 유지방법으로서 교육

그렇다면 수기(修己)의 응용과 실천 양식에서 『대학』과 『중용』은 어떤 관련성을 지니고 있을까? 그 구체적인 행동 패턴은 다음과 같이 연결된다. “계구(戒懼)라는 것은 고요하게 있으면서 마음을 바르게 하는 따위이다. 신독(愼獨)이라는 것은 움직이며 살펴서 뜻을 진실하게 하는 따위이다. 중화(中和)를 이룩하여 제자리를 기른다는 것은 명덕(明德)·신민(新民)이 지극히 착한데 그쳐 명덕을 세상에 밝히는 일을 말한다(『聖學輯要』「統說」).”[86]

계(戒)와 구(懼)는 경계하고 조심하며 두려움을 느끼는 마음 상태이다. 『중용』에서 도(道)는 잠시도 떠날 수 없는 ‘항시적(恒時的)’인 것이었다’. 이 ‘항시적’인 것, 언제나 지니고 있어야 하는 마음가짐이 바로 ‘계(戒)’와 ‘구(懼)’이다. 이에 대해 주자는 “군자의 마음은 항상 공경함과 두려움을 두어 남들이 보고 듣지 않을 때라도 소홀히 할 수 없다(『中庸』1章 註)”[87]라고 했다. 이것이 『대학』에서는 ‘고요하게 보존하여 마음을 바르게 한다.’라는 행위로 나타난다. 그리고 신독(愼獨)은 움직임을 살펴 뜻을 진실하게 다하는 것으로 도(道)의 항시적이고 은미함에 대해 인간의 마음을 투철히 쓰라는 의미이다. 신독은 결국 계구의 연장이며 마음의 최선을 다하는 모습을 형용한 개념이다. 그리고 『중용』의 핵심인 중화(中和)를 이루어 전인적 인간을 육성하는 교육 사업이 『대학』의 지극히 착함에 머무르는 것과 동일하다. 이는 인간관계에서 가장 이상적이며, 사회 체제에서도 이상적임을 말한다.

『중용』에서는 “그 보이지 않는 바에 경계하고 삼가며, 그 들리지 않는 바에 조심하고 두려워한다(『中庸』1章).”[88]라고 양식으로 계(戒)·구(懼)를 설명하고 있다. 보이지 않는 것과 들리지 않는 것은 모양과 소리를 파악할 수 없는 존재의 총칭이다. 모양과 소리를 인식할 수 없는

86) 戒懼者, 靜存而正心之屬也. 愼獨者, 動察而誠意之屬也. 致中和, 而位育者, 明德新民, 止於至善, 而明明德於天下之謂也.

87) 君子之心, 常存敬畏, 雖不見聞, 亦不敢忽

88) 君子, 戒愼乎其所不睹, 恐懼乎其所不聞.

것은 인간의 눈과 귀로서 감지할 수 없는 대상 세계이다. 오관(五官)으로서의 일차적 기능인 '보고 듣는 것'을 넘어서 있는 모든 대상은 형식적으로는 알기 어렵다. 따라서 인간은 이에 대해 일정한 거리를 두고 신중히 파악하며 대처해야 한다.

인간사회라는 범주로 그 범위를 제한할 때, 경계[戒]와 두려움[懼]은 상대방에 대한 적절한 거리의 유지를 의미한다. 어쩌면 인간 행위에서 최초의 출발점이 내면적 경계와 외면적 공손이라는 이중성을 갖는다. '두려움'의 의미는 어떤 대상에 대해 느끼는 감정의 강도가 나의 마음을 압도하고 있음을 보여준다. 두려움의 대상에 대해 인간은 대부분 외면적으로 위축되면서 떨게 되고 공손해지게 마련이다. 그러나 이 경계와 두려움을 고요하게 보존하면 마음을 바르게 하는 데로 나갈 수 있다. 경계와 두려움이라는 조절의 평형이 『대학』의 정심(正心)으로 드러난다. 이는 『중용』의 내·외면적 조절작용이 『대학』의 내면적 집결인 마음으로 수렴되어 수기(修己; 修養) 교육의 방향을 제시한 단초로 작용한 것이다.

이어서 '홀로 있을 때를 삼간다.'라는 신독(愼獨)은 한층 나아가 인간의 행위 요령을 심화한다. "숨어 있는 것보다 드러나는 것이 없고, 미세한 것보다 뚜렷한 것이 없다(『中庸』1章)."[89] 때문에 인간은 남에게 보이거나 직접 들리지 않는 혼자만의 공간에서 자기의 행위를 조절하며 스스로의 삶을 가꾸어 가야 한다. 일종의 자기 교육이다. 인간이 '홀로 있을 때'를 규정하기란 쉽지 않다. 외면으로 보이는 물리적 공간에서 여러 사람과 함께 있으면서도 보이지 않는 내면으로는 '혼자'라는 생각이 들 때도 있고, 내면이건 외면이건 홀로 외딴 데 거처할 때도 있다.

유교는 현실 속에 직접 살아가는 인간을 전제로 한다. 그러므로 '홀로 있을 때'란 사회현실을 살아가는 개체로서의 인간, 사회관계에서 홀

89) 莫見乎隱, 莫顯乎微, 故君子, 愼其獨也.

로 거처하는 인간의 내·외면적 형식 일체를 뜻한다. 이런 의미에서 신독(愼獨)은 무한한 관계의 틀을 가진다. 바슐라르의 경우에도 공간에 대해 이런 견해를 보였는데, 유교의 이런 사유와 비유하며 교육적으로 고려할 만하다.

"무한은 우리들의 내부에 있다. 그것은 삶이 억제하고 조심성이 멈추게 하지만 고독 가운데서는 다시 계속되는 일종의 존재의 팽창과 결부되어 있다. 우리들은 움직임 없이 있게 되자마자, 다른 곳에 가 있게 된다. 우리들은 무한 세계 속에서 꿈꾼다. 무한은 움직임 없는 인간의 움직임이다. 무한은 조용한 몽상의 역동적 성격의 하나이다."(가스통 바슐라르/곽광수 옮김, 1990: 343).

바슐라르의 공간에 대한 인식을 통해, 우리는 '홀로 있는 상황[獨]'을 새로운 방식으로 구명할 수 있다. '홀로 있다[獨]'라는 유교적 공간 개념이 과연 인간이 살아가는 현실 사회의 지평에서는 어떤 양상인지 규명해낼 때, 인간의 행위요령과 방향을 설정해 나갈 수 있다. 이는 인간관계망(罔; 空間)에서 수기(修己)의 방향과 의미를 제공해주는 계기이다.

유교는 세상의 움직임을 잘 살펴 '뜻을 성실히 하라'고 권유한다. 사회 지평 속에서 무한한 내면의 공간을 활용하여 어떤 일이건 진실로 최선을 다하라는 의미이다. 이는 사람이 보건 보지 않건 관계없이 자기의 삶을 살아가는 사업일 뿐이다. 그래서 자기도 모르게 '신독'으로 행한 행위는 사회적 모범이 되고, 누구에게나 지켜지기를 바라는 규범으로 변한다. 이 '신독'이 바로 『중용』 수기교육(修己敎育)의 핵심 이론이다.

여기에서 중화(中和)는 수기(修己)의 실천 결과로 나타나는 효과라 할 수 있다. 경계와 두려움, 신독을 통해 중화의 세계로 들어간다면, 이 세상의 모든 움직임은 자연스러운 상태를 회복되어 최적의 운동을 진행할 수 있다. 『중용』에서 중(中)과 화(和)는 펼쳐지지 않은 상태와 펼쳐진 상태로 구분한다(『中庸』 1章).[90] 그 대상은 기쁨·노여움·슬픔·즐거움[喜·怒·哀·樂]이다. 이런 인간의 감정은 마음에 내재되어 있다. 그러나 그 발동은 마주하는 사물에 따라 달라진다. 중(中)은 인간 속에 내재되어 있으나 발현되지 않은 어떤 것이다. 쉽게 말하면, 인간의 마음이다. 중요한 것은 대상에 따라 중[마음]을 발현했을 때, 그 대상의 상황에 맞느냐의 여부이다. 그 대상의 상황에 딱 들어맞게 펼쳐진 것이 화이다. 따라서 중과 화는 '상황 논리의 정합성'이다. 이 상황 논리의 정합성에 따라 인간의 행위가 펼쳐진다면, 인간이 바라는 '지극한 착함'에 자연스럽게 이르게 된다.

앞에서도 언급했지만, 중용의 중화 논리는 다음 구절에서 더 명확해진다. "중이라는 것은 세상의 모든 행위가 이루어지는 큰 뿌리이다. 화라는 것은 세상 어디에서나 이루어져야 할 길이다. 중과 화의 지극한 데 이르면 하늘과 땅이 제자리를 찾고 만물이 잘 자랄 것이다(『中庸』 1章)."[91]

중(中)은 근본이다. 식물에서는 뿌리지만 인간에게서는 마음에 해당한다. 이런 근본은 본래 그러한 본체론적 세계이다. 화는 인간이 달성해야만 하는 공통의 길이자 도리이다. 중(中; 중심)은 '도덕적 본체' 또는 '모든 존재의 근본'이고, 화(和; 조화)는 '도덕적 질서' 또는 '세계의 보편적 법칙'이다(林語堂/민병산 역, 1972: 138-139). 중은 인간이라면 누구나 가지고 있는 것, 바로 정신적 실체의 총합인 마음이다. 마음은 인간의 모든 감정 요소를 포괄적으로 지니고 있으며, 이를 때에 따라 발현할 수 있다. 발현의 과정에서 인간 공통의 길을 따라야 한다는 것이 유교의 가르침이다.

다시 강조하면, 중화(中和)는 인간이 지어지선(止於至善)의 전제조건으로서 내면과 외면의 통일을 구한다. 그렇기 때문에 항상 동적 평형

90) 喜怒哀樂之未發, 謂之中, 發而皆中節, 謂之和.
91) 中也者, 天下之大本, 和也者, 天下之達道. 致中和, 天地位焉, 萬物育焉.

(Dynamic Equilibrium)을 유지하려고 한다(김용옥, 1995). 중(中)이라는 것은 우주의 본체라고 말해도 좋고 더 어마어마한 무엇으로 말해도 좋으나 반드시 '성(性)－도(道)－교(敎)'의 유기체로서 함께 생각해야 한다. 유교에서 말하려는 것은 '성(性)－도(道)－교(敎)'가 궁극적으로 희로애락(喜怒哀樂)이라는 인간 감정의 문제라는 것이다. 이때 교(敎; education)의 핵심은 바로 이 희로애락의 감정을 조절할 줄 아는 인간 형성에 있다.

이렇게 볼 때, 수기를 위한 『중용』과 『대학』의 연관성을 다음과 같이 정리할 수 있겠다.

中庸	戒(戒愼) 懼(恐懼)	愼獨	(致)中和
大學	正心	誠意	止於至善
교육적 독해	마음을 고요하게 보존하여 바르게 할 것	세상의 움직임을 관찰하여 자기의 주체성을 잘 발현할 것	인간이 지향하는 이상사회의 모습 - 동적 평형으로서의 극치 - 靜

결론적으로 정돈하면, 유교가 인식한 수기교육(修己敎育)은 『대학』과 『중용』에 요약되어 있다. 『중용』은 '천명(天命; 性)－솔성(率性; 道)－수도(修道; 敎)'라는 필연적 근거를 제시하여 인간의 수기 과정, 즉 교육을 총괄적으로 제시하였다. 『대학』은 명덕(明德; 마음)을 밝혀 나가는 실천 이론으로 체계적 수기교육 이론을 전개하였다.

제 5 장

조선 유교

1. 성리학의 도입

조선 유학의 바탕이 되는 성리학(性理學)이 언제 우리나라에 들어왔는지 정확하게 구명하기 어렵다. 중국에서 송(宋)이 발흥할 무렵, 고려 인종(仁宗)대를 전후한 시기인 11~12세기로 추정된다. 당시 고려는 송나라와 빈번히 교류하는 상황이었고, 이때 많은 서적이 유입되었다. 특히, 왕에게 행해진 경전(經傳) 강론(講論) 가운데 성리학에서 중시 여기는 심성(心性) 수양과 관련된 용어인 '성명도덕지리(性命道德之理)'라는 말이 사용된 것으로 보아, 인종 때 이미 성리학이 수용된 것으로 생각된다.

성리학(性理學)이라는 용어는 '성명의리지학(性命義理之學)'을 줄인 말이다. 심성(心性)의 수양을 중시하면서, 규범 법칙 및 자연 법칙으로서의 이치인 '리(理)'를 깊이 연구하여 그 의리를 완전하게 실현하려는 유교 가운데 하나이다. 다시 말하면, 존심양성(存心養性)과 궁리(窮理)를 지극히 중시함으로써 종래의 유학을 형이상학적으로 재구성하고 발전시킨 것이다(윤사순, 1987: 9).

앞에서도 언급했지만, 성리학이 정주학으로 집대성된 것은 주자에 의해서이므로, 본격적인 성리학의 도입은 13세기 후반의 안향(安珦: 1243~1306)에 의해서 이루어졌다(「한국교육신문」, 2008. 11). 안향은 고려 충렬왕 15년(1289년)에 충선왕이 원나라 서울로 갈 때, 따라가서 마침내 주자의 저술을 만나는 계기를 얻었다. 이때 안향이 새로 간행된 『주자전서(朱子全書)』를 베껴왔다고 전한다. 그러나 안향이 머무른 시간이 짧고 주자학에 대한 연구를 할 겨를이 없었을 것으로 보아, 대략적인 요지를 알아 왔을 것으로 짐작된다(김충렬, 1987: 160).

안향이 활동하던 시기, 고려는 무신(武臣) 세력이 장기간 집권하여 정치적으로 불안정하였다. 몽고의 침탈로 국가 주권이 상실 위협에 놓이는 등, 국·내외적으로 심각한 위기에 처해 있었다. 뿐만 아니라 고려 건국 때부터 중시되었던 불교도 부패하여 흉흉한 민심을 바로 잡아 주지 못했고 미신과 무속이 성행하였다.

안향은 18세에 과거에 급제하여 관직에 몸을 담게 되었다. 이 당시 고려는 90여 년이라는 장기간의 무신 집권 체제가 막을 내리고, 몽고와의 전란도 종식된 시점으로, 고려사에서 새로운 시대를 모색하던 시기였다. 이때 국가도 신흥 관료 등용 정책을 실시하였는데, 이에 부응하여 안향도 관직에 진출하게 되었다. 안향은 뛰어난 문장력을 인정받아 왕의 교지나 외교문서를 작성하는 등 국사에서 중요한 업무를 담당하면서 빠르게 승진하였다.

안향이 교육자로서 자신을 드러내기 시작한 계기는 36세 때이다. 학문 진흥과 교육을 담당하는 직무인 국자사업(國子司業)에 임명되면서 교육적 전환기를 맞게 되었다. 그의 탁월한 학문적 소양과 문제의식을 바탕으로 안향은 새로운 인생의 지형도를 그리기 시작했다. 다름 아닌 '학문을 일으키고 인재를 양성하는 일을 나의 임무로 삼는다'는 삶의 각오였다.

10여 년 후, 안향이 47세 되던 해, 국가는 그에게 학문 진흥과 교육 부문의 명예수장인 고려유학제거(高麗儒學提擧)의 임무를 부여하였다. 이를 계기로 안향은 당시 국왕인 충렬왕의 원나라 행차에 수행하게 되었다. 그리고 원나라의 수도인 현재의 북경에서 우리 역사의 일대 전환을 가져올 문화적 경험을 하게 된다. 그것은 다름 아닌 주자학으로 일관된 학풍이었다.

주자학을 접한 안향은 주자의 사상을 마음 깊이 찬동하고, 주자를 유교의 정통 학맥으로 인정하였다. 그리하여 주자의 글 가운데 중요한 것을 손수 하나하나 베꼈다. 또한 유교의 창시자인 공자와 그것을 중흥시킨 주자의 초상화를 모사하여 이듬해 봄에 귀국하였다. 이것이 우리나라에 주자학이 본격적으로 전래되는 계기이다. 이후에도 두어 번 원나라를 다녀오면서 그의 신념은 더욱 확고해진다.

안향은 56세 때, 집현전태학사(集賢殿太學士)·수문전태학사(修文殿太學士) 등, 국가의 교육과 관련한 주요 관직을 맡았다. 이때부터 본격적으로 학문 진흥과 교육 사업을 담당하게 되었다. 특히 59세 때는 자신의 사저(私邸)를 국학(國學)의 문묘(文廟)로 조정에 헌납하였다. 뿐만 아니라, 봉급과 토지 및 노비마저도 국학의 진흥을 위하여 나라에 바쳤다. 국가의 학문 부흥을 위해 개인의 모든 재산을 기부한 것이다.

환갑을 넘긴 안향의 활동은 교육적 사명의식으로 뭉쳐있었다. 61세 되던 해, 그는 국학의 '섬학전(贍學錢)' 설치와 양현고를 충당하였다. 섬학전과 양현고는 일종의 장학기금에 해당한다. 국고가 바닥에 날 지경에 이르자 안향은 이러한 학문 진흥책을 마련하였는데, 그것은 『증보문헌비고』「학교고」에 자세하게 기록되어 있다.

"충렬왕 30년 5월에 찬성사(贊成事) 안향이 국학을 보조하기 위해 섬학전을 넉넉하게 할 것을 건의하였다. 안향은 학교가 날로 쇠퇴함을 근심하여 양부(兩府)에 다음과 같이 문제를 제기하였다. '재상의 직책은 인재를 교육하는 일보다 우선 할 것이 없습니다. 지금 양현고가 바닥이 나서 훌륭한 인재를 기를 자본이 없습니다. 청컨대, 여러 관료 신하들에게 은(銀)이나 포(布)를 관료의 등급에 따라 차등 있게 내도록 하여 섬학의 자본으로 삼으십시오.' 그러자 왕도 내고(內庫)의 재물을 내어서 도왔다. 하지만 밀직(密直) 고세(高世)가 자신은 무인(武人)이라고 하면서 돈 내기를 반겨하지 않았다. 이에 안향은 이렇게 꾸짖었다. '공자의 유교는 온 세상에 모범이 되었다. 신하가 임금에게 충성하고, 자식이 부모에게 효도하는 것, 이런 훌륭한 인륜이 누구의 가르침인가? 만약, 나는 무인이므로 학생을 기르는 데 구태여 돈을 낼 필요가 없다고 말한다면, 이는 공자를 무시하는 짓이다. 그게 옳은 행동인가?' 고세가 이 말을 듣고 부끄러워하며 바로 돈을 내었다. 그리고 안향은 남은 재물을 박사 김문정에게 주고 그를 중국에 보내어 선성(先聖)과 70자상(七十子像)을 그려오고, 제기(祭器)·악기(樂器)·육경(六經)·제자(諸子)·사(史) 등을 구해 오게 하였다. 그리고 이산·이진 등을 천거하여 경사교수사(經史敎授使)를 삼았다. 그렇게 하자, 국학의 7재와 사학 12도의 학생이 경전을 가지고 수업하는 자가 수백을 헤아렸다."

환갑을 넘긴 교육철학자의 꿈은 간절했다. 학문을 부흥하여 국가를 건강하게 만들어야 한다는 것! 그 이상도 그 이하도 아니었다. 그것이 '재상의 직책은 인재를 교육하는 일보다 시급한 것이 없다'라는 호소로 나타났다. 국가 지도자급 인사들은 국가의 인재를 충실히 길러 내어 국가를 튼튼하게 만들어야 한다. 그것은 현대적 의미에서 국력의 내실화와 경쟁력의 강화이다. 나아가 국학박사(國學博士)를 중국에 파견하여, 유교 관련 서적과 주자신서(朱子新書)와 예 의식에 소용되는 물품을 구입함으로써 유교 교육의 발판을 마련하였다.

안향이 62세 되던 해에는 국학의 대성전(大成殿)이 준공되었다. 이에 국학은 시설 측면에서 어느 정도 정비되었다. 이제 국가 최고의 교육기관이자 인재 양성의 산실로서 국학은 새로운 교육을 꿈꿀 수 있게 되었다. 안향은 이산·이진 등을 시켜서 주자의 성리학 교육을 체계적으로 시행하였다.

안향이 쓴 「국자학의 여러 학생에게 일러주는 글[論國子諸生]」을 보면, 그의 학문에 대한 성향과 애착을 확인할 수 있다.

"성인의 도는 일상생활의 윤리에 불과하다. 자식은 마땅히 효도하고, 신하는 마땅히 충성하며, 예로 집안을 바로잡고, 신의로 벗을 사귀며, 자신을 수양할 때는 반드시 경(敬)으로 해야 하고, 사업을 일으켜 세우는 데는 반드시 성(誠)으로 해야만 한다. 저 불교(佛敎)는 부모를 버리고 출가하여 인륜을 무시하고 의리에 역행하니, 일종의 오랑캐 무리이다. 근래에 전란의 여파로 학교가 파괴되어, 유교를 배우려는 학자는 배울 바를 모르고, 배우고자 하는 사람은 불경(佛經)을 즐겨 읽어 그 아득하고 공허한 교리를 신봉하니, 나는 이를 매우 슬퍼한다. 내 일찍이 중국에서 주자의 저술을 보니 성인의 도를 밝히고 있다. 선불교(禪佛敎)를 배척한 주자의 공로는 공자와 짝할 만하다. 공자의 도를 배우려면 먼저 주자를 배우는 것보다 나은 것이 없다. 여러 학생은 주자의 새로운 서적을 돌려가면서 읽고 배우기를 힘써 소홀하지 말라."

안향은 유학, 특히 주자 성리학의 핵심을 압축적으로 설명하고, 일상의 삶에서 벗어난 불교와 당시 사상계를 비판하였다. 그리고 고려를 부흥하기 위한 학문적 장려책으로, 공자 이후 유교의 도통을 주자로 확정하고 주자학의 연구를 권면하였다.

2. 조선 유교의 흐름

조선 왕조는 건국과 더불어 성리학 이론과 정통론의 신념으로 무장된 도학(道學)을 국가의 교육 이념으로 받아들였다(금장태, 1994: 10~12; 윤사순, 1987: 9~29). 그리고 이전의 불교에 대해서는 억압 정책을 폈다. 조선 초기, 역대 임금들은 유교 이념에 입각하여 사회 제도를 전면적으로 개혁하였다. 세종(世宗)대에는 유교적 국가 의례와 제도를 크게 정비하였으며, 유교적 교화 체계를 조직적으로 정비하여 유교사회의 기틀을 확립하였다.

특히, 조선조 개창의 주역인 정도전(鄭道傳, 1342~1398)과 권근(權近, 1352~1409)의 성리학 연구는 주목할 만하다. 정도전은 성리학에 입각하여 불교를 철저히 비판하였다. 왜냐하면 불교는 사회생활을 소홀히 함으로써 유교적인 윤리를 지키지 않고, 국가 생활마저도 비교적 소홀히 하는 약점이 있었기 때문이다. 반면에 성리학은 윤리를 중시하고 국가를 이롭게 할 수 있다고 인식하였다. 이런 신념은 새로운 국가체제를 위한 통치이데올로기로서 유교를 관학(官學)의 위치에 끌어올렸다. 권근은 정도전과 달리 불교 비판보다는 순수한 성리학 연구를 주로 하였다. 그의 『입학도설(入學圖說)』은 초학자들을 위한 성리학 입문서로 『대학』과 『중용』 등 성리학의 주요 내용에 대해 그림을 그리고 해설한 것이다. 도설 가운데 「천인심성합일지도(天人心性合一之道)」를 맨 앞에 놓고, 인간의 마음과 본성에 대한 설명에 치중하면서, 이후에 펼쳐질 사단칠정(四端七情) 논쟁의 기초를 마련하는 등, 조선 초기 성리학의 교육철학적 탐구에 기본 방향을 제시하였다.

조선 전기의 유학자들은 공신(功臣)과 관료(官僚)가 주축을 이룬 훈구파(勳舊派)와 도학(道學) 정신을 바탕으로 실천에 주력하는 신진 세력인 사림파(士林派)의 대립 양상을 보였다. 이것이 각종 사화(士禍)로 표출되고, 그 결과 사림이 화를 입게 되었다. 그럼에도 불구하고 포은(圃隱) 정몽주(鄭夢周, 1337~1392)나 야은(冶隱) 길재(吉再, 1353~1419)처럼 고려 왕조에 충절을 지키거나 사육신(死六臣; 성삼문·박팽년·유응부·이개·하위지·유성원)이나 생육신(生六臣; 김시습·원호·조려·성담수·남효온·이맹전)처럼 세조(世祖) 왕위 찬탈에 항거하여 절의(節義)를 숭상하였던 사림파는 15세기 조선 유교의 이념적 성격을 형성하였다. 이는 사림정신(士林精神)으로 구현되었다. 사림정신은 대의(大義)·의리(義理)·명분(名分)으로 일컬어지는 성리학적 규범을 철저히 실천하려는 것이다. 이는 훗날 '도학(道學)의 학통'을 형성하게 된다. 도학은 성리학의 도학적 측면인 '의리(義理)'의 구현을 기준으로 설정되었다. 그 학통(學統)은 정몽주－길재－김숙자(金叔滋, 1389~1456)－김종직(金宗直, 1431~1492)－김굉필(金宏弼, 1454~1504)－조광조(趙光祖, 1482~1519)로 이어진다.

조선 중기인 16세기에는 도학의 이상 정치가 조광조 등 사림파에 의해 추구되다가 실패하였다. 하지만, 결국 선비들이 정치의 담당자가 되는 사림 정치의 시대를 열었다. 이 시기에 와서 성리학은 본격적으로 이론 탐구에 들어간다. 특히, 화담(花潭) 서경덕(徐敬德, 1489~1546)과 회재(晦齋) 이언적(李彦迪, 1491~1553)을 거쳐 퇴계(退溪) 이황(李滉, 1501~1570)과 남명(南冥) 조식(曺植, 1501~1572), 율곡(栗谷) 이이(李珥, 1536~1584)를 중심으로 전개된 '사단칠정에 대한 이기해석론'은 사상의 깊이가 심오하기 그지없다. 퇴계의 사칠논변(四七論辯)은 심성설(心性說)에 한정되기는 하였으나 중국 성리학의 수준을 능가할 정도로 깊이가 있다. 이후에 영남학파(嶺南學派)·기호학파(畿湖學派), 또는 퇴계학파(退溪學派)·남명학파(南冥學派)·율곡학파(栗谷學派)라는 유교의 학파를 형성하기에 이른다. 이 시기부터 소수서원(紹修書院)을 비롯하여 고등교육 기관급의 서원 설립이 활발해져서 향촌의 유림 활동이 확산되었다. 또한 지역 사회에서 향약(鄕約)이 시행되면서 향촌 질서 유지를 위한 유교적 교화(敎化)가 활발해졌다.

17세기에 들어서서는 가정의례(家庭儀禮)를 중심으로 예학(禮學)이 발달하였고, 청나라를 배척하고 명나라를 존숭하는 의리론인 '화이론(華夷論)'이 강화되면서 정통 도학이 강력하게 영향력을 발휘하였다. 예학은 성리학의 형식주의적 객관화로 드러난 학문이다. 당시 가례(家禮)의 보급과 오륜(五倫)에 입각한 예(禮) 의식은 상당한 수준에 이르렀다. 한 집안이나 한 나라에서 계통 질서를 바로잡는 일이 중요하다는 의식이 팽배해졌다. 이는 종통(宗統) 의식으로 발전하고 급기야는 예송(禮訟) 논쟁에까지 이르게 된다. 그러나 성리학의 사변적 공허성과 의리론의 비실리적 명분주의에 대한 반성이 일어났다. 현실 사회제도의 개혁과 실용성을 중시하는 새로운 학풍이 이용후생(利用厚生)을 표방하며 등장하였던 것이다. 이를 일반적으로 실학(實學)이라고 한다.

18세기에 이르러 유교는 학문적 특성을 더욱 뚜렷이 하며, 인물성

동이론(人物性同異論)이라는 주요한 학술 논쟁을 벌인다. 즉, 인성(人性)과 물성(物性; 특히 금수(禽獸)의 성)은 '같은가[同] 다른가[異]'를 따지는 논쟁이었다. 또한 양명학(陽明學)을 신념으로 하는 양명학파가 미미하나마 형성되었다. 그리고 당시 새로 들어온 서학[西學: 천주교]을 수용하면서 천주교 신앙운동이 발생하자, 도학파는 이를 이단 사설(異端 邪說)로 배척하고 정부는 형벌로 억압하였다. 이처럼 조선 후기는 다양한 학술사상이나 종교적 신념들이 서로 비판과 갈등을 일으키는 다원적 상황에 놓이게 되었다.

그러다가 19세기에 들어서면서, 외척(外戚)의 세도(勢道) 정치가 전개되자 사림(士林)들의 정치적 역할은 축소되고, 유교 사회의 내부적 타락과 혼란이 일어났다. 이런 와중에 19세기 말에 이르러, 제국주의로 무장한 서구의 위협과 일본의 침략이 시작되었다. 이에 유교는 구국 운동이자 가장 강경한 저항 논리로 '위정척사론(衛正斥邪論)'을 제기하여 외국과의 통상과 교역을 금지하는 쇄국(鎖國) 정책을 뒷받침하였다. 아울러 의병(義兵)운동이 전개되었다. 그러나 조선은 서구의 무력에 눌려 개항을 하였고, 프랑스와의 통상 조약을 계기로 신교(新教)의 자유를 허용하게 되었다. 1896년 민비 시해 사건을 계기로 유학자들은 전국적 의병 조직을 전개하여 일제에 대항하였으나 1910년 한일합방(韓日合邦), 1911년 유교의 상징인 성균관의 폐지와 더불어 국가 교육이념으로서 유교는 무너졌다.

3. 양촌의 『입학도설』

양촌(陽村) 권근(權近, 1352~1409)은 삼봉(三峰) 정도전(鄭道傳, 1342~1398)과 함께 목은(牧隱) 이색(李穡, 1328~1396년)의 제자이다. 그는 정치적으로 고려 조에서는 개량파에 속했다. 그러나 조선을 개창하면서 삼봉을 따라 개혁파가 되었다. 불교에 대해서도 고려 조에서는 목은을 추종하며 타협적이었으나 조선 건국과 함께 삼봉의 입장을 지지하고 적극적으로 반대하였다. 그러므로 그는 생애의 전반부는 목은의 영향을 입었고 후반부는 삼봉을 좇았다고 볼 수 있다.

한국유학사에서 권근의 사상적 위치는 매우 중요하다. 왜냐하면 그의 경학(經學)과 성리학 연구는 고려 유학을 결산하는 동시에 조선 유학의 선구가 되기 때문이다. 즉, 여말 선초의 유불(儒佛) 사상 교체기에서 유학 이데올로기를 주도하였다.

권근은 『입학도설(入學圖說)』·『예기천견록절차고정(禮記淺見錄節次考定)』·『동국사략(東國史略)』·『오경천견록(五經淺見錄)』 등을 저술하여 경학을 체계화하였다. 권근의 연구는 조선조 유학을 한 차원 높은 단계의 성리학으로 발전시켰다. 이 가운데 『입학도설』은 '학문[성리학]에 들어가기 위한 이론을 이해하기 쉽도록 그림과 해설을 곁들여 놓았다.'라는 의미가 말해 주듯이, 당시 학문의 길에 뜻을 둔 젊은이들이 먼저 알아야 할 기본적 지식을 도설(圖說)로 알기 쉽게 풀이한 책이다. 『입학도설』에는 모두 40개의 도설이 있고, 학자와의 문답 형식으로 된 해설이 몇 편 삽입되어 있다.

조선 유교는 도설이 많기로 유명하다. 양촌의 『입학도설』은 도설의 선구적 작업에 속한다. 지금까지 전하는 도설로는 가장 오래된 것으로 후세에 나온 도설과 학문에 지대한 영향을 끼쳤다. 예컨대 뒤에서 살펴볼 퇴계의 『성학십도(聖學十圖)』 가운데 양촌의 「대학」에 관한 도설은 그대로 인용된다. 또한 사칠논변의 발단이 되는 추만(秋巒) 정지운(鄭之雲, 1509~1561)의 『천명도설(天命圖說)』도 양촌의 영향 아래 있다. 이런 점에서 양촌의 성리학 연구가 조선 유교에서 어떤 위치를 차지하는지 엿볼 수 있다. 권근은 조선 조를 개창하는 선봉에 서서, 왜 『입학도설』을 지었을까? 「입학도설서(入學圖說序)」에는 다음과 같이 기록되어 있다.

“홍무(洪武) 경오년(庚午年, 1390년) 가을, 금마군(현재의 전북 익산군 금마)에 귀양을 와 있는데, 나에게 와서 『대학』과 『중용』을 배우는 초학자 몇 명이 있었다. 그런데 그들은 내용을 거듭해서 자세하게 설명해 주어도 분명히 이해하지 못하였다. 이에 주자(周子: 周敦頤, 1017~1074)의 『태극도(太極圖)』를 근본으로 하고, 『대학·중용장구』의 설명을 참작하여 그림을 그려 보여주고, 다시 선현들의 격언을 취하여 그 의미를 해석해 주었다. 또 학생들의 질문이 있으면, 거기에 대해 일일이 대답해 주었다. 이에 문답한 내용을 기록하여 그 뒤에 붙였으니, 이름하여 『입학도설』이라 하였다. 그밖에 다른 경서도 그림으로 그릴 만한 것은 모두 그렸고, 때때로 제각기 나의 억설을 더 붙여 놓았다. 선배들에게 교정을 받고 싶어도 이 곳에는 그럴 만한 분들이 없다. 더구나 몸은 귀양살이에 매여 있어 오직 뒷날을 기다릴 수밖에 없을 것 같다. 독자들이 그 잘못된 것을 너그러이 용서하고 가르침이 있으시기를 바라마지 않는다.”

서문에 의하면, 『입학도설』은 양촌이 귀양 중에 후학들에게 교육하며 연구한 결과의 산물이다. 도설 가운데 가장 근본적이면서 후세에 큰 영향을 미친 부분은 책 머리에 나오는 「천인심성합일지도(天人心性合一圖)」와 「천인심성분석도(天人心性分析圖)」, 그리고 「대학」과 「중용」의 분석도이다. 여기에서 정주리학으로 지칭되는 주자와 정자의 이론, 즉 성리학을 크게 드러내었다. 『천인심성합일지도』에 드러난 유교의 사유를 검토하면 다음과 같다.

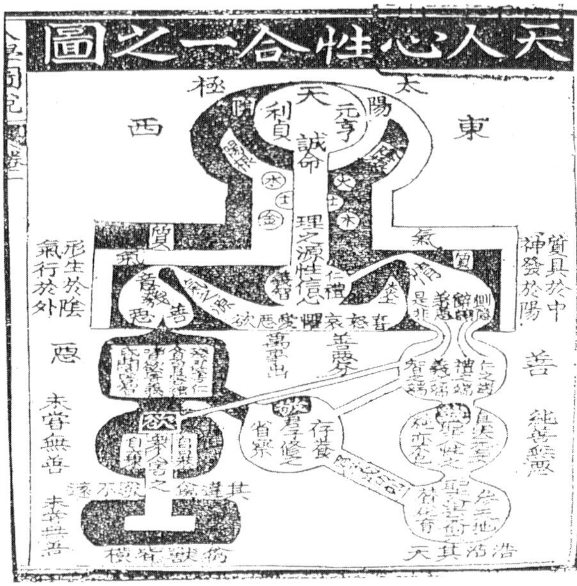

〈천인심성합일지도(天人心性合一之圖)〉

"주자가 이르기를, '하늘이 음양(陰陽)·오행(五行)으로 만물을 화생(化生)시키고, 기(氣)로써 형체를 이루니 리(理)가 또한 거기에 주어진다.'라고 하였다. 이제 여기에 근거하여 이 그림을 그렸다.

위 그림은 주자(周子: 周敦頤)의 『태극도』와 주자(朱子: 朱熹)의 『중용장구』의 설에 의거하여 인간의 심성(心性)에 리기(理氣)·선악(善惡)의 차이를 분명히 밝혀 학생들에게 보인 것이다. 주돈이는 북송오자(北宋五子)의 한 사람으로 『태극도설』로 유명하다. 태극도설은 성리학적 우주론을 잘 제시하고 있는 주요한 저작이다. 그러나 만물이 화생하는 형상까지 설명하지는 못했다.

사람이나 물건이나 그 생겨나는 이치로 말하면 동일하다. 다만, 기가 '통하였는가 막혔는가', '치우쳤는가 바른가'의 차이가 있을 뿐이다.

기가 바르고 통하였으면 사람이 되고, 치우치거나 막히면 물건이 된다. 이 그림에서 보면, 성자권(誠字圈)이 가장 바르고 가장 잘 통하였으므로 성인이 된다. 경자권(敬字圈)은 그 다음으로 바르고 통하여 보통 사람이 된다. 욕자권(欲字圈)은 치우치고 막히었으므로 물건이 된다. 그 아래로 금수(禽獸)처럼 옆으로 된 것이 한층 더 치우치고 막히게 되면 초목(草木)이 되는 것이다. 만물이 화생하는 형상 또한 그 속에 모두 갖추어져 있다.

천지의 조화는 낳고 낳는 생명력이 끝이 없으니, 가버린 것은 쉬고, 오는 것은 계속 이어진다. 사람과 짐승, 풀과 나무 등 천만 가지 형상이 각기 성명(性命)의 바른 것으로, 이 모두는 하나의 태극(太極)에서 유출된 것이다. 그러므로 만물은 각기 하나의 리(理; 이치)를 구비하고 있다. 만물의 리는 다 같이 하나의 근원으로부터 나왔으므로 한 포기의 풀, 한 그루의 나무도 제각기 하나의 태극을 가지고 있다. 천하에 성(性)을 벗어나 다른 물건이 있을 수 없다. 그러므로 『중용』(22章)에서 '그 성을 극진히 할 수 있으면, 사람의 성을 극진히 할 수 있고, 만물의 본성을 다할 수가 있어서 천지의 화육을 도울 수 있게 된다.'[92]라고 하였다(『入學圖說』「天人心性合一之圖」)."[93]

양촌은 유교의 근본 사상을 '천인합일(天人合一)'의 차원에서 인식하였다. 천(天)을 '자연의 질서'로 본다면 인(人)은 '인간사회'이다. 그러므로 천인합일은 자연과 인간의 통일이고, 자연의 질서를 인간사회에

92) 唯天下至誠, 爲能盡其性, 能盡其性則能盡人之性, 能盡人之性則能盡物之性, 能盡物之性則可以贊天地之化育, 可以贊天地之化育則可以與天地參矣."이다.

93) 朱子曰, 天以陰陽五行化生萬物, 氣以成形而理亦賦焉. 今本之作此圖. 右圖, 謹依周子太極圖及朱子中庸章句之說, 就人心性上, 以明理氣善惡之殊, 以示學者. 故不及萬物化生之象. 然人物之生其理則同, 而氣有通塞偏正之異, 得其正且通者爲人, 得其偏且塞者爲物, 卽此圖而觀, 則誠字一圈, 得最精最通而爲聖人, 敬字一圈, 得正且通者而爲衆人, 欲字一圈, 得偏且塞者而爲物, 其下禽獸橫者, 得其尤偏塞而爲草木者也. 是則萬物化生之衆, 亦具於其中矣. 夫天地之化, 生生不窮, 往者息而來者繼, 人獸草木, 千形萬狀, 各正性命者, 皆自一太極中流出, 故萬物各具一理, 萬理同出一源, 一草一木各一太極, 而天下無性外之物. 故中庸言, 能盡其性則能盡人之性, 能盡物之性而可以贊天地之化育.

연속적으로 적용하려는 의식이다. 그러기에 천인합일의 내용을 잘 담고 있는 『중용장구』의 내용을 사상의 기본으로 설정한다. 즉, '하늘이 음양(陰陽)·오행(五行)으로 만물을 화생(化生)시키고, 기(氣)로써 형체를 이루니 리(理)가 또한 거기에 주어진다.'라는 사유를 참작하여 그림을 그리고 설명해 나갔다.

양촌은 먼저, '천(天)·인(人)·심(心)·성(性)' 네 글자의 유기체로 된 인간의 형상을 그려내었고, 거기에서 인간의 심성(心性)과 리기(理氣), 선악(善惡)을 구별하여 나타내었다.

다시 살펴보면, 상부에 태극(太極)·천명(天命)·음양(陰陽)·오행(五行)을 설정하여 이로부터 심성(心性)이 연역되어 나타난다. 그리고 리(理)의 근원인 성(性)과 기(氣)의 근원인 심(心)을 구별하고, 성에서는 측은(惻隱)·수오(羞惡)·사양(辭讓)·시비(是非)의 사단(四端)을, 심으로부터는 희·노·애·구·애·오·욕(喜·怒·哀·懼·愛·惡·欲)의 칠정(七情)을 드러내었다.

사단의 아래에는 성자권(誠字圈)을, 칠정 아래로는 욕자권(欲字圈)과 경자권(敬字圈)을 좌우로 배정하였다. 성(誠; 진실함)은 성인의 성품이다. 경(敬)은 군자[건전한 인격을 지닌 사람]가 닦아나가야 할 바이다. 욕(欲; 사사로운 욕망; 욕심)은 보통 사람을 해치는 것이다. 그러므로 군자가 경으로서 공을 쌓으면, '천지에 참여하여 화육을 도울 수 있는' 성인의 경지에 도달할 수 있다. 보통 사람들도 사단의 정과 통하고 있기는 하지만, 자포자기(自暴自棄)에 빠지기 때문에 짐승[禽獸]과 다를 바가 없게 된다.

따라서 인간은 경(敬)으로 수양을 하여 인간다운 면모를 지속해갈 의무와 권리가 있다. 이것이 양촌을 비롯한 유학자들이 지닌 교육철학사상의 핵심이다.

4. 이론 논쟁-사단칠정과 리기

사단칠정론과 리기론은 조선 유교에서 매우 중요한 학술 논쟁이다. 그것은 '인간을 어떻게 이해하고 규정하며 삶의 방향을 제시하느냐'와 직결된 문제이다. 즉, '사단'과 '칠정'이라는 두 개념을 통해 인간의 심리 현상을 분석하고 인간의 행동 양식을 제시하기 위한 논의였다. 인간에게 교육이 필수적임을 고려할 때, 사단칠정 논쟁이 벌인 심성의 이해는 교육의 방향을 지시하는, 교육철학사상의 주요한 기준이 된다.

사단(四端)이라는 개념은 앞에서 살펴본 것처럼, 원래 맹자가 성선설(性善說; 善端論)의 근거로 제시한, 인간 심리 현상 가운데 일부를 의미한다. 즉, 측은지심(惻隱之心)·수오지심(羞惡之心)·사양지심(辭讓之心)·시비지심(是非之心)을 각각 인(仁)·의(義)·예(禮)·지(智)의 단서(端緖)로 설명한 것에서 비롯된다. 가슴 쓰라리게 아파하는 마음인 측은은 인의 실마리이다. 부끄러워할 줄 아는 마음인 수오는 의의 실마리이다. 양보할 줄 아는 마음인 사양은 예의 실마리이다. 옳고 그름을 분별할 줄 아는 마음인 시비는 지의실마리이다. 이 네 가지 실마리로서의 가능성은 인간사회의 도덕이나 지식의 존재 양식이 어떠한지를 지시한다.

칠정(七情)은 본래 『예기(禮記)』「예운(禮運)」에서 언급한 희(喜: 기쁨)·노(怒: 성냄)·애(哀: 슬픔)·구(懼: 두려움)·애(愛: 사랑)·오(惡: 미움)·욕(欲: 욕심)의 일곱 가지 감정을 지칭한 데서 비롯된다. 인간이 펼쳐내는 감정이나 정서를 일곱 가지로 정돈하여 제시한 것이다. 그러나 조선조 성리학자들이 문제 삼는 것은 주로 『중용』에서 언급한 희(喜: 기쁨)·노(怒: 성냄)·애(哀: 슬픔)·락(樂: 즐거움)의 네 가지 감정을 의미한다. 이 네 가지 감정은 칠정을 줄여서 말하는 것이기도 하고 칠정과 내용상 동일하게 인식하기도 한다.

사단과 칠정을 검토하면서, 교육적으로 중요한 것은 '인간의 심성

구조 속에서 사단과 칠정을 어떤 관계로 파악할 것이냐'의 문제이다(전호근, 1995: 149-154). 물론, 이 논의는 주자학의 틀 속에서 진행된다. 그러므로 주자의 사단칠정의 관계를 간단히 살펴볼 필요가 있다. 주자는 '측은(惻隱)·수오(羞惡)·사양(辭讓)·시비(是非)는 정(情)이고, 인(仁)·의(義)·예(禮)·지(智)는 성(性)이며, 심(心)은 성(性)과 정(情)을 통섭한다.'라는 '심통성정(心統性情)'의 관점을 취한다. 또한 '정(情)은 성(性)에 근거하고 성이 펼쳐지면 정이 된다.'라고 하였다. 이는 성이 정의 근거가 되고 성이 움직이면 그것이 정으로 바뀐다는 의미이다. 이렇게 볼 때, 주자는 사단을 정으로 규정했다. 그런데 주자는 『중용장구』에서 '희·노·애·락은 정이고, 그것이 아직 발동하지 않은 것은 성이다.'라고 말하고 있다. 여기에서 주자는 사단이 아닌, '희·노·애·락'을 정으로 보고, 그 발동하지 않은 것을 성이라고 했다. 주자는 사단과 칠정을 모두 정으로 보았는데, 언급에 따라 개념의 차이가 있음을 보여준다.

사단(四端)은 맹자가 성선설의 근거로 제시한 만큼, 순수한 선으로 악이 없는 '순선무악(純善無惡)'이다. 칠정(七情)은 발동하여 절도에 딱 들어 맞는 경우에는 선이지만 그렇지 않은 경우는 악이므로 선과 악이 섞여 있는 '유선유악(有善有惡)'이다. 이렇게 볼 때 인간의 착한 심성을 설명하는 것은 크게 다툴만한 여지가 없다. 문제는 칠정 가운데 악(惡)이 어디서 비롯되느냐이다.

단순한 구도로 보면, 칠정은 정이고 정의 근거는 성이므로 칠정은 성에서 비롯된 것이다. 그렇다면 칠정 가운데 악도 순선무악한 성에서 비롯되었다고 할 수밖에 없다. 이는 논리적 모순이다. 순수하게 선하고 악이 없는 것에서 어떻게 악이 나올 수 있는가? 조선 유교에서 사단칠정 논쟁은 이와 같이 주자학의 심성론으로 해결되지 않는 문제점을 중심으로 전개되기 시작하였다.

사단칠정에 대한 리기론적 해석은 조선 성리학에서 「천명도(天命

圖)」의 해석 문제에서 비롯되었다. 16세기에 들어서면 조선 성리학은 천명(天命) 연구를 통한 인성론을 심화시켜 나간다. 천명은 『중용』의 첫 구절인 '천명지위성(天命之謂性), 솔성지위도(率性之謂道), 수도지위교(修道之謂敎)'에서 보는 것처럼, 유교의 핵심을 이루는 개념이다. 조선조 성리학자들은 천명의 파악과 실천에 따라 사회 질서가 정립되고, 이를 통해 인간 행위가 우주의 자연 질서에 합치함[天人合一]으로써 자연의 생성을 도와주게 되는 것이라고 인식하였다. 그들은 천명이라는 특정한 주제 아래 천인(天人) 관계를 다루는 그림을 그리고 거기에 해설을 붙이는, 이른바 도설법(圖說法)을 구사하여 그 연구를 심화하였다. 앞에서 살펴 본 권근의 『입학도설』이 그 효시이고, 뒤이어 정지운의 「천명도」, 『천명도해』, 이황의 「천명신도」, 『천명도설』, 김인후의 「천명도」, 기대승의 「천명도」 등이 나타났다(윤사순, 2001: 456－457).

퇴계 이황에 의하면, 정지운은 「천명도」를 제작하면서 그 안에 '사단은 리에서 발하고, 칠정은 기에서 발한다[四端發於理, 七情發於氣.]'라는 구절을 넣었다고 한다. 그리고 나중에 정지운은 퇴계에게 「천명도」의 감수를 의뢰했는데, 퇴계가 이 구절을 '사단은 리의 발이고 칠정은 기의 발이다[四端理之發, 七情氣之發.]'로 수정했다. 하지만 이러한 퇴계의 해석은 조선 성리학계에서 선뜻 받아들여지지 않았던 모양이다. 특히 고봉(高峯) 기대승(奇大升, 1527~1572) 같은 젊은 학자가 반론을 제기했다.

퇴계는 기대승에게 편지를 보내면서 '사단의 발은 순리이므로 선하지 않음이 없고, 칠정의 발은 리기를 겸하였기 때문에 선악이 있다[四端之發純理, 故無不善, 七情之發兼理氣, 故有善惡.]'로 수정하였다. 그리고 고봉의 견해를 물었다. 이것이 유명한 퇴계와 고봉 간의 사칠논변의 서막이다. 고봉의 첫 비판은 다음과 같다.

"자사의 언급은 정 전체를 말한 것이고, 맹자의 논의는 일부분을 떼

어내어 말한 것입니다. …… 자사와 맹자가 '가리켜 말하는 것이 같지 않았기' 때문에 사단과 칠정의 구별이 있을 뿐입니다. 칠정 밖에 다시 사단이 있는 것이 아닙니다.

원래 성이 처음 발할 때, 기가 잘못 작용하지 않으면, 곧 본연의 선이 이루어집니다. 이것이 바로 맹자가 말한 사단입니다. 이는 참으로 천리가 발한 것입니다. 그러나 칠정의 범위 밖으로 나갈 수는 없습니다. 바로 칠정 가운데, '발하여 절도에 딱 들어맞는 것'의 묘맥(苗脉)입니다. 그런 만큼 사단과 칠정으로써 대거(對擧)하여 말하면서, '순리니 기를 겸하였느니' 함이 옳겠습니까? 리는 기의 주재이고 기는 리의 재료이니, 둘은 진실로 분별되는 것입니다. 그러나 사물에서는 실로 혼합되어 분리될 수 없는 것입니다. 다만 리는 약하고 기는 강하며, 리는 조짐이 없으나 기는 형적이 있기 때문에, 그 유행하고 발현할 때는 '지나침과 모자람'의 차이가 없을 수 없습니다. 이것이 '칠정의 발'이 선으로도 되고 악으로도 되며, 성의 본체가 때로 온전치 못하게 되는 까닭입니다. 그러나 선이란 천명의 본래 그러함이고 악이란 기품의 지나침과 모자람이니, 사단과 칠정에 처음부터 두 뜻이 있는 것은 아닙니다.

학자는 모름지기 리가 기에서 벗어나지 않고, 기의 지나침이나 모자람 없이 자연 발현한 것이 '리의 본체'가 그러한 것임을 알아서, 힘쓴다면 거의 어긋남이 없을 것입니다(『高峯集』「高峯上退溪四端七情說」)."[94]

고봉은 퇴계에게 보낸 첫 번째 편지에서 사단과 칠정의 구별이 있게 된 근거를 '가리켜 말하는 것의 같지 않음'에 있다고 밝혔다. 칠정은

---

94) 子思之言, 所謂道其全者, 而孟子之論, 所謂剔撥出來者也.……但子思孟子所就以言之者不同, 故有四端七情之別耳. 非七情之外, 復有四端也. 蓋性之乍發, 氣不用事, 本然之善, 得以直遂者, 正孟子所謂四端者也. 此固純是天理所發, 然非能出於七情之外也. 乃七情中, 發而中節者之苗脉也. 然則以四端七情對擧互言, 而謂之純理兼氣可乎. 夫理, 氣之主宰也, 氣, 理之材料也. 二者, 固有分矣, 而其在事物也, 則固混淪而不可分開. 但理弱氣强, 理無朕而氣有跡, 故其流行發見之際, 不能無過不及之差, 此所以七情之發或善或惡, 而性之本體或有所不能全也. 然其善者乃天命之本然, 惡者乃氣稟之過不及也, 則所謂四端七情者, 初非有二義也. 然學者須知理之不外於氣, 而氣之無過不及自然發見者, 乃理之本體然也, 而用其力焉, 則庶乎其不差矣.

인간이 지니고 있는 정 전체를 말한 것이고, 사단은 그 전체 가운데 '선한 정'만을 말한 것이다. 이처럼 고봉은 칠정 밖에 사단이 따로 있지 않음을 강조하면서, 사단과 칠정을 리와 기로 구분하여 대비적으로 해석할 때의 난점을 지적한다(윤사순, 2001: 468－469).

첫째, 사단은 성이 발하여 정으로 될 때, 기의 장애를 받지 않아 본연의 선이 이루어진다. 그러므로 칠정 가운데 발하여 절도에 맞는 것들만을 고른 것이다. 따라서 사단과 칠정을 근본적으로 다른 것처럼 보아서 이를 '순리'니 '기를 겸한 것'이니 하면서 대비하면 곤란하다는 입장이다.

둘째, 리와 기의 관계를 생각해보면, 리와 기는 개념상으로는 구분되지만 실제상으로는 합쳐져 있어 떨어지는 것이 아니며, 실질적으로 작용하는 것은 리가 아니라 기이다. 그 기의 작용이 때로 지나치거나 모자라게 될 때가 있으므로 칠정의 발현에도 악이 있게 되고, 성의 본체가 온전하게 실현되지 못할 때도 있게 된다. 그러므로 사단과 칠정은 처음부터 두 가지 뜻이 있다고 할 수 없다.

셋째, 성의 본체뿐만 아니라, '리의 본체' 또한 마찬가지이다. 리는 기 밖에 따로 있지 않다. 기의 작용이 지나침이나 모자람이 없게 발현한 것이 리의 본체이다. 그러므로 사단이 순리여서 선하지 않음이 없다는 말도 실은 성립하기 어렵다는 것이다.

다시 말하면, 고봉의 리기에 대한 관점은 그것이 개념적으로는 나누어지지만 현상적으로는 늘 함께 있다는 것이다. 현상적인 사물들은 기의 작용에 의해 드러나는 것이며, 그러한 기의 작용이 지나치거나 모자람이 있느냐 없느냐에 따라 리가 완전히 실현되느냐, 아니면 완전히 실현되지 못하느냐가 결정된다. 즉, 사단과 칠정은 기 작용이 리를 완전히 실현시키느냐 실현시키지 못하느냐를 기준으로 구분되는 것일 따름이다. 이런 점에서 사단과 칠정은 모두 리기의 합임에는 차이가 없다.

사단과 칠정의 구분은 기 작용에 의한 리의 실현 정도에 따른 구분일 뿐 본질적 차이가 있는 것은 아니다(성태용, 1992: 72~73). 이런 생각이 고봉의 성리학적 사유였다. 이에 대한 퇴계의 변론도 자세하게 펼쳐진다.

"모두 다 정인데 왜 사단과 칠정의 다른 명칭이 있을까요? 공의 편지에서 얘기한, 이른바 '가리켜 말하는 것이 다르다'라는 뜻이 이것입니다. 그리고 '성(性)' 한 자로 말하면, 자사가 언급한 '천명의 성[天命之性]'과 맹자가 논의한 '성선의 성[性善之性]', 이들 두 성자를 가리켜 말하는 것이 어디에 있겠습니까? 리기(理氣)가 부여된 것 가운데 이 리의 본연처를 말하려는 것이 아닙니까? 그 가리키는 것이 리에 있고 기에 있지 않기 때문에 순선무악이라 할 수 있습니다. …… 그러므로 제 생각에는 정에 사단·칠정의 분별이 있음은 성에 본성·기품의 다름이 있는 것과 같습니다.

측은·수오·사양·시비는 어디에서 발합니까? 인의예지의 성에서 발합니다. 희노애구애오욕은 어디에서 발합니까? 외물이 형기에 감촉하여 마음 가운데서 움직여 경(境)을 따라 나옵니다. …… 어찌 가운데 순리로 있던 것이 발했는데, 기와 섞이겠으며, 밖에서 감촉되는 것이 형기인데, 그 발하는 것이 리의 본체로 되겠습니까? …… 사단은 모두 선한 것이고, …… 칠정은 선악이 정해지지 않은 것입니다. …… 이렇게 보면, 두 가지가 모두 리기를 벗어나지 않을지라도, 그 나오는 바에 따라 각각 그 '주로 하는 것[所主]'과 '중요시하는 것[所重]'을 가리켜 말한다면, 어떤 것은 리이고 어떤 것은 기라 함이 어찌 불가하겠습니까?

지금의 논변은 이와 달라서, 합동함을 좋아하고 분리함을 싫어하며 뭉쳐놓기를 즐기고 분석하기를 꺼립니다. …… 중간에 리는 약하고 기는 강하며 리는 조짐이 없고 기는 형적이 있다고 하였으나, 그 끝에 이르러서는 기의 자연 발현을 리의 본체가 그러한 것이라 하였는데, 이는 마침내 리기를 한 사물로 여겨 분별을 없앤 것입니다. …… 또 보낸 편지에, 자사와 맹자가 '가리켜 말한 것이 다르다'고 이미 말하였고, 또 사단은 골라낸 것이라고 하고서 오히려 사단·칠정이 다른 뜻이 없다는 것은, 스스로 서로 모순에 가까운 것이 아닙니까?

근래 『주자어류』를 보았는데, 맹자의 사단을 논한 곳 끝부분의 한 줄에 바로 이에 대해 논하였습니다. 그 설은 '사단은 리의 발이고, 칠정은 기의 발'이라 하였습니다. …… 이 설을 본 뒤에 비로소 저의 견해가 크게 틀리지 않았고, 당초 정씨[정지운]의 설도 흠이 없어 반드시 개정하지 않아도 될 것 같습니다(『退溪先生文集』「答奇明彦論四端七情第一書」)."[95)]

고봉의 이러한 비평에 대해 퇴계는 차근차근 성실히 답변한다. 퇴계는 우선 사단과 칠정의 구별이 있는 것은 의미의 다름으로 말미암는다는 고봉의 주장을 인정한다. 그러면서도 몇 가지 점에서 반론을 편다(윤사순, 2001: 470-471).

첫째, 사단은 원래 맹자가 선성(善性)을 말하고자 하여, 리기의 혼합 가운데 리를 가리키려 한 것이지 기를 가리키려 한 것이 아니다. 그러므로 사단을 순선무악이라고 할 수 있다. 퇴계가 볼 때, 사단과 칠정의 분별은 기질과의 관련을 고려하지 않는 '본연의 성'과 리기를 겸하여 말하는 '기질의 성'을 분별하는 것과 같다.

---

95) 均是情也, 何以有四七之異名耶. 來喩所謂所就以言之者不同, 是也. 且以性之一字言之, 子思所謂天命之性, 孟子所謂性善之性, 此二性字所指而言者, 何在乎. 將非就理氣賦與之中, 而指此理源頭本然處言之乎. 由其所指者, 在理不在氣, 故可謂之純善無惡耳.…… 故愚嘗妄以爲情之有四端七情之分, 猶性之有本性氣稟之異也. 惻隱羞惡辭讓是非, 何從而發乎. 發於仁義禮智之性焉爾. 喜怒哀懼愛惡欲, 何從而發乎. 外物觸其形而動於中, 緣境而出焉爾. …… 安有在中爲純理, 而才發爲雜氣, 外感則形氣, 而其發爲理之本體耶 …… 四端皆善也. …… 七情, 善惡未定也. …… 由是觀之, 二者雖曰皆不外乎理氣, 而因其所從來, 各指其所主與所重而言之, 則謂之某爲理某爲氣, 何不可之有乎. 今之所辯則異於是, 喜同而惡離, 樂渾全而厭剖析. …… 中間雖有理弱氣强, 理無朕, 氣有跡之云, 至於其末, 則乃以氣之自然發見, 爲理之本體然也, 是則遂以理氣爲一物而無所別矣. …… 且來喩旣云, 子思孟子所就而言之者不同, 又以四端爲剔發出來, 而反以四端七情爲無異, 指不幾於自相矛盾乎 近因朱子語類論孟子四端處末一條, 正論此事, 其說云, 四端是理之發, 七情是氣之發. …… 得是說然後, 方信愚見不至於大謬, 而當初鄭說, 亦自爲無病, 似不須改也.

둘째, 사단과 칠정의 차이에는 가리키는 것 이외에 발하여 나오는 유래의 다름이 있다고 주장한다. 사단은 인의예지의 성에서 발하는 데 비해 칠정은 외물의 형기에 대한 감촉으로 발한다. 그런 점에서 사단과 칠정을 각기 리와 기로 해석할 수 있다는 것이다. 사단이 모두 선하고 칠정은 선악이 정해지지 않았다는 언급도 이와 관련된다.

셋째, 고봉의 논변하는 태도를 비판한다. 학문하는 바람직한 태도는 같은 것 가운데 다름이 있음을 알아야 하고, 다른 것 가운데 같음이 있음을 알아야 한다. 그리고 둘로 나누되 분리되지 않았던 것을 해치지 않아야 하고, 합치되어 서로 섞이지 않게 해야, 두루 알면서 한 쪽으로 치우침이 없게 되는 것이다. 그러나 퇴계는 고봉의 논변이 합은 좋아하나 분리와 분석을 꺼리는 태도라고 반박했다.

넷째, 퇴계는 고봉의 '기의 자연 발현'이 곧 '리의 본체가 그러함'이란 주장을 부정한다. 그리고 고봉의 '가리켜 말한 것이 다르다'는 주장과 '사단과 칠정이 다른 뜻을 지니지 않았다'는 주장이 서로 모순이라고 꼬집었다.

다섯 번째, 고봉의 편지를 받을 무렵, 퇴계는 주자의 사단칠정에 대한 해석 한 구절을 발견한다. 더구나 그것이 자신의 해석과 같음을 보고 용기를 얻어 자신의 설과 정지운의 해석을 개정할 필요가 없다고 자신의 설을 옹호했다.

5. 퇴계의 『성학십도』

퇴계(退溪)와 율곡(栗谷), 두 선생을 빼놓고 조선 유교를 논의한다면, 유교 교육철학사상의 핵심을 누락시킨 것과 마찬가지이다. 그만큼 조선 유교에 미친 영향은 절대적이다. 퇴계의 경우, 조선뿐만 아니라 일본 유학에 미친 영향도 엄청나다. 근세 일본 유학자들 대부분이 퇴계의 학문을 흠모하며 수용했다.

퇴계는 어려서 아버지를 여의고, 6세 때 이웃 노인에게 『천자문(千字文)』을 배웠다고 한다. 그 후 12세에 숙부에게 『논어』를 익혔다고 하는데, 하루는 '리(理)'자의 뜻을 질문하고, '모든 일에서 타당한 것이 '리' 아닙니까?'라고 물었다고 한다. 이때 이미 리의 본의를 터득했던 것 같다. 그 후 18세 때에 조그마한 연못가에서 철학시(哲學詩)를 지었다. 시에서는 천리(天理)가 유행하는 우주에 인간의 사사로운 욕심이 끼어들까 조심하는 자세가 역력하다.

"이슬 맺힌 풀들 야들야들 물가를 둘렀고[露草夭夭繞水涯] / 작은 연못 맑아 티없이 깨끗하여[小塘淸活淨無沙] / 뜬 구름 나는 새 원래 어울리거늘[雲飛鳥過元相管] / 다만 이따금 제비 물결칠까 두렵기만 하네[只怕時時燕蹴波]"

이후 34세부터 벼슬길에 나아서 관직과 학문을 오고 가며 생활하였다. 69세에 조정을 하직하고 말년에는 도산서당에서 학문 연구와 교육에 힘을 쏟았다. 앞에서 살펴본 고봉과의 사칠논변은 조선유학사에 찬란한 학문 논쟁으로 살아 있다. 퇴계는 『주자서절요(朱子書節要)』를 비롯하여 『심경후론(心經後論)』·『서명강의(西銘講義)』·『성학십도』 등 대작을 남겼다.

『성학십도』는 68세 때 지은 저술로, 당시 어린 임금이었던 선조에게 바친 글이다. 이때 성학(聖學)은 '성인', 또는 '성왕을 배우는 학문'으로서 유교[성리학]를 의미한다. 당시 원로 학자였던 퇴계는 16세의 어린 선조가 성학을 체득하여 성왕이 되기를 간절히 소망하였다. 그리하여 어렵게 느껴지는 성리학을 10장의 그림과 함께 자세히 풀어 설명하였다.

『성학십도』의 구조는 다음과 같다. 첫 번째 그림은 「태극도(太極圖)」이고, 두 번째 그림 「서명도(西銘圖)」이다. 세 번째 그림은 「소학도(小學圖)」, 네 번째 그림은 「대학도(大學圖)」, 다섯 번째 그림은 「백록동규도(白鹿洞規圖)」, 여섯 번째 그림은 「심통성정도(心統性情圖)」, 일곱 번째 그림은 「인설도(仁說圖)」, 여덟 번째 그림은 「심학도(心學圖)」, 아홉 번째 그림은 「경재잠도(敬齋箴圖)」, 열 번째 그림은 「숙흥야매잠도(夙興夜寐箴圖)」이다.

「태극도」는 주돈이의 저작이며, 「서명도」는 장재(張載)의 글이고 그림은 정복심(程復心)이 그린 것이다. 「소학도」는 소학의 목록을 보고 퇴계가 그린 것이고 「대학도」는 권근의 그림이다. 「백록동규도」의 규약은 주자의 글이고 그림은 이황의 작품이다. 「심통성정도」는 상·중·하의 세 그림으로 나눌 수 있는데 상도는 정복심의 저작이고 중·하도는 퇴계의 작품이다. 「인설도」는 주자의 저작이고 「심학도」는 정복심이 지은 것이다. 「경재잠도」는 잠은 주자가 지은 것이고 그림은 왕노재(王魯齋)의 작품이다. 마지막으로 「숙흥야매잠도」는 잠은 진남당(陳南塘)이 지었고 그림은 퇴계가 그린 것이다.

이처럼 『성학십도』는 당시까지 논의되고 연구되었던 성리학의 우주론·심성론·수양론을 그림과 해설로 요약·정리한 것이다. 퇴계는 선현들의 저작과 자신이 지은 것을 적절히 배합하여 유교 교육철학사상의 정수를 가려냈다. 그리고 '도를 깨우쳐 성인이 되는 요소와 근본을 바로 잡고 나라를 다스리는 요령'이, 이 책에 모두 갖추어졌다고 판단하고 선조에게 올렸다. 이 가운데 아홉 번째 그림인 「경재잠도(敬齋箴圖)」를 보면 다음과 같다.

〈경재잠도(敬齋箴圖)〉

“의복이나 모자를 단정하게 하고, 우러러 살피는 몸가짐을 존엄하게 해야 한다. 마음을 가라앉혀 깊이 생각하며 생활하고, 상제(上帝; 하느님)를 대하듯이 조심스러워야 한다. 발의 모습은 반드시 중후하게 해야 하고, 손놀림의 모습은 반드시 공손하게 해야 한다. 길을 갈 때는 땅을 가려서 밟고, 개미집일지라도 돌아서 가야 한다. 집밖에 나아가서는 손님같이 하고, 일을 맡아서 할 때는 제사를 모시는 것 같이 한다. 조심하고 조심하여, 조금이라도 소홀하게 해서는 안 된다. 입을 다물기를 주둥이 막은 병같이 하고, 사특한 생각 막기를 성을 쌓아 막는 것 같이 한다. 성실하고 전일하게 하여, 조금이라도 경솔하게 해서는 안 된다. 동쪽으로 간다고 하고 서쪽으로 가지 말 것이며, 남쪽으로 간다 하고 북쪽으로 가지 말아야 한다. 일을 하는 데 그 일에 정성을 다하고, 다른 일에 마음을 두어서는 안 된다. 두 가지 일을 가지고 두 가지 마음을 가지지 말 것이며, 세 가지 일을 가지고 세 가지 마음을 가지지 말아야 한다. 오직 마음을 전일하게 하여, 모든 만물의 변화를 감찰하여야 한다. 이와 같은 마음으로 일을 처리하는 것을, 지경(持敬; 경을 지킴)이라고 한다.

움직임과 고요함이 서로 어기지 아니하고, 겉과 속이 서로 바르게 되는 것이다. 잠깐의 사이라도 경을 놓치면, 사사로운 욕심이 이곳저곳에서 실마리가 된다. 불을 붙이지 않아도 뜨거워지고, 얼리지 않아도 차가워질 것이다. 또 털끝만큼이라도 경에서 어긋남이 있으면, 하늘과 땅의 처지가 바뀌는 것과 같다. 삼강의 인간 관계가 침체하여 지고 구법에 따르는 행동을 사람들이 꺼리게 되는 것이다. 아아, 젊은이들이여! 공경하고 공경할지어다. 이러한 사실들을 글로 써서 경계하도록 하며, 이것을 감히 마음에 고하노라.

「경재잠」의 제목 아래에는 주자가 스스로 설명하기를, '장남헌(張南軒)의 주일잠을 읽고 그가 남긴 뜻을 모아 경재잠을 지어서 서재의 벽에 써 붙이고 스스로 경계하였다.'라고 하였습니다. 또 이르기를 '이것 또한 '경(敬)'의 조목이며 이 내용은 여러 경우에 해당된다.'라고 하였습니다.

신[퇴계]이 생각하건대, 경재잠에 나오는 설명은 공부를 하는 데 좋은 근거가 될 것입니다. 김화 왕노재가 경재잠을 배열하고 그림을 그렸습니다. 경재잠이 명백해지고 가지런해져서 다 제자리를 찾음이 이와 같으며, 늘 몸소 완미하고 일상생활 속에서 마음과 눈으로 경계하고 살핀다면 얻는 것이 있을 것입니다. '경(敬)'이 성학의 처음과 끝이 된다는 것을 어찌 믿지 아니하겠습니까?"[96]

제9도 「경재잠도」는 중앙에 심권(心圈)을 그려 놓고 잠문(箴文)의 40개 구절을 상·중·하와 좌·중·우로 갈라서 서로 연결을 짓도록 교묘하게 배치해 놓았다. 그 배치 구조를 보면 다음과 같다.

상단 우측: '의복이나 모자를 단정하게 함[正其衣冠]'으로부터 '상제를 대하듯이 조심[對越上帝]'까지를 고요함[靜]으로 표시하고, '발 모습을 중후하게 함[足容必重]'으로부터 '개미집일지라도 돌아서 감[折旋蟻封]'까지를 움직임[動]으로 표시하였다.

상단 좌측: '집 밖으로 나가서는 손님같이 함[出門如賓]'으로부터 '조금이라도 소홀히 해서는 안됨[罔敢或易]'까지를 겉[表]으로 표시하고, '입 다물기를 주둥이 막은 병같이 함[守口如甁]'으로부터 '조금이라도 경솔히 해서는 안됨[罔敢或輕]'까지를 안[裏]으로 표시하였다.

중단 우측: '동쪽으로 간다 하고 서쪽으로 가지 말라[不東以西]'로부터 '다른 일에 마음을 두어서는 안됨[靡他其適]'까지를 가지 않음[無適]으로 표시하였다.

중단 좌측: '두 가지 일로써 두 가지 마음을 가지지 않음[不貳以二]'로부터 '만물의 변화를 감찰함[萬變是監]'까지를 하나[마음]에 주로 함[主一]으로 표시하였다.

하단 우측: '잠깐 사이에 경을 놓침[須臾有間]'으로부터 '얼리지 않아도 차가워 짐[不氷而寒]'까지를 사이 있음[有間]에 귀속시켰다.

96) 右箴題下, 朱子自敍曰, 讀張敬夫主一箴, 掇其遺意, 作敬齋箴, 書齋壁以自警云. 又曰此是敬之目, 說有許多地頭去處. 臣竊謂地頭之說, 於做工好有據依. 而金華王魯齋伯, 排列地頭作此圖. 明白整齊, 皆有下落又如此, 常宜體玩, 警省於日用之際, 心目之間而有得焉. 則敬爲聖學之始終, 豈不信哉.

하단 좌측: '털끝만큼이라도 경에서 어긋남이 있음[毫釐有差]'으로부터 '아홉 가지 법에 따르는 행동을 꺼림[九法亦斁]'까지를 어긋남이 있음[有差]에 귀속시켰다.

그리고 잠문의 제25, 26구절인 '이와 같은 마음으로 일을 처리하는 것이 경을 지키는 일[從事於斯, 是日持經]'은 중앙의 심권 위에 표기하고, 제27, 28구절인 '움직임과 고요함이 서로 어기지 아니하고, 겉과 속이 서로 바르게 됨[動靜不違 表裏交正]'은 우 상측과 좌 상측에 각각 권내에 기입한 뒤, 이것을 심권과 연결시켜 놓았으며, 잠문의 맨끝 부분인 '아아 젊은이들이여! 공경하고 공경할지어다. 이러한 사실을 글로 써서 경계하도록 하며, 이것을 감히 마음에 고하노라.[於乎小子, 念哉敬哉, 墨卿司戒, 敢告靈臺.]'는 중앙의 권 아래에 표기하였다.

이는 유교의 '경(敬)'을 수양의 근본으로 삼음을 잘 보여주고 있다. 이런 점에서 유교의 교육은 '경'을 함양하여 지키는 '지경(持敬)'에 달려 있다.

6. 남명의 『학기유편』

퇴계와 더불어 조선 중기 유교에서 남명(南冥) 조식(曺植, 1501~1572)의 위치는 독특하다. 조선의 성리학자 대부분은 유학의 '수기치인(修己治人)' 이론에 충실하여, 명목상 자신을 수양한 후 국가 운영의 주체 세력인 관료로 진출했다. 하지만 남명은 주변의 기대에 떠밀리다시피 과거에 응시하긴 했지만, 평생에 걸쳐 관직에 몸담지 않았다. '학자관료'가 아니라 순수한 야인(野人)이자 학인으로서, 이른바 처사(處士)로 남았다. 『서경(書經)』「대우모(大禹謨)」에서 우(禹)가 묘족(苗族) 정벌을 앞두고 훈시한 '군자는 초야에 있고 소인은 높은 자리에 있다.'[97]

97) 君子在野, 小人在位.

라는 언급을 실천이라도 하듯, 남명은 혼란한 현실에서 소인의 길로 나가지 않았다. 남명은 20세(1520년, 중종 15년) 때 어머니의 강권으로 과거에 응시하여 생원진사시(生員進士試)와 문과 초시(文科 初試)에 합격했다. 그러나 다음 해의 생원진사시에 응시하지 않았고 문과 회시(文科 會試)에는 낙방했다. 25세 때 친구들과 산사에서 『성리대전(性理大全)』을 읽었는데, 허노재(許魯齋)의 '출즉유위 처즉유수(出則有爲, 處則有守)'라는 글을 보고 큰 깨달음이 있었다고 한다. 그 후 성인의 학문을 하되, 지엽적인 것은 버리고 육경(六經)과 주돈이, 장재, 정자, 주자의 학문을 열심히 공부하여 몸소 실천하는 것을 삶의 핵심으로 일삼았다. 특히, 경의(敬義)의 실천을 중시했는데, 이 두 글자를 하늘에 해와 달이 있는 것과 같이 보았다(이성무, 2008: 171－172).

이런 삶의 태도는 학문 사상적 측면에서 남명을 이해하고 정의내리는 데 깊이 고려할 사항이다. 남명은 주자학을 존숭하고 문신을 우대하던 학문 분위기 속에서 이에 구애받지 않았고, 당시로서는 이단시되던 불교(佛敎), 노장(老莊), 양명학(陽明學)은 물론이고 병서(兵書)까지도 수용하는 입장을 저서 곳곳에서 드러낸다. 이는 당대의 풍조를 비판하고 극복하는 동시에 새로운 학문 풍토를 조성하려는 개방적 의식을 표출한 것으로 이해할 수 있다. 특히, 성리학자들이 천도론(天道論)과 심성론(心性論)에 치우쳐 과도한 관심을 갖는 측면을 경계했기에 남명의 학문은 엄밀한 의미에서 경학(經學)이 아니다. 남명은 유교의 본원에 충실하여 그 실천 정신을 제대로 계승하려 했고 지나치게 형이상학으로 흘러 현실 대처 능력을 상실해가던 당시의 학문에 대해 현실성을 지닐 수 있도록 고민했다. 이런 점에서 남명학은 실천 윤리학 또는 경세학적 특징을 강하게 지닌다(한국사상연구회, 1997: 172－199).

남명은 다른 성리학자에 비해 많은 분량의 문집을 남기지는 않았지만, 학문적으로 엄격한 특징을 보인다. 조선유학사에서 남명과 동시대를 살았던 퇴계는 경(敬)에 집중했고 율곡은 성(誠)을 중심으로 사상을 펼쳐 나간 것으로 일반적으로 정돈하고 있지만, 남명은 경(敬)과 성(誠), 그리고 의(義)를 내외(內外)의 관점에서 강조하는 유학에 충실했다. 의(義)를 강조하며 유학을 실천 학문으로 부각했다는 점에서, 남명의 교육 사상은 대부분의 연구자가 '실천 중심의 교육'으로 정돈해 냈다. 그런데 조금만 진지하게 성찰해 보면, 실천을 중심에 두지 않는 유교는 존재하지 않는다. 이런 점에서 기존 연구의 분석·검토를 바탕으로 남명의 학문에 대한 해석의 지평 확장이 요청된다.

남명의 학문 사상과 교육에 대해 어떤 수식어를 붙이더라도 간과하지 말아야 할 것이 있다. 그의 학문은 『성리대전』을 읽은 후 깨달음에서도 엿볼 수 있듯이, 유교(특히 성리학)의 범주를 넘어서지 않는다는 점이다. 때문에 남명의 학문은 철저하게 성리학에 터해 점검해야 한다. 기존에 남명의 사상을 다룬 상당수의 연구가 남명이 주장한 독특한 이론이나 특정하게 강조한 부분을 구명한 것처럼 보인다. 하지만 그 실제는 성리학의 본질을 재확인하고, 성리학의 근본에서 벗어나거나 한쪽으로 치우친 사유를 정상으로 되돌려놓으려는 남명의 의지 발현으로 이해하는 것이 정확하다. 그렇지 않은 여러 연구는 남명의 학문을 현대적 의미로 재해석해 낸 것이다.

앞에서 간략하게 언급한 것처럼, 남명의 교육을 흔히 '실천' 중심의 교육으로 이해하는 경우가 많다. 그것은 남명 이외의 여러 학자들이 실천 중심적이지 않고 이론 중심적이라는 암묵적 전제에서 강조된 표현이다. '실천' 중심이라는 말을 남명의 학문이나 사상, 교육의 특성을 드러내기 위한 언표로 채택할 수는 있겠지만, 그런 강조의 표현이 오히려 남명의 학문을 오독(誤讀)하게 만들 수도 있다.

남명의 교육관은 그의 문집인 『남명집(南冥集)』은 물론 수제자 내암 정인홍(來菴 鄭仁弘, 1535~1623)이 편집한 남명의 독서기인 『학기유편(學記類編)』에서 충분히 가늠할 수 있다. 『근사록(近思錄)』의 체재에 맞추어 편집한 『학기유편』을 보면 남명은 철저하게 성리학에 심취해 있다. 기존의 여러 연구에서 남명의 교육을 '실천' 중심이라고 표현한 것은 이론만을 따지는 공리공담(空理空談)이 아니라는 점을 강조하기 위한 장치겠지만, 남명은 철저하게 성리학으로 무장한 학자이다. 『학기유편』에서 정돈한 주자를 비롯한 선현들의 학문 이론 발췌에서 「용마도(龍馬圖)」, 「심통성정도(心統性情圖)」, 「소학대학도(小學大學圖)」「경도(敬圖)」「성도(誠圖)」「심위엄사도(心爲嚴師圖)」 등 여러 그림은 퇴계의 『성학십도(聖學十圖)』와 거의 다름없는 유학 이론의 진수를 담고 있다. 이런 점에서 남명 자신과 후학들이 언급한 '경의(敬義)', 특히 의(義)에 매몰되어 남명이 추구한 진정한 교육관을 오독(誤讀)해서는 곤란하다.

그렇다면, 경의(敬義)가 어느 정도, 어떤 차원에서 남명의 학문이나 교육의 중심에 놓이는지 그 근거를 확인할 필요가 있다. 사람은 짐승과 다르게 목적의식과 가치를 생명으로 한다. 그 핵심이 앞에서 살펴보았던 『서경』과 공자, 맹자를 거치면서 형성되는 윤리 도덕, 이른 바 오륜이라는 관계의 질서이다. 경(敬)은 그 중심에 자리하는 마음 자세이자, 삶의 태도요 교육의 양식이다. 유학자들이 경의 태도를 자기 학문의 좌우명으로 삼은 것도 그런 이유 때문이다.

유학에서 경(敬)의 맥락은 공자의 인간 지향에서 구체적으로 발견할 수 있다. 널리 알려져 있듯이, 자로가 군자(君子)에 대해 묻자 공자가 말하는 대목에서이다. 공자는 세 가지를 제시한다. 먼저, 경(敬)으로 몸을 닦고, 다음에 몸을 닦아 사람들을 편안하게 하며, 마지막으로 몸을 올바르게 잘 닦아 백성을 편안하게 살 수 있도록 하는 사람이 군자에 해당한다(『論語』「憲問」).[98] 공자는 수기(修己), 즉 수양의 문제에서

98) 子路問君子, 子曰修己以敬. 曰如斯而已乎. 曰修己以安人. 曰如斯而已乎. 曰修己以安百姓. 堯舜, 其猶病諸.

경(敬)을 지목했다. 자신의 '몸'을 잘 닦아서 정돈하라는 인간의 완성을 꾀했다. 그것은 사람다운 인격체를 형성하는 근본이자 일차적 문제였고, 사람들을 편안하게 만드는, 인간에 대한 배려였다. 모든 사람에게 그런 배려가 확장되게 할 때 군자의 경지에 이른다. 유학의 학문 논리가 그러하다.

이 경(敬)의 근원적 출처는 『주역(周易)』이다. 『학기유편』에서 '도의 통체를 논의함[論道之統體]'의 과정에서 남명이 역(易)이나 천도(天道)를 이어 심성(心性)과 인설(仁說)을 자세하게 파악하려는 노력은, 그 무엇보다도 경의 문제를 고심하기 위한 것으로 이해된다. 성리학의 구조상 그것은 필연적일 수밖에 없다. 내암이 『근사록』의 체제에 따라 스승 남명의 평소 학문 활동을 정돈했다면 더욱 그러하다.

경을 인식할 때 유의할 점이 있다. 경(敬)은 의(義)와 더불어 인간의 내면과 외면을 동시에 아우르는데, 『주역』에서 그것은 몇 가지 형태로 드러난다. 첫째, '경으로 안을 곧게 하고 의로 밖을 방정하게 한다.' 둘째, '경을 중심으로 삼가면 패망하지 않는다.' 셋째, '경을 중심으로 행동하면 허물이 없다.'(『周易』「坤卦」＜文言＞; 「需卦」＜象＞; 「離卦」＜爻辭＞).[99] 이러한 표현은 인간의 마음가짐과 행동거지를 묘사하는데, 일관된 의미로서의 경(敬)은 내면인 마음을 바르게 하는 작업이다. 이를 '정직(正直)'으로 보기도 한다. 마음이 바르면 삶이 순조롭고 다가올 일이 밝을 것으로 예측된다.

성리학에서 경(敬)은 공(恭)을 수반하는 형태로 일상에 적용된다. 왜냐하면 '겉으로 펼쳐지는 것이 공(恭)이고 내면의 마음에 보존되는 것이 경(敬)'이기 때문이다(『性理大全』卷37/『學記類編』「存養」).[100] 이럼 점에서 경은 인간의 내면에 자리하는 마음 자세이자 중추이다. 공은 이런 마음이 행위로 펼쳐져 용모에서 겸손(謙遜)(『國語』「魯語』下

99) 敬以直內, 義以方外.; 敬愼不敗也.; 敬之無咎.

100) 程子曰, 發於外者謂之恭, 有諸中者謂之敬.

註)[101]으로 드러나고 의(義)로 향하는 길을 터준다.

"신체가 엄정하고 용모가 단정함은 공(恭)의 뜻이다. 공(恭)은 경(敬)이 밖으로 나타나는 것이고, 경(敬)은 공(恭)이 마음에 보존되어 있는 것이므로 경과 공은 두 물건이 아니다. 이는 마치 형체와 그림자와 같다. 공은 용모를 근본으로 하고 경은 일을 근본으로 한다. 어떤 일이 있어 마음에 두고 그 마음을 바꾸지 않고 행하는 것이 경이다. 공은 밖에 나타나고 경은 마음 가운데 자리 하므로 몸을 정성스럽게 하는 것으로 말하면 공이 비교적 긴요하고, 일을 행하는 것으로 말하면 경이 간절함이 된다(『性理大全』卷37)."[102]

이런 점에서 공(恭)과 경(敬)은 인간의 내·외면을 포괄하는 수양의 기본이다. 그러나 유학은 공자가 '수기이경(修己以敬)'을 강조한 것처럼, 경(敬)을 근본에 둔다(『性理大全』卷37/『學記類編』「存養」).[103] 이는 내면적 성찰을 중시한다는 의미이다.

주자는 이러한 '경(敬)'공부를 유학에서 가장 중요한 교육의 양식으로 인식했다. 때문에 '처음부터 끝까지 잠시라도 중단해서는 안 된다'고 강조했다((『朱子語類』卷12/『性理大全』卷46/『學記類編』「存養」).[104] 유교에서 교육은 주자의 말처럼, 이 '경(敬)'자 하나에 집중되어 있다고 해도 과언이 아니다. 수양의 제일 근거이자 근본으로서 '경'은 인간의 마음에 내재적 가치로 배어 있어야 한다. 그러기에 '경(敬)'공부는 유학자에게 생명과도 같았고 인생에서 한순간이라도 쉼 없이 전개되어야 하는 삶 자체였다. 그것이 이른 바 '거경(居敬)'이다. 유교의 교육은 거경을 일상생활에서 전개하기 위한 바탕을 마련하고 그것을 실천하는

101) 恭爲謙.

102) 身體嚴整, 容貌端裝, 此是恭底意. 但恭是敬之見於外者, 敬是恭之存於中者, 敬與恭, 不是二物. 如形影. 恭主容, 敬主事. 有事著心做, 不易其心, 而爲之是敬. 恭形於外, 敬主於中, 自誠身而言, 則恭較緊, 自行事而言, 則敬爲切.

103) 恭在外工夫, 猶淺. 敬在內工夫, 大段細密.

104) 敬字工夫, 乃聖門第一義, 徹頭徹尾, 不可頃刻間斷.

작업이었다. 이런 자세는 남명 자신이 새긴 「명(銘)」과 「무진봉사(戊辰奉事)」에서 열망이자 소신으로 드러난다.

"사악함을 막아 착한 마음을 보존하며, 말을 다듬어 자신을 세우라. 알찬 삶을 구하여 한결같은 추구하려면, 경으로 바탕으로 하여 들어가라(『南冥集』卷1 「銘」)."[105] "속에 마음을 보존하여 혼자 있을 때 삼가는 것은 하늘의 덕이고, 밖으로 살펴 그 행동에 힘쓰는 것은 왕의 도리입니다. 이치를 궁구하고 몸을 닦으며 속에 본심을 보존하고 밖으로 자신의 행동을 살피는 큰 공부는 경을 위주로 해야 합니다. 이른 바 경이라는 것은 정제하고 엄숙하여 항상 마음을 깨우쳐 어둡지 않게 하는 것입니다. 한 마음의 주인이 되어 모든 일에 응하는 것은 안을 곧게 밖은 방정하게 하는 일입니다. 공자가 이른 바 '경으로 몸을 닦는다'는 말이 이것입니다, 그러므로 경을 주로 하지 않으면 마음을 보존할 수 없고, 마음을 보존하지 못하면 세상 이치를 캐물어 탐구할 수 없으며, 이치를 캐물어 탐구하지 못하면 사물의 변화를 다스릴 수 없습니다(『南冥集』卷2, 「戊辰奉事」)."[106]

이런 남명의 열정은 학문의 과정에서 성실과 더불어 그대로 드러난다. 『학기유편』의 「학문을 하는 요체(爲學之要)」에서 「소학대학도」에 이어 「경도」「성도」가 나란히 배치되고, '소학－대학－경·성'으로 이어지는 교육의 과정이 연속적으로 가지런히 정돈된 것은 그런 측면을 잘 보여 준다. 남명은 주자의 '소학－대학의 연속체'를 교육의 요체로 그대로 이어받았다. 그리고 『성리대전』을 비롯한 『이정전서(二程全書)』, 『대학』의 이론을 교육의 목적과 내용, 방법으로 적극 받아들인다. 그 논리의 시작은 다음과 같다.

"주자가 말하였다. 이론이 먼저이고 실천이 나중인 것은 의심할 여

---

105) 閑邪存, 修辭立, 求精一, 由敬入.

106) 在心於內, 而謹其獨者, 天德也. 省察於外, 而力其行者, 王道也. 其所以爲窮修存省之極功, 則必以敬爲主. 所謂敬者, 整齊嚴肅, 惺惺不昧. 主一心而應萬事, 所以直內而方外. 孔子所謂修己以敬者, 是也. 故非主敬, 無以存此心, 非存心, 無以窮天下之理, 非窮理, 無以制事物之變.

지가 없다. 그러나 여기에 얕고 깊으며 작고 큰 차이가 있다. 소학은 흐트러진 마음을 거둬들이는 공부이다. 예악·사어·(서수)로 덕성을 기르는데 이는 지식 가운데 얕은 것이며 실천 가운데 작은 것이다. 대학은 의리를 살피는 공부이다. 성의·정심·수신의 여러 가지 일을 이루어 가는데 이는 이론 가운데 깊은 것이며 실천 가운데 큰 것이다. 소학의 성취를 통해 대학 공부로 나아가려고 할 때 깊이 함양하여 실천하는 바탕이 없으면 어찌 복잡한 일에 뒤얽힌 어지러운 마음을 가지고 여유 있게 사물의 이치를 연구하여 참된 지식을 얻을 수 있겠는가?(『性理大全』卷48/『學記類編』「爲學之要」)."[107]

이 독서 기록에서 남명은 무엇을 '학문하는 요체'로 삼았는가? 그 첫 단추를 눈여겨 볼 필요가 있다. 결코 '경(敬)·의(義)'만을 앞세운 실천이 아니다! '지(知)가 먼저이고 행(行)이 나중'이라는 의심할 여지가 없는 주자의 공부법이다. 지는 이론으로 이해할 수 있고 행은 실천으로 대비할 수 있다. 주자와 여조겸(呂祖謙)이 『근사록』의 「도체(道體)」에서 인간 본성의 근본과 도의 본체·체통, 학문의 강령을 논의했듯이, 남명도 『학기유편』에서 그것을 아주 길게 언급한 것으로 보아 매우 중요하게 여겼다. 그리고 본격적 교육론인 「학문을 하는 요체」에 들어서면서, 앎[지식; 이론]의 중요성을 다시 펼친다.

'소학－대학'의 교육과정을 이해한 후, '경(敬)'은 '대학' 공부를 하는 가운데 개입한다. 동시에 중용(中庸)의 '성(誠)'을 간절히 요청하여 공부의 내면으로 융합한다. 그 과정은 『대학』의 팔조목에서 수신(修身) 이전의 격물－치지－성의－정심에 긴밀하게 녹아든다.

"주자가 말했다. 학문의 실제는 실천에 있다. 이론적으로 알기만 하고 실천하지 못한다면 진정으로 배우지 않은 것과 같다. 그러나 실천하

107) 朱子曰, 知先行後無疑. 然有淺深小大. 小學是收放心. 禮樂射御, 養其德性, 知之淺, 行之小. 大學是察義理, 誠正修, 措諸事業, 知之深, 行之大. 欲因小學之成, 以進大學之始, 非涵養踐履之有素, 豈能居然以雜亂紛糾之心, 格物以致其知哉.

려고 했지만 이치를 제대로 이해하지 못한다면 실천한 것이 또 제대로 열매를 맺을 수 없다. 그러므로 대학의 공부는 뜻을 성실하게 하고 마음을 바르게 하는 것을 근본으로 하지만 반드시 사물의 이치를 궁구하는 것과 앎에 이르는 것을 우선으로 한다. 뜻이 성실해지면 마음이 펼쳐지는 것이 이미 온전해 진 것인데 무엇 때문에 다시 마음을 바르게 합니까? 마음 씀씀이는 본래 텅 빈 마음으로부터 나와야 한다. 마음을 비우면 마음 바탕이 치우침이 없고 씀씀이 또한 온전해 진다. 이는 비유하면 한 줄기의 대나무와 같은데, 대나무가 한 줄기라 하더라도 그 사이에 여러 마디가 있는 것과 같다. 마음 씀씀이가 바르더라도 또 그 바탕을 바르게 하지 않으면 안 되는데, 이것이 뜻이 성실해지고 난 후에 마음이 바르게 된다는 말이다(『性理大全』卷44/『大學』傳5章 註/『學記類編』「爲學之要」)."[108]

이 과정에서 경(敬)은 '명명덕(明明德)－신민(新民)－지어지선(止於至善)'의 3강령을 바탕으로 '격물(格物)－치지(致知)－성의(誠意)－정심(正心)'에서 '수신(修身)－제가(齊家)－치국(治國)－평천하(平天下)'로 나아가는 8조목을 구현하는 방향의 힘이 된다. 그런 경의 바탕이자 전제로서 표리 관계를 이루는 것이 성(誠)이다. 성(誠)은 천도(天道)의 움직임인 자연의 질서 체계이다. 그것은 진실 그 자체로서 이치대로 운행한다. 이 성은 하늘을 본받으려는 인간에게도 그대로 간직되었다(김충렬, 1994: 97－109). 인간도 우주의 형상을 이어받은 소우주이므로, 우주적 진실은 내면으로 파고든다. 이것이 『중용』에서 이른바 천명(天命)으로서의 성(性)이다(『中庸』1章).[109] 여기에서 성은 인간의 도덕적 품성이 된다(蕭兵, 1997: 991). 그리하여 성(誠)은 『중용』의 "천명지위

---

108) 朱子日, 爲學之實, 固在踐履. 徒知而不行, 誠與不學同. 然欲行而未明於理, 則所踐履者, 又不知其果何事. 故大學之道, 雖以誠正爲本, 而必以格致爲先. 意誠, 則心之所發, 已實 何暇於正心乎. 但心之用, 本自虛中發出. 虛其心, 則本體不偏, 妙用亦實. 譬如一竿竹, 雖一竿, 其間, 又有許多節. 心之用, 雖正, 而又不可不正其體, 此意誠而心正.

109) 天命之謂性.

성(天命之謂性) – 솔성지위도(率性之謂道) – 수도지위교(修道之謂敎)”의 머릿장을 기초로 지(智)·인(仁)·용(勇)과 비은(費隱), 천도(天道)와 인도(人道)의 합일을 통해 참됨을 모색한다. 그것은 「소학대학도」의 아랫부분에 차례대로 위치한다.

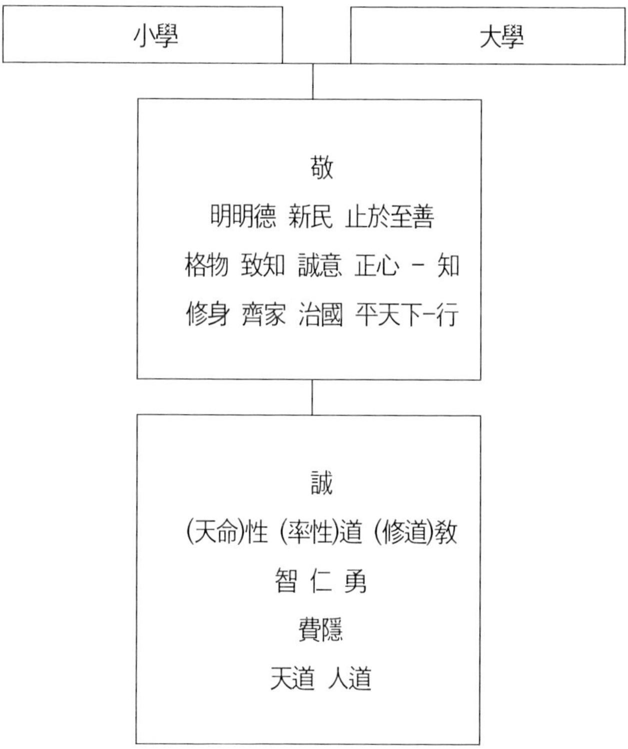

〈小學大學圖〉

경(敬)과 성(誠)의 융합은 이제 『학기유편』의 「성도(誠圖)」에서 융합되어 신뢰[信]을 근거로 필연적으로 의(義)로 나아간다. 그 교육은 ‘경과 성’의 관계 설정과 의미 부여를 통해 뿌리를 내린다.

“정자가 말하였다. ‘하나를 위주로 하는 것을 경(敬)이라고 하는데, 여기에서 하나는 성실[誠]을 말한다. 성실하면 경하지 않음이 없다. 성실하지 못했다면 경을 한 후에 성실하게 된다.' 주자가 말하였다. '성이라는 글자는 도리의 측면에서는 실제로 있는 이치이고 사람의 입장에서는 실제로 그렇게 하려는 마음이다. 그것을 유지하고 주재하는 것은 오직 경이라는 글자에 달렸다.' 장남헌이 말하였다. '성은 하늘의 도리이고 경은 인간이 하는 일의 근본이다. 경의 도리를 이루면 성이자 하늘이 된다.' 진북계가 말하였다. '성실은 자연스럽게 그러한 것이고, 신뢰는 인위적으로 힘쓰는 일이다. 성실은 자연의 이치이고 신뢰는 인간의 마음이다. 성실은 자연의 도리이고 신뢰는 인간의 도리이다. 성실은 자연이 인간에게 부여한 명령을 말하고 신뢰는 자연으로부터 부여받은 인간의 본성을 말한다. 성실은 도리를 말하고 신뢰는 덕성을 말한다.' 단서에 말하였다. '경이 게으름을 이기면 길하고 게으름이 경을 이기면 멸망한다. 의가 욕망을 이기면 순조로워지고 욕망이 의를 이기면 흉해진다'(『性理大全』卷37; 卷47/『學記類編』「爲學之要」)."[110]

자연의 도리인 성(誠)은 그것을 본받아 나가는 인사의 근본인 경(敬)과 짝하여 신뢰[信] 가운데 인간의 일에 힘써 나간다. 그것은 자연스럽게 의(義)로 연결되는 구조를 지닐 수밖에 없다. 왜냐하면 '경건한 마음가짐을 지니는 것은 의로움을 정밀하게 만드는 근거'이기 때문이다(『學記類編』「爲學之要」).[111] '경(敬)과 의(義)'의 관계는 비유하면, '경(敬)은 거울이고 의(義)는 이 거울을 통하여 비추는 것'이다(『學記類編』「爲學之要」).[112] 의(義)는 경(敬)으로 파고들어 경(敬)의 일부가 되어 있으면서 겉으로 표출되는 일종의 에너지이자 힘이다.

"경과 의, 이 두 가지는 상황에 따라 적용하고 오랫동안 스스로 노

---

110) 程子曰, 主一者謂之敬, 一者謂之誠. 誠則無不敬, 未至於誠, 則敬然後誠. 朱子曰, 誠字, 在道則爲實有之理, 在仁則爲實然之心. 其維持主宰, 專在敬字. 南軒張氏曰, 誠字, 天之道, 敬字, 人事之本. 敬道之成, 則誠而天矣. 北溪陳氏曰, 誠是自然, 信是用力, 誠是理, 信是心. 誠是天道, 信是人道. 誠以命言, 信以性言. 誠以道言, 信以德言. 丹書曰, 敬勝怠者吉, 怠勝敬者滅. 義勝欲者從, 欲勝義者凶.

111) 五峯胡氏曰, 居敬, 所以精義也.

112) 朱子曰, 敬比如鏡, 義便是能照底.

력하는 가운데 힘을 얻는다. 의리와 관계되는 일 가운데 힘써 분별해야 하며 미리 분별하기 어렵다고 예측하여 근심해서는 안 된다. 유학을 공부하는 학자들에게 이 일은 평생의 사업이다. 호운봉이 말했다. '홀로 있을 때 삼가는 것은 경으로 마음을 곧게 하는 일이고, 법도에 근거하여 헤아리는 것은 의로 세상의 일을 정당하게 처리하는 작업이다.'(『朱子語類』 卷69/『大學章句』傳10章/『學記類編』「爲學之要」)."[113]

경(敬)과 의(義)는 상황과 지속의 정도에 따라 힘을 확보한다. 그것은 평생을 지속해야 하는 유학적 과업이다. 경(敬)은 홀로 있을 때 삼가는 '신독(愼獨)' 혹은 '근독(謹獨)'으로 내면의 곧음으로 자리매김 되고, 의(義)는 자나 컴퍼스로 재어보듯이 인간의 일을 헤아려보는 '혈구(絜矩)'의 길로 이해된다.

신독은 『대학』에서 매우 강조되는 교육적 덕목이다(『大學章句』 傳6章).[114] 격물(格物)·치지(致知)가 앎을 중심으로 하는 이론의 확장이라면, 성의(誠意)·정심(正心)은 마음의 조절과 성찰, 함양을 통한 인격의 확립과 체득이다. 그 핵심적 실천 방식이 신독(愼獨)이다. 이는 스스로 속이거나 스스로 유쾌하고 만족함과 직결되는 마음의 일이기 때문에 다른 사람은 알 수가 없고 자기만이 알 수 있는 영역이다. 자기 의지, 내면의 은미한 곳을 삼가거나 살피는 일이므로, 그것은 다른 사람에게 드러나 있는 곳이건 혼자 거처하는 곳이건, 보이는 곳이건 보이지 않는 곳이건, 크게 구애받지 않는다.

중요한 문제는, '뜻이 과연 진실한 마음에서 나왔는가?', '남들이 듣지도 보지도 못하는 곳에서 진실한 마음을 보존할 수 있는가?' 이런 물음에 대한 진지한 성찰과 자기 공부이다. 때문에 신독(愼獨)은 예로부터 미덕의 극치로 여겨져 왔고, 성의(誠意)의 실천양식을 표현하는 핵

113) 以敬義二字, 隨處加工, 久久自當得力. 義理之間, 只得着力分別, 不當預以難辨爲憂. 聖門只此便是終身事業. 雲峯胡氏日, 謹獨是敬以直內, 絜矩是義以方外.

114) 小人閒居, 爲不善, 無所不至, 見君子而后, 厭然揜其不善, 而著其善, 人之視己, 如見其肺肝, 然則何益矣. 此謂, 誠於中, 形於外, 故君子必愼其獨也.

심 용어가 되었으며, 말과 행위가 부합되는 자각적·도덕적·수양의 방식으로 대표된다. 그것은 자기 공부의 근저로 스스로를 조절하고 주도하는 진지한 학습의 자세이다.

한편, 혈구(絜矩)로 상징되는 의(義)는 세상을 헤아리며 구체적으로 실천되는 평천하의 길을 모색한다. 그 구체적 양식이 『학기유편』의 「성도(誠圖)」에 내재해 있다.

此八個字一生用之不窮
講學工夫
義以方外
絜矩
敬以直內
愼獨
天德王道
持守工夫
敬義偕立學者事

誠圖(下段)

7. 율곡의 『격몽요결』

율곡 이이는 1536(중종 31)년 12월 26일 강릉 오죽헌 몽룡실에서 어머니 신사임당이 용꿈을 꾸신 후 탄생하였다. 아명(兒名)을 현룡이라 하였고, 3세 때에 말과 글을 배웠으며, 7세 때는 「진복창전」을, 8세 때는 호석정 시를 지었다. 10세 때 경포대에 올라 장문의 「경포대부」를 쓴 신동으로 세상 사람들을 경탄시켰다. 13세 때는 어린 나이로 팔을 찔러 피를 내고 아버지의 중병을 회춘하게 만든 효자이기도 하다.

16세 때 모친상을 당하여 비관한 나머지 3년간 사임당 묘전에 시묘한 후 봉은사에 입산, 불교 서적을 탐독한 후, 뜻한 바 있어 다시 금강산에서 수도하였다. 그리고는 1년 만에 불교철학에 통달하였다.

20세 때 강릉 오죽헌으로 돌아와 '자경문(自警文)'을 지어 실천하였는데, 13세 때 진사 초시에 장원급제한 것을 비롯하여, 아홉 번이나 대소 과거에 장원급제하여 구도장원공(九度壯元公)으로 유명하였다.

29세 때 호조좌랑을 초임으로 매년 승진하여 외직으로는 청주목사, 황해도 관찰사, 내직으로는 교리, 승지, 부제학, 대사헌, 대제학, 이조·호조·병조·형조판서를 두루 역임하였다.

선생은 학문과 입신의 도를 배움에 있어, 어머니 사임당 외에는 사사받은 바 없었다. 즉, 독학과 수도로써 심오한 학문의 경지에 이르렀다는 말이다. 저서는 정치·경제·교육 등 애국 애족의 방향을 제시하는 것이 대부분이다. 특히 조선사상사에서 퇴계 이황과 쌍벽을 이루는 분으로, 퇴계의 이기이원론에 대하여 기발이승일도설(氣發理乘一途說)을 근본 사상으로 하여 리통기국(理通氣局)·리기지묘(理氣之妙) 사상을 제시했다. 『동호문답(東湖問答)』『성학집요(聖學輯要)』「인심도심설(人心道心說)」『경연일기(經筵日記)』『소학집주(小學集註)』「김시습전(金時習傳)」 등은 명저로 꼽힌다.

율곡의 정치사상은 민본주의이며 혁신주의이다. 특히 시무육조계, 십만양병론, 경제사 설치 건의 등의 정책을 주장한 일은 유명하다. 또한 향약 규례를 제정하여 지방 자치제를 장려하였고, 사창 제도를 만들어 빈민을 구제하기도 하였다. 이처럼 율곡 이이의 학문은 민생 문제와 직결되었다.

정계를 떠난 후에는 고산구곡에 은병정사(隱屛精舍)를 세워 제자들을 가르쳤다. 이때 학도들의 나아갈 바 지침인 『격몽요결』과 『학교모범』

을 저술하였다. 와병 중에 저술한 「육조방략」을 최후로 남기고, 1584년 1월 16일 49세로 별세하셨다. 무엇보다도 율곡은 교육 지상주의를 부르짖은 교육철학자이며, 저술가인 동시에 구국 제민을 위해 몸소 실천한 위대한 정치가이자 애국자이다. 1624년(인조 2년)에 문성(文成)이라는 시호를 내리고, 문묘에 제사 지내게 되었다.(「栗谷先生行狀記」/이민수 옮김, 1991, 165~167).

조선 유교의 교육론을 잘 정돈하고 있는 『격몽요결』은 그 서문에서 다음과 같이 밝히고 있다.

"사람이 이 세상을 살아가는 데 있어, 학문을 하지 않으면 올바른 사람이 될 수 없다. 그런데 여기서 말하는 학문이란 것은 절대로 이상한 물건이 아니다. 학문이란 무엇이냐? 부모가 자식을 사랑하는 일, 자식이 부모에게 효도하는 일, 신하가 임금에게 충성하는 일, 부부간에 분별 있게 지내는 일, 형제간에 우애를 지키는 일, 나이 젊은 사람은 어른에게 공손히 해야 하는 일, 친구 사이에는 믿음을 갖는 일 등이다. 이런 일들을 날마다 살아가는 삶 속에서 마땅한 것을 얻어 행해야 할 것이고, 공연히 마음을 현묘한 곳으로 달려서 무슨 이상한 효과가 나타나기를 넘겨다보지 않는 것이다.

어쨌든 이 학문을 하지 않은 사람은 마음이 막히고 소견이 어둡게 마련이다. 때문에 사람은 반드시 글을 읽고 이치를 궁리해서 자기 자신이 마땅히 행해야 할 길을 밝혀야 한다. 그런 뒤에야 학문이 깊은 경지에까지 이르고 행동도 올바르게 된다. 그런데 지금 사람들은 이런 학문이 날마다 행동하는 일상에 있음을 알지 못하고, 공연히 이것을 까마득히 높고 멀어서 보통 사람으로서는 행하지 못하는 일이라고 생각한다. 그리하여 이 학문을 자기는 하지 않고 남에게 밀어 맡겨 버리고서 자신은 스스로 포기하고 있으니, 어찌 슬픈 일이 아니겠는가?(『擊蒙要訣』「序」)"[115]

115) 人生斯世, 非學問, 無以爲人. 所謂學問者, 亦非異常別件物事也. 只是爲父當慈, 爲子當孝, 爲臣當忠 爲夫婦當別, 爲兄弟當友, 爲少者當敬長, 爲朋友當有信, 皆於日用動靜之間, 隨事各得

학문을 하는 데 제일 먼저 필요한 것은 '입지(立志)'이다. 입지란 글자 그대로 보면, '뜻을 세우는 일'이다. 마음을 행하는 곳이 도에 어긋나지 않도록 확실히 정하는 것을 말한다. 다시 강조하면, 어느 것이나 올바른 길을 행하기 위해 움직이지 않는 확고한 마음을 정하는 것을 의미한다. 그러므로 학문하는 사람이 제일 먼저 가져야 할 태도이다.

사람의 용모나 힘, 육체는 억지로 변화시킬 수가 없다. 추한 얼굴을 곱게 바꿀 수 없고, 고운 얼굴을 추하게 만들 수도 없다. 사람의 힘도 약한 자를 강하게 만들 수도 없고 강한 자를 약하게 고칠 수도 없다. 사람의 신체 또한 작은 자를 크게 만들 수 없고 키가 큰 자를 작게 고칠 수도 없다. 그러나 단 한 가지 바꿀 수 있는 것은 '심지(心志)'이다. 사람의 마음과 뜻은 바꿀 수 있다. 사람의 마음은 어리석은 자를 지혜로운 사람으로 만들 수 있고 못난 사람을 어질게 만들 수도 있다. 왜냐하면 사람의 마음은 비어 있고 신령스러워, 타고날 때의 심지에 구애받지 않기 때문이다.

이렇게 바꿀 수 있는 심지를 가지고서도 어찌하여 어질고 지혜로운 사람이 되려고 노력하지 않는가? 자기의 심지를 어질고 지혜로운 곳으로 이끌어 나가도록 뜻을 세우는 것이 바로 입지이다.

"처음 학문을 하는 사람은 반드시 먼저 뜻부터 세워야 한다. 그리하여 자기도 성인이 되리라고 마음먹어야 한다. 조금이라도 자기 스스로 학문을 하여 성인이 되지 못한다고 물러서려는 생각을 가져서는 안 된다. 일반적으로 보통 사람과 성인을 비교해보면, 그 근본 성품은 한가지이고 둘이 아니다. 그들이 가진 기질에는 맑은 것과 흐린 것, 또는 순수한 것과 잡박한 것의 차이는 있다. 하지만 몸소 실천하여 자기가 가졌던 낡은 옛 풍습을 버리고 타고난 본래의 성품을 회복한다면, 여기에

其當而已, 非馳心玄妙, 希覬奇效者也. 但不學之人, 心地茅塞, 識見茫昧. 故必須讀書窮理, 以明當行之路, 然後造詣得正, 而踐履得中矣. 今人, 不知學問在於日用, 而妄意高遠難行. 故推與別人, 自安暴棄. 豈不可哀也哉.

터럭만큼도 보태지 않아도 온갖 착한 일을 모두 구비할 수가 있다. 그런데도 사람들은 왜 성인이 되려고 애쓰지 않는가? 맹자는 성의 선함을 말하되 반드시 요임금과 순임금을 일컬어 실증하며 말하기를, '사람은 누구나 요임금과 순임금처럼 될 수 있다.'라고 하였으니, 어찌 우리를 속였겠는가?(『擊蒙要訣』「立志」)"[116]

다음에 이어지는 「혁구습(革舊習)」에서는 자기에게 남아 있는 잘못된 습관을 버릴 것을 권고한다. 사람이 학문에 뜻을 두었다고 해도, 용맹스럽게 앞으로 나가고 전진해서 무슨 일을 이루지 못하면 옛날의 습관이 그 뜻을 막아 흐려버리고 만다. 옛날의 묵은 습관이란 무엇인가?

첫째, 그 마음과 뜻을 게을리 하고, 자기 행동과 모양을 아무렇게나 버려 두며, 일신이 편안하게 지낼 것만 생각하고, 예절이나 올바른 일에 구속되는 것을 싫어하는 일이다. 둘째, 항상 움직일 것만 생각하고, 조용히 자기 마음을 지키려고 애쓰지 않으며, 어지럽게 드나들면서, 쓸데없는 말만 하고 세월을 보내는 것이다. 셋째, 악하고 이상한 짓을 좋아하고, 보통 풍속에 골몰하며, 자기 행동을 조심하려고 해도 남들이 자기를 괴상히 여길까 두려워하는 것이다. 넷째, 공연히 문장을 잘하는 것을 가지고 세상 사람들에게 칭찬받으려 하며, 경전에 있는 글을 따다가 자기 글인 체하고 헛된 문장을 꾸며 만드는 것이다. 다섯째, 쓸데없는 편지 쓰기를 일삼고, 거문고 뜯기, 술 마시기를 일삼으며, 공연히 놀고 세월을 보내면서, 자기만이 맑은 운치를 가지고 사는 체하는 것이다. 여섯째, 한가롭게 아무 하는 일도 없는 사람들을 모아 놓고 바둑 두고 장기 두는 것을 일삼으며, 배불리 먹고 마시면서 날을 보내고 남과 다투기를 피하는 것이다. 일곱째, 부자로 살거나 귀하게 지내는 사람을 부러워하고, 가난하고 천하게 지내는 것을 싫어하며, 좋지 않은 의복과

116) 初學, 先須立志, 必以聖人自期, 不可有一毫自小退託之念. 蓋衆人與聖人, 其本性則一也. 雖氣質不能無淸濁粹駁之異, 而苟能眞知實踐, 去其舊染而復其性初, 則不增毫末而萬善具足矣. 衆人豈可不以聖人自期乎. 故孟子道性善, 而必稱堯舜以實之曰, 人皆可以爲堯舜, 豈欺我哉.

좋지 않은 음식을 몹시 부끄러워하는 것이다. 여덟째, 매사에 욕심만 부리고 아무런 절조가 없으며, 잘잘못을 판단해서 억제할 줄을 모르고, 자기에게 재물이 돌아오는 것과 좋은 소리 좋은 빛을 지나치게 탐하는 것이다. 이상은 모두 자기 마음을 해롭게 하는 습관이다. 그러므로 이를 깨끗이 없애 버리지 않고는 아무것도 배우지 않은 사람이 되고 만다.

몸가짐을 당부하는 「지신(持身)」에서는 학문을 하는 사람은 반드시 자기 마음을 정성스럽게 하여 올바른 도리를 행하며 나가야 한다. 그리고 세속의 자질구레한 잡된 일을 가지고 자기의 뜻을 어지럽혀서는 안 된다. 그런 뒤에라야 그 학문이 비로소 튼튼한 기초가 이루어진다. 때문에 공자는 '성실한 마음과 믿음을 삶의 중심으로 하라.'라고 말했다.

자기 몸과 마음을 가다듬고 수습하는 데는 아홉 가지 용모인 '구용(九容)'보다 중요한 것은 없고, 학문을 진보시키고 지혜를 더하게 하는 데는 아홉 가지 생각인 '구사(九思)'보다 소중한 것이 없다. 구용은 '① 발은 무겁게 놀려야 한다. ② 손은 공손히 놀려야 한다. ③ 눈은 단정하게 떠야 한다. ④ 입은 다물고 있어야 한다. ⑤ 목소리는 조용하게 내야 한다. ⑥ 머리는 곧게 가져야 한다. ⑦ 기운은 엄숙하게 가져야 한다. ⑧ 서 있을 때는 덕이 있어 보이도록 반듯하게 해야 한다. ⑨ 얼굴빛은 씩씩하게 가져야 한다.'이다. 구사는 '① 사물을 볼 때는 밝은 것을 생각하라. ② 소리를 들을 때는 귀 밝은 것을 생각하라. ③ 얼굴빛은 온화할 것을 생각하라. ④ 몸모양은 공손할 것을 생각하라. ⑤ 말할 때는 충실할 것을 생각하라. ⑥ 일할 때는 공경함을 생각하라. ⑦ 의심나는 일이 있으면 남에게 물을 것을 생각하라. ⑧ 성이 날 때는 어지러울 것을 생각하라. ⑨ 얻는 물건이 있거든 의리를 생각하라.'이다.

또한 「독서(讀書)」에서 글을 읽는 요령을 설명하였다. 대체로 글을 읽는 데는 반드시 한 가지 책을 익숙하게 읽어서 그 의리와 뜻을 모두 깨달아 통달하고 의심이 없이 된 후에라야 비로소 다른 책을 읽어야 한다. 여러 가지 책을 탐내며 이것저것 얻으려고 바쁘고 분주하게 섭렵해서는 안 된다. 이는 정독하여 통달할 것을 강조한 것이다.

「거가(居家)」에서는 집안에서의 생활 태도를 강조하였다. 집에 있을 때는 마땅히 예법을 삼가고 지켜서 처자와 집안사람을 거느리고 이들에게 모두 각각 직책을 나누어 주고, 또 저마다 할 일을 맡겨 준다. 그리하여 그들의 하는 일에 성과가 오르도록 늘 감독하고 독려한다. 재물의 소비를 절제하여 수입을 따져서 지출하도록 하고, 또 자기 집안 재산을 헤아려서 어른이나 아이들의 옷과 음식에 소용되는 것을 쓰도록 한다. 또 길한 일이나 흉한 일을 당했을 때도 모두 절도에 맞추어 쓰도록 하고, 조금도 낭비하는 것이 없도록 제재해야 한다. 또 화려하고 사치스러운 것을 금하고 항상 저축이 조금씩이라도 있도록 예비했다가 불시에 생긴 일이 있을 때 쓰도록 한다. 관혼의 제도는 마땅히 가례에 의하여 하고 억지로 풍속을 따를 필요는 없다.

「접인(接人)」에선 '사람을 어떻게 대할 것인가'에 대한 지침을 준다. 대체 사람을 상대할 때는 마땅히 화평하고 공경하기에 힘써야 한다. 나이가 자기보다 배가 되면 아버지와 마찬가지로 섬긴다. 10년이 자기보다 많을 때는 형으로 섬긴다. 5년이 많으면 조금 공경해서 대접한다. 가장 못 쓰는 것은 자기의 학문을 믿고서 자기가 제일인 체하며 우쭐대거나 남을 업신여기는 태도이다. 친구를 가리는 데는 반드시 학문을 좋아하고 착한 일을 좋아하는 사람을 골라서 사귀어야 한다. 또 성격이 엄하고 곧은 사람을 선택해야 한다. 이런 사람을 골라서 함께 거처하면서 내 마음을 비워 놓고 그 사람의 모범적인 일과 경계를 받아들여 나의 단점을 다스려야 한다. 그렇지 않고 성질이 게으르고 놀기만 좋아하며, 흐리멍텅하고 곧지 못한 자는 함께 사귀지 말아야 한다.

8. 다산의 『맹자요의』

조선 후기 유교를 일반적으로 실학(實學)이라고 부른다. '실학'이라는 말은 천관우가 1952년 『역사학보』 제2·3집에 「반계 유형원 연구」를 발표하면서 비롯된 새로운 개념이었다. 천관우는 양계초의 '귀창(貴創)·박증(博證)·치용(致用)'의 리론을 채용하여 '실정(實正)·실증(實證)·실용(實用)'으로 풀어서 실학의 개념을 정립하고자 하였다. 그 후 1958년 한우근이 『진단학보』 제19호에서 천관우의 설을 비판하면서, 「이조실학의 개념에 대하여」를 발표하였는데, '경세치용(經世致用)의 학'이라고 하였다. 이는 실용적 측면에서 말한 것이다. 한편, 문일평·홍이섭·김양선 등은 실증적 측면을 강조하면서 실학을 '실사구시(實事求是)의 학'이라고 정의하였다.

박종홍은 1963년 『대동문화연구』에서 「한국에 있어서의 근대적인 사상의 추이」를 발표하면서 실학 개념의 지평을 확장하였다. '성실(誠實)은 마음으로 생각만 하는 데 있지 않고 실천 역행함으로써 실현되는 것이 사실이다. 무실(務實) 사상은 바로 이 역행(力行)을 강조한 것이다. 그것을 우리 선인들은 실학이라는 이름으로 불러 온 것이다.'라고 하여 '무실역행(務實力行)의 실학'을 언급하였다. 실학 개념에 대한 이러한 견해는 무실역행이 민주적 사상과 결부되어 보다 구체적인 현실성을 띠며 요구될 때, '경세제민(經世濟民)'의 사상으로 시대적 풍조를 뚜렷하게 형성한다. 그것은 다시 새로운 서구의 근대적 과학을 도입·섭취하는 기틀을 마련하게 되었다. 이는 실학을 '성실의 실천학'으로 보기 때문에, 앞에서 언급한 '실증·실용'과는 또다시 구별되는 '인간적 성실'과 '유리적 실천'의 개념을 엿보게 한다.

이런 측면에서 실학은 실용적 측면을 강조하는 '경세치용'과 실증적 측면을 중시하는 '실사구시', 그리고 인간의 성실과 윤리를 중시하는

'무실역행'을 아우르는 복합성을 띠고 있다. 이런 와중에 전해종은 '수기치인(修己治人)의 실학을 제기하였다. 수기치인은 앞에서 얘기한 실학의 의미를 종합적으로 개념 지을 수 있고, 유교의 본래 정신인 공자와 맹자의 사상에 가장 가까이 다가갈 수 있다.

이러한 실학은 임진왜란과 병자호란를 축으로 하는 조선 사회의 현실적 변화와 사상의 다양화 과정에서 이루어졌다. 조선 전기와 중기의 정통 성리학과 비교해 볼 때, 조선 후기 실학은 17세기 전후에 전래된 양명학(陽明學), 서학(西學: 天主敎), 고증학(考證學) 등의 영향이 있을 것으로 생각된다. 이런 가정을 기초하여 실학의 학문적 배경을 다음의 몇 가지로 살펴볼 수 있다(금장태, 1987: 16~19).

첫째, 정통 성리학과의 관계에서 보면, 실학자들은 성리학[도학]을 부정하면서 출발한 것이 아니라, 도학의 정통성을 긍정하는 바탕에서 도학과는 다른 학문적 관심을 가지거나, 도학을 긍정하면서도 도학파의 태도에 현실적 한계가 있음을 자각하는 데서 실학적 문제 의식을 제기하였다. 둘째, 양명학과의 관계를 보면, 도학자들은 퇴계 이래로 양명학을 비판하였는데, 실학파에서는 긍정적이든 부정적이든 양명학에 대해 풍부하고 호의적인 관심을 가지고 개방적으로 이해하고 있다. 셋째, 서학과의 관계를 보면, 17세기 초부터 서양의 과학 기술과 천주교 신앙에 관한 지식이 연속적으로 수입되었고, 이에 대해 가장 민감한 반응을 보인 것이 실학이었다. 넷째, 청나라 고증학의 객관적이고 실증적 연구 태도는 실학파에서 경전에 대한 의리론적 내지 성리학적 해석을 벗어난 새로운 이해의 길을 열어 주었다.

이러한 조선 후기 학풍을 염두에 둔다면, 유교를 비롯하여 다양한 학문을 섭렵하고 많은 저술을 남긴 여유당(與猶堂) 정약용(丁若鏞, 1762-1836)에 주목할 필요가 있다. 정약용은 흔히 다산(茶山)으로 불리며 조선 후기의 실학을 집대성한 학자로 인식되기도 한다. 그러나 다산은 철저하게 유교의 체제 속에서 자신의 철학사상을 전개한다.

그의 문집인 『여유당전서(與猶堂全書)』에서 다산은 '공자의 도, 즉 유교는 자기 몸을 닦고 남을 다스리는 길일 뿐이다.[孔子之道修己治人而已]'라고 하였다. 뿐만 아니라 그의 학문을 결집한 저서 가운데 유교의 육경(六經: 詩經·書經·周易·樂經·禮記·春秋)과 사서(四書: 論語·孟子·大學·中庸)는 수기(修己)를 위하여 다루었고, 일표이서(一表二書: 經世遺表·牧民心書·欽欽新書)는 치인(治人)을 위하여 마련하였다. 이는 다산 정약용의 학문이 수기치인(修己治人)의 유교임을 천명한 것이다. 그러므로 다산학을 이해할 때, 우리는 수기치인의 학으로부터 이해해 나가야 한다. 이는 조선 후기 철학사상을 집대성한 다산이 당시 현실과 다양한 사조를 어떻게 다루었는지 가늠할 수 있는 주요한 잣대이다.

교육사상의 토대를 엿볼 수 있는 정약용의 인성론은 기존의 유교와 다른 관점을 보여준다. 그 근거는 『맹자요의(孟子要義)』의 '맹자와 고자의 성에 대한 논쟁에 대해 논의한 장'에 자세하게 보인다. 유교의 인성론은 그 발단이 고자와 맹자의 논쟁에서 시작되었다.

"고자가 말하였다. '성(性)은 버드나무와 같고, 의(義)는 나무로 만든 그릇과 같다. 사람의 본성을 가지고 인의(仁義)를 행함은 버드나무를 가지고 그릇을 만드는 것과 같다.' 맹자가 말하였다. '그대는 버드나무의 성질을 따라서 그릇을 만드는가? 그렇다면 버드나무를 해친 뒤에야 그릇을 만들 수 있을 것이다. 버드나무를 해쳐서 그릇을 만든다면, 사람을 해쳐서 인의를 행한단 말인가? 세상 사람을 몰아서 인의를 해치는 것은 반드시 그대의 말일 것이다.'(『孟子』「告子」)."[117]

이에 대한 전통적인 해석에 관해 다산은 하나씩 검토하며 자신의

117) 告子日, 性, 猶杞柳也; 義, 猶桮棬也. 以人性爲仁義, 猶以杞柳爲桮棬. 孟子日, 子能順杞柳之性而以爲桮棬乎. 將戕賊杞柳而後以爲桮棬也. 如將戕賊杞柳而以爲桮棬, 則亦將戕賊人以爲仁義與. 率天下之人而禍仁義者, 必子之言夫.

의견을 제시한다. 그 가운데 그의 인간 본성론에 대한 견해가 드러난다. 이는 조선 후기 유교적 사유가 진보하고 있다는 증거이며, 교육철학사상의 전환을 예고한다.

"조기가 해석하였다. '고는 성이고 자는 남자의 공통된 호칭이다. 이름은 불해며, 유가와 묵가의 도를 아울러 공부한 자이다. 일찍이 맹자에게 배웠으나, 성명의 이치를 제대로 통하지 못하였다.'

손석이 해석하였다. '고자의 이름이 불해라는 것은 『맹자』「진심」에 호생불해라는 사람이 있는데, 이 사람을 고자라고 여겨 성은 고이고 이름은 불해며 호생을 자로 판단한 것 같다. 그러나 조기의 주에는 '호생은 성이고 이름은 불해이다.'라고 하였으니, 두 사람이 된다. 다른 경전에는 그 사람에 대해 상세하지 않다.'

주자가 해석하였다. '고자의 이름은 불해이다.'

왕응린이 해석하였다. '『문선』의 주석에 묵자를 인용하여 말하였다. '제자들이 묵자에게 고하기를, '고자 승은 인합니다.'라고 하니, 묵자가 답하기를, '반드시 그렇지는 않다. 고자가 인을 행하는 것은 발돋움하여 크다고 하고 누워서 넓다고 말하는 것과 같으니, 오래 할 수 없다.'라고 하였다. 승은 고자의 이름인 듯하니, 어찌 맹자가 말한 고자이겠는가?'

다산이 해석하였다. '조기가 고자에 대해서는 '맹자에게서 배웠다'라 하고, 호생에 대해서는 '제나라 사람이다'라고만 하여 분명히 두 사람으로 만들었으니, 고자의 이름을 불해라고 하는 것은 혹 다른 근거가 있을 것 같다. 반드시 호생이기 때문에 이름을 불해라고 한 것은 아니다. 그러나 묵자에 분명한 글이 있으니, 조기의 주는 없애버려야 한다.'

주자가 해석하였다. '고자는 사람의 성품에는 본래 인의가 없다고 하였다.'

다산이 해석하였다. '고자는 '사람의 성품으로 인과 의를 행하는 것은 …… '이라 말하였고, 맹자는 '사람을 해치면서 인과 의를 행하는가?'

라고 하였다. 여기서 두 개의 '위(爲: 하다)'자가 가장 분명한 요목이 되니, 위인(爲仁)은 인을 행하는 일이고, 위의(爲義)는 의를 행하는 일이다. 이것을 행한 뒤에 인과 의의 이름이 성립된다. 사람의 성품 가운데 본래 인의가 있다고 한다면, 두 개의 위(爲)자를 해석할 수 없다. 그러므로 성(性)이란 '내 마음이 좋아하는 바'이다. 고자는 말하기를, '사람의 성품은 인과 의를 행할 수 있다.'라고 하였다. 성을 하늘로부터 품부받은 천리라고 한다면, 또한 어찌 바로잡는 데서 그런 마음이 생긴다고 할 수 있겠는가?"(『孟子要義』)[118]

다산은 인간의 성(性)을 '내 마음이 좋아하는 것'이라고 하여 유명한 '성기호설(性嗜好說)'을 주장한다(김경태, 1996: 55−59). 이는 성즉리(性卽理)라든가, 본연지성(本然之性), 기질지성(氣質之性)으로 나누어 보는 기존 성리학의 인성론을 극복한 것이다. 성기호설은 '인간의 본성이란 기호, 즉 자연적 경향성이다.'라는 주장이다. 본성이란 생명의 자연스런 욕구나 충동, 또는 본능의 영역을 가리킨다는 의미이다.

다산이 생각하기에 '성'은 '기호'를 중심으로 말한 것이다. 어떤 사람의 성은 산수(山水)를 좋아하고 어떤 사람의 성은 서화(書畫)를 좋아한다고 할 때, 이는 모두가 그 사람이 좋아하는 기호를 성으로 본 것이다. 성(性)자의 뜻이 본래 이러하다. 그러므로 다산은 맹자가 논의한 선단(善端)이나 성선(性善)도 반드시 기호로 말한 것으로 보았다.

인간이 좋아하는 기호이자 경향성인 성은 선과 악이 동시에 존재하

118) 趙日, 告姓也, 子男子之通稱也. 名不害, 兼治儒墨之道者. 嘗學於孟子, 而不能純徹性命之理. 孫日, 告子名不害者, 盡心篇, 有浩生不害疑爲告子, 姓告, 名不害, 以浩生爲字. 趙注又云, 浩生姓, 名不害, 又爲二人. 其他經傳, 未詳其人. 集日, 告子名不害. 麟日, 文選註, 引墨子日, 二三子復於子墨子日, 告子勝仁, 子墨子日, 未必然也, 告子爲仁, 猶鼓以爲長, 偃以爲廣, 不可久也. 勝蓋告子之名, 豈卽孟子所謂告子歟. 鏞案, 趙氏於告子, 則日, 學於孟子, 於浩生, 則日, 齊人而已, 明作二人. 則告子名不害, 或有他據. 不必以浩生之故, 名日不害也. 然墨子旣有明文, 趙注宜刊. 集日, 告子言, 人性本無仁義. 鏞案, 告子日, 以人性爲仁義. 孟子日, 狀賊人以爲仁義歟. 兩箇爲字, 最宜明目, 爲仁者, 行仁也, 爲義者, 行義也. 行之爲之而後, 仁義之名立焉. 若云, 人性之中, 本有仁義, 則兩箇爲字, 不可解也. 性者, 吾心之所好也. 告子日, 人性不好仁義, 必待撟揉而後, 可以爲之. 若云所稟之天理, 則又惡能生心於撟揉乎.

다. 성은 '좋아하는 바', 기호이기 때문에, 결정적 사안이 아닌 개방적인 것이다. 따라서 선으로 나아갈 수도 있고 악으로 향할 수도 있는 경향성을 지닌다. 성은 선천적으로 결정된 주어진 것이 아니다. 후천적인 자신의 환경이나 도덕에 따라 변하고 형성되는 가능태로 주어질 뿐이다. 기존의 유교에서는 『중용』(1장)에서 언급한 것처럼, '천명지위성(天命之謂性)'이라고 하여. 인간의 본성을 하늘로부터 부여되는 고정된 양식의 느낌이 강한 것으로 설명하였다. 하지만 다산은 여기에 '기호'나 '경향성'이라는 유연성을 부여했다.

성기호설(性嗜好說)은 천명지위성(天命之謂性)과 같은 인간 내면에 도덕적 실체가 선천적으로 부여되었다는 신념이나 리기론(理氣論)에 입각한 성리학적 인간관을 지양한다. 일종의 가능태로서 인간의 실천을 강조하는 인간관으로 전향하였다. 인간의 성이 '선이냐 악이냐'의 차원이 아니고, 자신의 자주적 능력으로 삶을 순간순간 결정할 수 있다는 주체적 특성을 부여한다.

이렇게 인간의 성품을 경향성인 기호로 본 결과, 다산의 인성론은 인간의 지위 변화에 상당한 기여를 했다. 자주적 인간 능력을 전제할 경우, 인간의 선천적 차별을 정당화 할 수 있고, 그 자주성이 갖는 인간에 대한 이해를 받아들일 경우, 교육에 대한 이해 또한 매우 유연하게 받아들일 수 있는 기반이 된다.

제 6 장

애국계몽·개화기 신교육

1. 서학의 도입

서학(西學: 天主敎: 基督敎)의 도입은 한국사상은 물론 교육철학사상에 일대 전환을 가져왔다. 천주교(天主敎: Catholic)의 도입으로부터 개신교(改新敎: Protestantism)에 이르기까지 기독교가 한국사상에 미친 영향은 막대하다. 그 도입 과정과 영향의 모습은 대략적으로 다음과 같다(아세아문제연구소/박종홍, 1974: 172－176).

임진왜란 때 일본으로 납치된 많은 조선 사람들이 그곳에서 천주학에 입교하였다. 그 가운데 한 신자가 1605년에 한문으로 된 『공교요리서(公教要理書)』를 가지고 조선으로 돌아와 동포들에게 교리를 가르치려고 하였다. 이로 미루어 볼 때, 천주학 서적이 이 무렵에 조선에 들어왔을 것으로 짐작된다. 마테오리치의 『천주실의(天主實義)』가 1595년에 중국 남창(南昌)에서 출판되었고, 1603년에는 마테오리치 자신의 서문이 붙은 제3판이 북경(北京)에서 출간되었던 만큼, 여기서 말하는 『공교요리서』는 『천주실의』일 것으로 추측되기도 하지만, 확실한 근거는 없다. 또 교리를 가르치려고 했지만 어느 정도 실행되었는지도 분명하지 않다.

임진왜란 당시 왜의 장수들에게는 군목(軍牧)에 해당하는 서양 선교사가 따랐다고 한다. 지금도 전남 해남의 대흥사에 소장되어 있는 서산대사의 유물들 가운데 유리구슬로 채색한 찬연한 십자가(十字架)가 전하고 있다. 아마도 사제(司祭) 지위의 높은 신분을 가졌던 신부가 기념으로 증정한 것 같다고 하지만, 구전(口傳)으로 알려져 있을 뿐이다. 그 유래에 관하여 신빙할 만한 학문적 고증이 아직은 미비하다. 따라서 당시 조선에 왔던 서양 선교사를 비롯하여 왜군 가운데 천주교 신자들이 과연 어떠한 영향을 끼쳤는지의 여부도 알기는 힘든 상황이다.

조선조에서 천주학 도입은 일본을 통해서라기보다는 명말 청초(明

末 淸初)에 중국으로 왕래한 사절(使節)에 의하여 이루어졌을 것으로 판단된다. 특히, 신간 서적들을 수입하면서 전해졌으리라 생각된다. 천주학은 유몽인(柳夢寅, 1559~1623)·이수광(李睟光, 1563~1628)·허균(許筠, 1569~1618) 등에 의하여 소개되는 동시에 마테오리치의 『천주실의』와 『교우론(交友論)』에 관해서는 간단하지만 비판을 가할 정도로 관심을 가졌었다.

임진왜란 후, 인조 9년(1631) 7월에 정두원(鄭斗源, 1581~?)이 진위사(陳慰使)로 북경에 갔을 때, 서양인을 만나 과학 기기들과 아울러 그들의 한문 저서들을 얻어 가지고 돌아왔다. 이후, 성호(星湖) 이익(李瀷, 1681~1763)도 『천문략(天問略)』이나 『직방외기(職方外紀)』 등을 그 가운데 얻어 보았다고 한다.

1631년에 정두원이 서양 관계 도서들을 얻어 가지고 돌아왔다고 했는데, 이는 1629년 『천학초함(天學初函)』이 간행된 지, 불과 2년 후의 일이다. 이 『천학초함』 속에는 「리편(理編)」과 「기편(器編)」의 두 편이 들어 있고, 한 편이 각기 10종의 저서로 되어 있다. 여기서 리(理)라고 함은 비단 천주학의 교리만을 말하는 것이 아니다. 서양 학술의 개요를 서술한 것, 세계의 인문 지리를 소개한 것도 이에 속한다. 그리고 「기편」 10종에는 과학 기술에 관한 저서가 망라되어 있다. 따라서 정두원이 얻어 가지고 돌아온 책 가운데 『천문략』이나 『직방외기』 이외에 그들과 더불어 천주 교리에 관한 서적들도 전하였을 수도 있다.

인조 때 인질로 북경에 잡혀가 있던 소현세자(昭顯世子)가 1644년 11월에 환국(還國)할 때, 독일 예수회 신부였던 선교사 아담 샬(Adam Schall, 1591~1666)로부터 여러 가지 선물을 받았다. 그 가운데 천주교에 직접 연관된 것은 아직 천주교를 잘 모르는 조선 사람이 천주의 높고 귀함을 더럽힐까 두려워하여 돌려보냈다고 한다. 이때 천주상(天主像)을 돌려보낸 것은 분명하다. 하지만 천주학에 관한 서적들도 같이 돌려보냈는지는 확실한 것 같지 않다. 그러나 세자는 청나라 황제가 보내온 환관과 궁녀들을 데리고 1645년 2월에 한양으로 돌아왔는데, 당시는 청나라 황실에서 천주교가 성행하던 때였다. 그러므로 함께 온 환관이나 궁녀가 신도였을 가능성이 있고, 천주교에 관한 서책을 가지고 왔을 것으로 짐작된다.

이승훈(李承薰, 1756~1801)이 북경에서 정식으로 영세(領洗)를 받고 천주학에 입교한 것은 1784년 2월의 일이다. 그리고 뒤이어 친지들의 부탁대로 많은 천주학 관계 서적을 구하여 가지고 귀국하였다. 그러나 사실은 그보다 1세기 이전에 이익이 생존했던 시기에 이미 천주학의 중요한 저서들은 거의 다 조선에 들어와 있었다. 뿐만 아니라 연구도 성행했는데, 이익을 비롯한 그의 문인들에 의하여 일반적으로 상상하는 것보다도 훨씬 깊고 철저한 비판이 가해지고 있었다.

이렇게 볼 때, 조선 시대의 천주학은 신앙 종교로 받아들여지기 이전에, 먼저 1세기 이상이나 문헌에 의한 이론적 연구와 비판을 거쳤다. 이런 점에서, 조선의 서학은 그 도입 과정에서부터 학문적 특색을 지녔다. 유학자들 가운데 신진기예(新進技藝)의 총명한 사람일수록 은근히 천주학과 관련된 서적들을 탐독하였다. 성균관에서도 젊은 유생들이 숨겨 돌려가면서 읽었고, 왕실 서고에 소장된 신간 외래서적을 읽는 것이 여의치 않음을 한탄할 정도였다.

천주교는 지금으로부터 최소한 300여 년 전에 전래되어 연구되고 신앙화의 길을 걸었다. 그 후 개신교 선교사가 들어왔고, 현재 한국에서 기독교[천주교+개신교]는 보편 종교로서의 지위를 획득했을 뿐만 아니라, 교육적 사고에도 큰 영향을 미치고 있다.

2. 「교육입국조서」와 주체적 개혁

역사에서 시대 구분 문제는 논쟁이 분분하지만, 일반적으로 '고대－중세－근대－현대'로 나누어 보기도 한다. 학자마다 약간씩의 편차는 있으나, 한국의 경우 조선시대까지는 대개 서구 중세의 봉건적 시기에 해당하는 것으로 인식한다. 그리고 근대의 기점으로 1876년의 강화도 조약(江華島條約)과 1894년의 갑오경장(甲午更張) 무렵의 개화기(開化期)와 관련지어 논의한다. 개화기는 애국계몽기(愛國啓蒙期)로 이해하기도 한다. 그런 연유에서인지 한국교육사에서 근대교육은 대개 이 시기, 즉 개화 교육, 또는 신교육을 의미하는 경우가 많다. 다시 말하면, 유교가 주축을 이루던 조선 교육이 서구 신문화의 영향을 받아 다른 양식으로 전환(paradigm shift)되는 시기이다. 이것은 일반적인 논의이다. 문제는 한국교육에서 근대와 개화를 어떻게 이해하고, 현재 우리 교육에 미친 영향, 즉 교육의 연속과 단절을 인식하는 것이 중요하다.

서구 역사에서 근대(近代: Modern)는 계몽(啓蒙: enlightenment)과 해방(解放:liberation, emancipation), 시민(市民: citizen), 민주주의(民主主義: democracy), 자유(自由: freedom, liberty), 평등(平等: equality), 민족(民族: nation), 국가(國家: nation) 등과 결부되고, 교육에서는 공교육(公敎育: Public education)의 확립과 관련된다. 사회 정치적으로 민족국가와 민주주의의 등장은 중세 봉건 군주 시대와는 다른 시민계급의 정치적 헤게모니 장악을 의미한다. 여기에서 중요한 것은 이른바, '시민'이라는 새로운 계층의 탄생이다.

그런데 조선 역사에서, 앞에서 언급한 개화기에 서구 근대 시민사회에 견줄만한 계층이 등장했는가? 즉, 사회를 이끌어갈 주체적 정치세력으로서 시민계급의 존재 여부이다. 시민의 등장은 산업의 이행 형태, 특히, 1차 산업인 농경사회에서 2차 산업인 공업사회로의 전환과도 동떨어질 수 없는 매우 중요한 문제이다. 한국의 경우, 산업화 과정의 보편적 이행은 해방이후, 1960년대 이후에 이루어진다. 그러므로 근대에 대한 서구적 시각과 조선의 상황을 재검토 할 필요가 있다.

물론, 근대화와 맞물려 있는 애국계몽기·개화기에서 애국계몽이나 개화는 서구화의 시작을 의미한다. 달리 말하면, 서양 문명에 대한 개방인 동시에 경계이다. 이때 서구는 서구 근대문명의 소산임에 분명하다. 그런 근대 문명을 받아들이는 자체를 근대화로 볼 수는 있다. 하지만, 당시 조선의 정황으로 볼 때, 서구(西歐) 유럽 사회가 이행한 본래적 의미의 근대는 아니었다. 따라서 애국계몽기·개화기의 근대화는 거친 서구 문명의 유입일 뿐, 조선 사회 자체가 자생적으로 서구적 의미의 근대화를 이룬 것이 아니라는 의미이다.

그렇다면 조선 사회의 끝자락에 자리하는 근대화, 애국계몽기 또는 개화기의 교육에 대해 어떤 의미를 부여할 수 있는가? 당시 교육을 '근대'교육이라고 할 때, 어디에 초점을 두고 이해해야 하는가? 이는 현재 한국교육과 어떻게 맥이 닿아 있는가? 그 과정은 우리의 주체적 노력과 일제 식민지 시기의 교육을 거치고, 미국의 영향권 속에서 점점 우리의 교육으로 굳어졌다.

카아(E. H Carr, 1892～1982)는 '역사는 역사가와 사실 사이의 상호작용의 부단한 과정이요 현재와 과거와의 끊임없는 대화이다.'라고 하였다. 마찬가지로, 현재의 한국교육은 과거 한국교육과의 대화여야 한다. 현재 우리 교육의 어렴풋한 테두리를 만들어준 개화와 일제, 해방 후 미국교육의 영향이 오늘에 어떻게 닿아 있는지를 고민하는 작업은 어쩌면 현재 우리 교육의 전망을 수립하는 데, 가장 중요한 작업일 수도 있다.

이러한 근대교육을 주체적 시발점 가운데 하나가 고종의 「교육입국조서(敎育立國詔書)」이다. 이는 1895년 2월에 내린 조칙으로 전통적인 유교 교육의 틀을 극복하고 새로운 세계 정황을 받아들인 개화기 조선의 교육현장에 해당한다. 고종은 주체적 교육개혁을 시도하면서 이듬해 조선이 아닌 '대한제국(大韓帝國)'이라는 나라를 새롭게 열어 나갔다. 이른바, 제후의 나라에서 황제의 나라를 건설하는 중심에 교육을 두었다. 그러기에 '교육입국(教育立國)'이라는 명령을 전 국민에게 내렸다.

"내가[高宗] 생각해 볼 때, 태조께서 나라를 세우시고 그 왕위를 줄기차게 계승한 지, 이제 504년이 지났다. 이는 실로 이전 왕들의 교화와 은덕이 여러 사람에게 스며든 것이고, 우리 백성이 충성하고 사랑을 다하였기에 가능한 일이었다. 그러므로 내가 한량없이 큰 이 역사를 이어 나가고자 밤낮으로 걱정하는 것은 이전 왕들이 남긴 교훈을 받들려는 것일 뿐이니, 백성들은 나의 마음을 알아 받들어 주기 바란다. 그대들의 선조는 이전의 왕께서 길러준 어진 백성이었고, 그대들은 또 선조의 충성과 사랑을 잘 이었으니, 바로 내가 기르는 어진 백성이다. 나와 그대들이 함께 선조들의 교훈을 받들어 억만년 편안함을 마저 이어가야 할 것이다. 아! 내가 생각하건대, 가르치지 아니하면 나라를 부강하게 만드는 것이 매우 어렵다고 판단된다.

세계의 형세를 두루 살펴보건대, 부강하고 독립적인 모든 나라는 그 백성의 지식수준이 높다. 이렇게 지식수준이 높은 것은 교육의 힘으로 된 것이니, 교육은 실제로 국가를 보존하는 근본이다. 그러므로 나는 군사(君師)의 자리에서 교육의 책임을 스스로 맡는다. 또 교육은 그 길이 있는 것이니, 먼저 비실용적인 것과 실용적인 것을 분별해야 한다. 책읽기나 글쓰기에서 옛 사람의 찌꺼기나 주워 모으고, 시세의 흐름과 국면을 파악하지 못하는 자는 그 문장이 아무리 훌륭할지라도 아무런 쓸모가 없는 한 서생(書生)에 지나지 않는다.

이제 내가 교육의 강령을 보이니, 비실용적인 것은 물리치고 실용적인 것을 취하도록 하라.

첫째, 덕을 기르는 일이다[德養]. 이는 오륜(五倫)의 행실을 닦아 인간관계를 문란하게 만들지 말고 세상의 질서를 유지하며, 사회의 행복을 증진시키는 것이다.

둘째, 몸을 기르는 일이다[體養]. 이는 몸의 움직임을 떳떳이 하여 부지런히 힘쓰는 것을 중심으로 한다. 게으른 행동을 하거나 편안한 것만을 추구하지 말고, 괴롭고 어려운 것을 피하지 말며, 신체를 튼튼하게 하여 건강하게 병 없는 즐거움을 누리도록 하는 것이다.

셋째, 지혜를 기르는 일이다[智養]. 이는 사물의 이치를 깨쳐 나의 지식을 완전하게 한다. 타고난 재능을 다하여 궁리하고, 좋은 것과 싫은 것, 옳은 것과 그른 것, 긴 것과 짧은 것을 따져 거기에만 머물지 않으며, 내 것과 남의 것의 구역을 세우지 말고, 자세히 연구하여 널리 통하기를 힘써야 한다. 그리고는 한 몸의 이익만을 위해 일을 도모하지 말고, 모든 사람들을 위한 공중의 이익을 도모해야 한다.

이 세 가지가 교육의 기강이다. 나는 정부에 명하여 학교를 널리 세우고 인재를 양성하며 그대들 백성들의 학식을 증진함으로써 국가 중흥을 이룩하려고 한다. 그러니 백성들은 충성하고 애국하는 심성으로 그대의 덕(德)과 체(體)와 지(智)를 길러라.

왕실의 안전은 백성의 교육에 있고, 국가의 부강도 백성의 교육에 있다. 백성이 수준 높은 경지에 도달하지 못하면, 어찌 짐이 나라를 제대로 다스렸다 할 수 있으랴! 정부가 어찌 감히 그 책임을 다하였다 할 수 있으며, 또 백성은 어찌 감히 교육의 길에 마음을 다하고 협력하였다 할 수 있으랴!

부모는 이것으로써 그 자식을 추동시키고, 형은 이것으로써 그 아우를 권면하며, 벗은 이것으로써 친구의 도리를 행하도록 하여, 분발하기 바란다. 나라의 어려움을 극복할 사람은 오직 백성일 뿐이고, 나라의 모욕을 막을 이도 오직 백성일 따름이다. 이는 백성의 당연한 직분이다. 지식의 수준에 따라 그것이 어디에 쓰여야 하는지 고민하되, 잘못 된 점이 있으면 오직 그대들의 교육이 밝지 못한 탓이라고 말할 것이다. 모든 백성이 서로 한 마음이 되도록 힘쓰라.

그대들 백성의 마음이 또한 짐의 마음이니, 힘쓸지어다. 이와 같이 된다면, 나는 선왕들의 덕광(德光)을 사방에 날릴 것이고, 그대들 백성 또한 선조들의 어진 자식과 착한 손자가 될 수 있을 것이니, 힘쓸지어다."

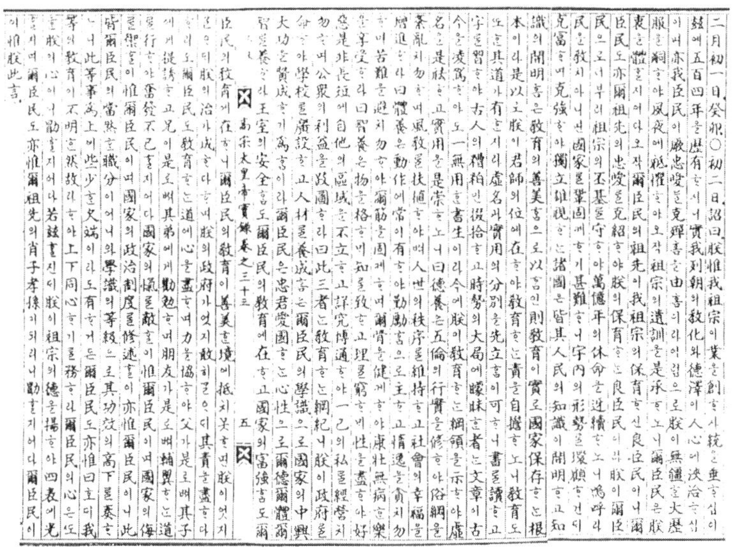

『교육입국조서』

「교육입국조서」는 국가 중흥의 염원을 담고 있는 개화 조선의 교육 현장으로 볼 수 있다. 「조서」의 내용은 현재 한국교육의 원형적 형태를 이룰 만한 의미심장한 언급을 하고 있다.

첫째, 가장 원론적인 내용으로 '교육은 국가를 보존하는 근본이다.'라는 인식이다. 흔히 교육을 '국가백년지대계(國家百年之大計)'라고 한다. 국가의 정책 수립에서 100년 정도의 긴 안목을 가지고 계획을 하여 나라의 부강을 꾀하는 근본이 되는 정책이라는 의미이다. 고종은 어지러운 조선을 다시 부강한 국가로 끌어올리려는 기본 계획에서 '교육입국(教育立國)'이라는 원칙을 천명하였다. 그것은 당시 세계정세를 파악해 볼 때, 이른 바 강대국으로 불리는 국가들은 모두 국민들의 지식수준이 높다는 것을 깨닫고, 그것이 교육으로 말미암아 성취되었다는 것을 파악한 데서 비롯되었다. 어쩌면 세계정세의 흐름에 민첩하게 대응한 것으로 판단된다.

둘째, '교육의 실용성을 중시하였다'라는 점이다. 허위의식에 빠진 교육으로는 격동하는 현실 사회를 헤쳐 나가기 힘들다! 그런 깨달음은 아마 서구 과학의 실제적인 힘을 보고, 현실적이고 실천적인 사항이 교육적으로 중요하다는 인식에 기인한다. 물론 여기에는 당시 조선 사회의 주요한 정신적 기반인 성리학적 사유의 한계가 반영되기도 했을 것이다.

셋째, '교육의 강령'을 구체적으로 세 가지로 제시했다. 덕(德)과 체(體)와 지(智)이다. 당시 조선에서 지속되었던 유교 경전 중심의 전통교육을 지양하고 세계정세에서 새롭게 전개되는 신교육의 물결을 타려고 한 것은 사실인 듯하다. 그러나 내용상 조선 전통의 교육을 포기한 것이 아니라 전통의 창조적 계승을 중심으로 하고 있다. 그 근거로 덕양(德養)의 중심에 유교의 핵심 윤리인 오륜(五倫)을 두고 있고, 체양(體養)의 내용 또한 단순한 신체 단련을 넘어 기거동작(起居動作)을 떳떳이 하여 부지런히 힘쓰는, 유교에서의 수신(修身)을 핵심으로 한다. 지양(智養)의 내용도 사물의 이치를 깨쳐 지식의 완성을 꾀하는 유교의 격물치지(格物致知)를 주요하게 다루고 있다. 이는 페스탈로치(Pestalozzi, Johann Heinrich, 1746~1827)를 비롯한 근대 서구교육에서의 삼육론(三育論; 智德體)에 비유되기도 한다.

이렇게 볼 때, 「교육입국조서」의 교육 강령 자체는 유교 교육의 탈

피에 중점을 두기보다는 세계정세에 비추어 보아 강력한 국가를 건설하기 위한 기본적 전제 조건으로 교육의 중요성을 다시 천명하면서 새로운 교육을 모색하는 기로에 있다고 볼 수 있다. 그 핵심이 백성의 지식수준을 끌어올려 국가 부강의 초석으로 삼는 일이다.

그것은 내용상 전통교육과 신교육의 조화라고 판단된다. 유교의 전통교육은 '덕양(德陽)'의 기준이고, '체양(體養)'과 '지양(智養)'은 서구의 신교육을 도입하여 실용을 숭상하는 방식으로 진행해 나갔다. 이런 교육과정은 전인적 애국인상(全人的 愛國人象)을 교육을 통해 길러내야 할 인간으로 상정하였던 것이다.

이후, 대한제국의 수립과 더불어 근대적 교육법규가 제정·공포되면서 한국의 근대교육은 희망을 보이기 시작했다. 「교육입국조서」 발표 이후, 10여년간 소학교(小學校), 사범학교(師範學校), 외국어학교(外國語學校), 중등학교(中等學校), 성균관 개편(成均館 改編), 의학교(醫學校), 상공학교(商工學校), 농학교(農學校), 선교계학교(宣教係學校) 등 기초와 실용을 겸비한 교육입국의 양상을 활발하게 드러냈다.

3. 박은식의 전통 교육 계승과 혁신

「교육입국조서」와 일제의 교육 간섭이 진행되는 가운데, 애국 계몽적 차원의 교육적 사유가 등장하였다. 그것은 백암(白巖) 박은식(朴殷植, 1859~1925)에 의해서이다. 그의 교육사상은 1904년에 지은 『학규신론(學規新論)』에 집중되어 있다. 그것은 국내 애국계몽활동에서 큰 비중을 차지하는 교육활동의 산물이다(김광표, 2004: 18)

『학규신론』은 모두 13개의 항목으로 나누어 기술한 저술로 당시 고민한 '교육총론'을 잘 보여준다. 더구나 1880년대 이후, 격동의 세월동안 그가 겪은 사회적·학문적 활동의 공식적 견해라는 점에서 의미심장하다. 중요한 사실은 그 내용의 핵심이 유교를 중심으로 전개되고 있다는 점이다. 먼저, 『학규신론』에서 논의하고 있는 13가지 핵심 주제를 보면 다음과 같다.

‘① 배움은 활동적이어야 한다[論學要活法] ② 배움에서 뜻을 겸손하게 해야 한다[論學要遜志] ③ 배움은 애쓰는 데서 이루어진다[論學由發憤] ④ 유교는 국가 부강에 유익하다[論游學之益] ⑤ 보통교육과 전문교육은 배움의 시작과 끝이다[論普通及專門] ⑥ 한글로 민중들을 가르치자[論國文之敎] ⑦ 학교를 설립하는 일에 힘쓰자[論設塾之務] ⑧ 서적을 출간하여 보급하자[論印書之宜] ⑨ 교육에서 권장하고 징계하는 규칙을 만들자[論勸懲之規] ⑩ 인재등용을 위한 공정한 시험제도를 실시하자[論試驗之法] ⑪ 중책을 맡은 정치 관료는 여유가 있을 때마다 배워야 한다[論仕優而學] ⑫ 국가의 운명은 학문과 직결된다[論國運關文學]. ⑬ 최고의 가르침이 무엇인지 깨닫고 유지해야 한다[論維持宗敎]’

이 교육주제의 내용을 풀어가는 데, 박은식은 대부분 유교의 전거를 채용한다. ‘① 배움은 활동적이어야 한다[論學要活法]’에서 ‘사람의 활동은 천지의 기운과 함께 유행하여 쉬는 법이 없다’라는 유교의 세계관을 보여주며, 교육을 정의한다. 교육은 우주자연의 이치에 순응하여 밝은 마음을 개발하고, 힘을 배양하는 일이다(길창근, 2004: 179). 그것은 ‘몸과 마음의 활동’에 의해 구현된다. 이는 유교의 소학(小學)에서 육예(六藝)의 활동적인 교육과 같다. 현대교육에서 서구의 체조나 관찰학습 등이 바로 이런 육예의 활동학습과 동일한 구조이다.

백암이 한탄한 것은 실제로 유교 교육 자체의 사상적 한계나 교육 실천의 제한 때문이 아니다. 개화기 조선의 아이들 교육이 왜곡되어 있는 것에 자기반성이다. 그것은 다음과 같은 인식에서 확인된다.

“어린이들을 가르치는 스승의 가르침이란, 오직 글을 읽고 글씨를 쓰는 것뿐이다. 입으로 글자나 구절을 읽기는 하지만 마음속에서 그 뜻을 알지 못하니 어떻게 심지(心智)를 계발할 수 있겠는가? 앉으면 반드시 벽을 향하여 마치 무엇을 꺼리고 두려워하는 것이라도 있는 듯하며, 감히 동작을 마음대로 못하니, 이렇게 하고서야 어떻게 몸을 기를 수 있단 말인가?(『學規新論』「論學要活」)”

이런 교육 자세가 조선조 양반 중심의 유교 교육에서 오는 폐단인 것은 분명하다. 그러나 그것을 유교의 근본에 충실한 교육으로 단정할 수는 없다. 백암이 비판하는 것처럼, ‘근세에 이르러 유교의 법도가 편벽되고 침체되는 병통을 면하지 못하고 있기’ 때문이다. 유교에서 활동적으로 교육에 임하고 자신의 삶을 구가했던, 주공(周公)과 공자(孔子), 자로와 염유, 자공, 호안정 등은 모범적인 교육자로 옹호된다.

문제는 시대 상황이다. 백암은 정자(程子)의 역(易)의 논리를 원용한다. “수시(隨時)로 변역(變易)하여 도(道)를 따르라.” “시대의 학자들에게 고금(古今)의 변역(變易)을 밝게 살피고, 시대에 맞는 조치를 깊이 강구하여, 유학의 원리에 따라 마르고 새롭게 하도록 한다면, 어찌 정치가 밝아지고 여유 있지 않겠는가?” 이는 시대에 맞는 교육 방법을 깊이 탐구하고 교육에서 활동을 중시하라는 주문이다(오태환, 2006: 32).

이런 점에서 유교는 40대 후반에 접어든 백암에게서 교육의 지침이었음에 분명하다. 뒤이어 나오는 다른 주제에서도 유교 교육의 근거는 지속적으로 제시된다.

‘② 배움에서 뜻을 겸손하게 해야 한다[論學要遜志]; 서경(書經)–오직 뜻을 겸손히 하는 것을 배우고 시의(時宜)에 민첩하게 적응하는 일에 힘써야만 공을 이룰 수 있다./논어(論語)–세 사람이 길을 가면 반드시 내 스승이 있다./주역(周易)–선으로 돌아오는 길에 미혹하면 흉하다. ③ 배움은 애쓰는 데서 이루어진다[論學由發憤]; 논어(論語)–알려고 애쓰지 않으면 가르쳐 열어주지 않고 뜻을 표현하려고 애쓰지 않으면 깨우쳐 주지 않는다./맹자(孟子)–마음을 괴롭히고 뜻에 거슬린 뒤에라야 분발한다. ④ 유교는 국가 부강에 유익하다[論游學之益]; 중봉(重峰) 조헌(趙憲)－하늘이 남자를 낸 것이 어찌 우연한 일이겠는가. ⑤ 보통교육과 전문교육은 배움의 시작과 끝이다[論普通及專門]; 주대(周代)의 소학(小學)과 한 대(漢代)의 유교(儒敎). ⑥ 한글로 민중들을 가르치자[論國文之教]; 사제(思齋) 김정국(金正國)－구결본 언해본 간행. ⑦ 학교를 설립하는 일에 힘쓰자[論說塾之務]; 숙(塾)·상(庠)－고대의 학교. ⑧ 서적을 출간하여 보급하자[論印書之宜]; 특별한 언급 없음. ⑨ 교육에서 권장하고 징계하는 규칙을 만들자[論勸懲之規]; 예기(禮記)－학업을 이루지 못하는 자는 등용하지 않고 다른 사람과 동등하게 보지도 않는다./논어(論語)－정치로써 인도하고 형벌로써 가지런히 한다. ⑩ 인재등용을 위한 공정한 시험제도를 실시하자[論試驗之法]; 준사(俊士)－주대(周代)의 추천제도. ⑪ 중책을 맡은 정치 관료는 여유가 있을 때마다 배워야 한다[論仕優而學]; 정자산(鄭子産)/논어(論語)－배우고 여유가 있으며 벼슬하고, 벼슬하고 여유가 있으면 배운다./조선시대 독서당(讀書堂). ⑫ 국가의 운명은 학문과 직결된다[論國運關文學]; 격물치지(格物致知).'

이렇게 제시한 12개의 주제 가운데 단 하나, '⑧ 서적을 출간하여 보급하자[論印書之宜]'라는 대목에서만 유교와 관련한 구체적 전거가 없을 뿐, 나머지 모두는 유교의 주요 경전이나 유교적 사고를 근거로 시대에 대응한다. 그것은 유교를 확고한 기반으로 하되, 새롭게 전개되는 시대 상황을 유학자의 눈으로 재조명하는 형국이다.

백암의 교육사상이 왜 유교에 기반 하는지는, '⑬ 최고의 가르침이 무엇인지 깨닫고 유지해야 한다[論維持宗教]'라는 대목에서 절정을 이룬다. "우리 한국은 공자를 스승으로 받들어서 삼강오륜(三綱五倫)이 실로 국가의 기강이 되어 있으며, 육경(六經)과 사서(四書)를 배워 멀리 도통(道統)을 이어받아 예의(禮儀)를 닦아서 밝히고, 착한 풍속(風俗)과 교화(敎化)를 심은 지 오래이다. 아아, 시대가 내려오면서 선비의 기풍이 날로 쇠해져서 그 흐름이 아름다우면서도 실리가 없게 되어, 마침내 교화를 받지 못한 백성에게 이단(異端)에 현혹되게 하고, 그 형세가 갈수록 만연되어 끝이 없게 되었다. 공자의 도(道)가 겨우 명목만을 유지하게 이르렀으니, 나라의 원기(元氣)가 이것으로 말미암아 더욱 위축되고 있다. 실로 통탄을 금치 못하겠다(『學規新論』「論維持宗敎」)."

상당수의 연구자들은 이 부분을 종교(宗敎: religion)로 이해한다. 여기에서 종교는 '최고의 가르침', '교육의 종지'라는 의미이다. 물론, 서구의 선진 국가들이 기독교라는 최고의 가르침인 종교를 지니고 있다는 데 상대하여 유교를 상정할 수도 있다. 백암은 '종교설(宗敎說)'과 '흥학설(興學說)'에서 다음과 같이 주장하며 유교의 종교화를 주장하는 듯하다. 최근 서양 각국의 형세를 보면, 위로 제후로부터 아래로 백성들에게 이르기까지 종교를 숭상하고 믿는 것이 저 같이 지극하다. 그런데 우리 동양 몇 나라는 공자를 숭배하고 믿는 것이 저들에게 미치지 못하는 것이 이만 저만이 아니다. 구주 각국의 풍속은 종교를 유지하는 것으로 국가의 맥박을 보존하는 방법을 삼았다. 그런데 우리 아시아에서 공자의 학문을 한다고 하는 자는 홀로 이 종교를 유지할 방법을 생각지 않는가?

이때 유교는 종교적 의미의 유교가 아니라, 우리나라 최고의 가치를 지닌 국가사상의 지침을 의미한다. 백암은 그것을 공자의 도, 유학에서 찾았다. 백암은 1909년 9월 11일 장지영 등과 함께 대동교(大同敎)를 창건한다. 대동교는 그 종지가 '대동사상(大同思想)'으로 유교에 충실한 가르침이다. 그렇다고 특정한 신(神)이나 교리(敎理), 신도(信徒)의 3박자를 갖춘 종교는 아니다. 그런 차원에서 백암의 생각은 도덕적으로 깨끗하고 부강한 나라 건설의 기초에 유교가 자리 잡기를 요청한 것 같다.

그러나 백암의 교육사상을 다룬 대부분의 연구는, 백암의 교육사상 자체에 대한 집중적 조명보다는 교육구국운동이나 민족교육, 근대적 계몽 차원에서 논의하고 있다. 아울러 백암이 양명학(陽明學)의 지행합일(知行合一)의 교육사상을 주장하고 있다고 보고, 이를 부각시킨 경우도 있다. 이 또한 양명학이 유교의 한 갈래임을 인지하지 못하고 있다는 느낌이다. 이런 이해와 해석은 백암 자신이 유학자이고 그것의 장단점을 논의하고 있음에도 불구하고, 개화기 근대 교육 연구자들이 전통 유교의 역할을 놓치거나 유교를 외면하는 양상에 다름 아니다.

앞에서 열거하였듯이, 『학규신론』의 기본 근거와 정신은 유교에 있다. 그러나 『학규신론』을 쓴 백암의 취지는 19세기 후반 20세기 초반이라는 시대 상황에서 한국교육의 방향을 제시하는 데 있었다. 즉, 개화기 교육철학사상의 한 양상을 보여주는 일이었다. 그것은 당시 교육의 한계와 시대정신에 부합하는 새로운 대책으로 나타난다. 이때, 한계는 교육의 중심이었던 전통 유교 교육의 형태이고, 대책은 서구 강대국들이 지니고 있던 교육 양식의 원용과 유교 정신에 기초한 시무책(時務策)이다.

각 주제별로 원용과 시무책의 사례를 요약·검토하면 다음과 같다. 백암은 '① 배움은 활동적이어야 한다[論學要活法]'에서 유아교육의 선구자인 프뢰벨(Friedrich Wilhelm August Fröbel, 1782~1852)의 교육 방법론을 거론한다. 여기에서 교육의 핵심은 어린이 지도에 있다고 주장한다. 어린이를 지도하는 가장 좋은 방법은 그 천성(天性)을 따르게 하는 작업이다. 때문에 프뢰벨은 '어린이가 활동하기 좋아하는 것은 바로 천성이다'라고 했다. 사람은 어릴 때부터 자라나면서 몽매(蒙昧)했던 마음이 점점 밝아지고 연약했던 몸이 점점 굳세어진다. 미국에서는 어린이를 양육하는 방법으로 체조를 익히고, 보통학교에서는 우리의 전통 교육인 소학(小學)에서 행했던 교육을 실시한다. 그리고 사물을 관찰하여 익히는 방법도 사용한다. 아동의 천성으로서 활동성의 강조는 독서(讀書)와 습자(習字)만으로 점철된 당시 교육에 대한 비판이다(오태환, 2006: 34). 독서와 습자도 매우 중요한 교육이다. 그러나 그것에만 고착될 때, 교육은 왜곡된다. 이에 대한 백암의 교육적 원용은 프뢰벨의 교육 원리였고, 시무책은 활동성의 강조이다.

'② 배움에서 뜻을 겸손하게 해야 한다[論學要遜志]'에서는 한국 지식인들의 편견과 고집을 비판한다. 겸손은 자기만을 내세우지 않는 용기이다. 백암은 말한다. '한국의 인사들은 발자취가 문정(門庭)에서 벗어나지 않고 눈길이 바다 밖에 미치지 못하면서, 6대주가 서로 교통하고 역강이 패권을 다투는 이 시대에 편견만을 고집하고 지키면서 스스로 현명하고 옳다고 생각한다.' 이런 상황에서 겸손한 자세로 누구에게 나아가 배우겠는가! 사실 지식인들은 일찍부터 여러 나라를 두루 배우고 그 장점을 본받아 자강(自强)과 자립(自立)의 기초로 세웠어야 했다. 일본을 보라. 서양 문물이 자기 나라보다 뛰어났다는 것을 깨닫고, 배우고 익히고 모방하여 융성한 나라가 되지 않았는가!

'③ 배움은 애쓰는 데서 이루어진다[論學由發憤]'에서는 프랑스는 루이 15세(Louis XV, 1710～1774) 때의 사례를 들고 있다. 당시 프랑스는 온 나라 사람들이 학정에 시달리고 전란으로 상처를 입어 극심한 도탄 속에 허덕였다. 그러나 부지런히 물자를 생산하고 대외 무역에 종사하여 나라를 안정시키는 데 노력했다. 이것도 분발의 양식이다. 그러나 무엇보다도 교육에 치중하여 밤낮으로 글을 읽고 선정(善政)을 연구하여 마침내 부강한 나라를 이루었다. 그것은 이른 바, '교육으로 지식을 개발하고 생산으로 세력을 증진'하는 작업이었다(우혜경, 1992: 30). 한국의 상황은 프랑스가 곤경에 처했을 때와 유사하다. 따라서 이런 현실을 수치로 여기고 자강(自强)을 도모해야 한다.

'④ 유교는 국가 부강에 유익하다[論游學之益]'에서는 다양한 사물의 경험은 물론, 외국 유학의 유용성을 강조한다. 모든 것을 이론적으로, 문자(文字)를 통해서만 추구하는 것은 몸소 그 실지를 익히는 것만 같지 못하다. 이 시대에 학문이 남보다 뛰어나기를 원한다면, 선진 국가에 유학할 필요가 있다. 여러 선진국에서 실질적인 학문을 익히고, 자기 나라로 돌아와 제각기 재능에 따라 직책을 부여하여 국가를 경영한다면, 부강한 나라가 될 것이 분명하다.

'⑤ 보통교육과 전문교육은 배움의 시작과 끝이다[論普通及專門]'에서는 백암의 신학문에 대한 교육적 관심이 함축되어 있다. 백암은 한문(漢文)을 중심으로 지속되어 온 전통교육을 비판하면서 서구의 다양한 학문의 중요성에 눈을 돌린다(오태환, 2006: 41). 서양 사람들의 학문에 천문(天文), 지지(地誌), 물리(物理), 화학(化學), 정치(政治), 법률(法律), 사학(史學), 산술(算術), 광학(光學), 전기(電氣), 성음(聲音), 병(兵), 농(農), 공(工), 상(商), 의학(醫學), 광물(鑛物), 기하학(幾何學), 철학(哲學) 등의 학과가 있다. 이런 관심은 백암이 서구 근대 학문과 기술의 섭취와 개발을 강조한 증거이다(손인수, 1980: 224). 이러한 학문은 그들을 부강한 나라로 이끄는 데 중요한 교육이었다. 따라서 천문에서 철학에 이르는 다양한 과목을 기초로 가르치는 보통교육으로 배움의 길을 열고, 그 중 하나만을 전공하도록 하는 전문교육으로 끝을 맺을 필요가 있다(길창근, 2004: 186).

'⑥ 한글로 민중들을 가르치자[論國文之教]'는 백암의 보통교육 정신이 담겨 있는 대목이다. 모든 국민이 학문에 통달하려면 국문[한글]으로 가르치는 것보다 편리한 것은 없다. 한문(漢文)은 저마다 할 수 있는 것이 아니지만, 한글은 남녀를 막론하고 누구나 배울 수 있다. 그래야만이 국가가 부강할 수 있는 기틀이 잡힌다. 이는 전통교육이 한문과 양반 중심의 특수 계층에 치우쳐 있는 데에 대한 성찰로도 볼 수 있다. 나아가 모든 국민이 교육 받을 수 있다는 점에서 의무교육의 실시를 고려한 것으로 이해할 수 있다(손인수, 1980: 351).

'⑦ 학교를 설립하는 일에 힘쓰자[論設塾之務]'에서는 전국 주요 지역에 학교를 설치할 것을 주장한다. 학교는 나라의 기맥을 유지하는 터전이다. 정치와 교육이 여기에 바탕을 두고, 인재가 여기에서 나온다. 뿐만 아니라 착한 풍속이 여기에 달려 있다. 그러나 한국은 학교가 한 도(道)에 서너 군데 밖에 없다. 이제 학교를 많이 세워 인민의 힘을 기르고, 나아가 중학교 대학교까지 설치할 수 있도록 한다.

'⑧ 서적을 출간하여 보급하자[論印書之宜]'는 주장은 교재의 발간을 통해, 교육을 강화하려는 의도가 엿보인다. 서적은 사람에게 혜택을 주고 이익을 준다. 오늘날 동서양의 학문이 서로 우열을 비교하고 여러 나라의 정치가 날로 새로워지고 있다. 산업이 진흥일로에 있고 시국이 동향이 수시로 달라지며 격심하게 변하고 있다. 이런 정황은 서적 간행을 통해 알릴 수 있다. 따라서 서적은 국민의 지식수준을 높이는 결정적 계기로 작용한다.

'⑨ 교육에서 권장하고 징계하는 규칙을 만들자[論勸懲之規]'에서는 교육의 권장과 징계의 유용성을 주장한다. 백암은 자녀 교육을 잘못하는 자를 사회와 국가의 죄인으로 규정한다. 어떤 차원에서는 의무교육, 또는 강제교육을 논하는 것처럼 들리기도 한다. 그러므로 자식들이 제멋대로 하는 대로 내버려 두어 학업을 폐하게 하는 자에 대해서는 반드시 학교에 벌금을 바치게 하려는 징계성 규정을 제시한다. 이는 국가 간의 경쟁이 치열했던 당시 상황에서 부국강병과 국가회복을 시대적 과제로 삼은 국가적 요구로 볼 수 있다(육수화, 1996: 17).

'⑩ 인재등용을 위한 공정한 시험제도를 실시하자[論試驗之法]'에서는 일본 메이지유신(明治維新) 이후의 인재등용을 사례로 꼽는다. 조선 전통의 과거제도는 갑오개혁 때 사라진다. 그러나 조선 정부의 인재 등용은 여전히 구태의연하였다. 세력에 기대어 부정한 방법이 통용되었다. 그러나 메이지유신 이후의 일본은 그런 폐단이 일소되었다. 공정한 시험제도 덕분이었다. 그러므로 우리도 학문을 이룬 인사가 청운의 뜻을 이룰 수 있도록 훌륭한 시험제도를 도입할 필요가 있다. 즉, 올바른 시험 제도가 있어야 훌륭한 인재가 등용될 수 있을 것이라는 희망이 있고 교육 또한 진전될 것이다.

'⑪ 중책을 맡은 정치 관료는 여유가 있을 때마다 배워야 한다[論仕優而學]'에서는 정치 관료의 자기교육을 논의한다. 사실 모든 관리가 반드시 그 방면에 조예가 깊다고는 할 수 없다. 따라서 시간이 날 때마다, 특별한 필요가 있을 때마다 학문을 증진시켜 업무의 원활을 꾀해야 한다. 현대적인 의미에서는 직업 계속교육의 차원인 동시에 직무 연수로 볼 수 있다. 그것은 변화하는 시대에 대처하는 성인교육의 양식을 보여준다.

'⑫ 국가의 운명은 학문과 직결된다[論國運關文學]'에서는 인도, 페르시아, 아라비아, 스페인, 포르투갈 등이 학문, 즉 교육이 제대로 성숙하지 않아 후진성을 면치 못함을 다루고 있다. 반면 프랑스나 그리스, 영국, 독일, 미국 등 선진 강대국들은 '나라의 가장 큰 일은 교육에 있다'라고 보고 학문에 힘썼다. 그 결과 부강한 나라로 우뚝 서 있다. 그것은 학문이 발달하지 못하면 국력이 쇠퇴하고 학문이 발달되면 그만큼 강성해질 수가 있음을 보여준다.

'⑬ 최고의 가르침이 무엇인지 깨닫고 유지해야 한다[論維持宗教]'에서는 대학(大學)을 교육 행정 부서에서 분리하여 최고의 위치에 있게 하고, 유교 교육의 장으로 삼을 것을 요청하였다. 최고의 가르침은 국가를 유지하는 근간으로, 국가의 최고 스승으로부터 가르침을 받아야 한다. 그런 최고의 가르침이 지속될 때 국가는 부강해지기 때문이다. 이런 교육의 체제를 도표로 정돈하면 다음과 같다.

〈표 6-1〉『학규신론』의 구조

제목	내용	유학적 전거	(서구) 교육의 응용
論學要活法	교육의 정의 - 活動과 時務	小學(六藝)	프뢰벨의 아동교육론
論學要遜志	교육의 자세와 태도 - 겸손과 배움	書經, 論語, 周易	전 세계로부터 배움, 일본의 융성
論學由發憤	교육의 방법과 효과 - 극복과 부강	論語, 孟子	프랑스의 학문 연구와 부강
論游學之益	교육의 방법과 효과 - 유학과 직책	趙憲(선비정신)	선진 문물 유학
論普通及專門	교육의 내용 - 기초와 응용	周代의 小學과 漢代 經學	서양의 실용적 학문
論國文之敎	교육의 내용 - 기회균등	金正國(유학 언해본 간행)	모든 인민에 대한 보통교육
論說塾之務	교육의 마당 - 학교 설립	塾, 庠(중국 고대의 학교)	학교 설립의 전국화
論印書之宜	교육의 방법 및 내용 - 교재 편찬	-	학문 보급의 수단
論勸懲之規	교육의 방법 - 학칙의 제정	禮記, 論語	학업의 엄격화
論試驗之法	교육의 효과 - 인재 선발	俊士(周代의 추천제)	일본의 인사제도, 공정성
論仕優而學	교육의 내용과 방법 - 교육과 직책의 상보성, 평생교육	論語, 讀書堂	학문의 응용성과 실효성
論國運關文學	교육의 내용과 효과 - 교육입국	格物致知	교육 구국
論維持宗敎	교육의 원칙 - 유교	四書, 六經(공자의 도)	최고의 가르침의 지속

에필로그

조선의 주체적 교육개혁을 시발점인 「교육입국조서」 발표 이후, 일본제국주의는 끈질기게 조선 지배를 추진하고 있었다. 1904년 「한일외국인고문용빙에 관한 협정」을 체결하여 중앙 정부·각부에 일본인 고문을 배치하여 일본인이 한국의 내정에 간섭하는 계기를 마련하였다. 「교육입국조서」를 발표하면서 활발하게 진행되던 한국 근대교육은 이 무렵부터 어두운 그림자를 드리우기 시작했다. 이른바 '고문정치'가 시작되면서 주체적 교육개혁이 의미를 상실하게 되었다.

당시 학부에는 시데하라(幣原坦)가 학정참여관으로 부임하였다. 그러자 한국교육 행정의 주도권이 이 일본인의 손으로 넘어갔다. 일본이 한국의 교육행정에 직접 참여하게 된 것이다. 시데하라는 한국의 청소년들이 사용할 교과서를 편찬하고, 일본인 교사를 채용하도록 하였으며, 학교명을 변경하는 등 한국교육의 실제에 깊이 관여하였다.

그리고 1905년 11월 을사조약 체결, 1906년 2월 통감부 설치를 기하여 구체적인 식민통치를 강행하게 된다. 이후 1945년 해방에 이르기까지, 한국교육은 일제교육(日帝敎育)으로 점철되었다. 일제 식민지 교육을 어떻게 바라보아야 하는지에 대해서는 심도 있는 연구가 이루어져야 할 것이다. 단순하게 민족주의 교육의 긍정성이나 일제식민 교육의 부정성만을 부각시키는 것이 아니라, 엄연한 식민지 현실을 겪은 한국교육의 실체를 규명해야 한다. 그리고 그것이 현재 한국교육에 어떤 영향을 미치고 있는지 분명하게 시비를 가려 청산 여부를 구체적으로 제시해야 하는 것이다.

카아의 말대로 역사는 '과거와 현재 사이의 대화'이다. 단재(丹齋) 신채호(申采浩, 1880~1936)에 의하면 '아(我)와 비아(非我)의 투쟁'이다. 토인비(Arnold Joseph Toynbee, 1889~1975)의 말을 빌리면 '도전(挑戰)과 응전(應戰)'이다. 그런 측면에서 일제 시기 교육은 「교육입국조서」를 통해 발현되려고 했던 주체적 개혁의 불길을 잠재운 것이 사실이다. 그렇다면 그 의미가 무엇인지 고민하는 일이 중요하다. 일제 청산의 문제가 바로 이와 결부된다. 그에 대해 현대 한국교육은 어떻게 받아들이고 있는가? 무의식적으로 받아들이지는 않은지, 때로는 의미 있는 교육으로 찬양하고 있지는 않은지, 또는 절대적으로 잘못된 교육으로 인식하고 무조건 배타적인 것은 않은지, 다차원적으로 고려해야 한다.

「교육입국조서」의 측면에서 보면, 일제 시기의 교육은 분명 주체적 개혁 교육을 말살한 것이었다. 이후 한국은 2차 세계대전의 종결과 민족적 혼돈의 상태에서 해방을 맞이하였다. 당시 세계강국으로 부상한 미국이 한반도의 남쪽을 신탁 통치하였다. 교육은 이제 그들의 손으로 넘어갔다. 하지만 그들은 한반도에 대한 정보가 너무도 없었다. 실제 한반도의 사회 구조나 사상은 일제의 잔재로 남아 있었다. 그러므로 미국은 일본이 다져놓은 교육의 형식적·내용적 체제를 무시할 수 없었다.

1945년부터 3년 동안의 군정기(軍政期)를 통해, 미국은 일본 식민지 교육에 미국식 신교육으로 포장한 교육 체제를 한국에 심었다. 한국의 교육은 신생국가로서의 출범과 동시에 재포장된 것이다. 일제식민지 교육에 미국식 교육이 혼합되었다. 이후, 70여 년이 지나면서, 시대 변화에 따라 다양한 교육개혁이 있었다. 국제화 시대에 세계 각국의 교육에 관심을 갖고 한국교육의 발전을 위한 노력이 전개되었다. 하지만, 대한민국 정부 수립 당시의 교육은 아직도 그 기본 체제를 상당 부분 지속하고 있다.

이제, 마무리를 할 시점이다. 지금까지 한국교육철학사상의 저변에 있을 만한 사유를 부분적으로 다루어 보았다. 그것은 한국교육의 바탕에 자리하는 철학사상의 아키타이프이다. 사유의 풍토나 전통의 개념에서 고유사상, 불교, 유교, 기독교 등 한반도에 영향을 끼친 사유를 대략적으로 검토하였다. 그것을 다음과 같이 정리해 본다.

한국교육철학사상은 달리는 마차(馬車)에 비유할 수 있다. 한국교육은 무속(巫俗) 신앙, 유교, 불교, 도교에서 서학[기독교]의 수용과 발전에 이르기까지 다양한 사상의 온고지신(溫故知新)의 마당이다. 이는 순수하게 지속적으로 전해온 교육철학사상의 부재를 의미한다. 동시에 그런 순수한 교육적 사유의 부재는 다양한 사유의 실험을 통해 새롭게 융·복합되는 잡탕밥이나 비빔밥, 또는 섞어찌개로 재탄생한다. 혼합을 거쳐 용융(熔融)되어, '섞여 있음' 자체가 하나의 정체성으로 전환한다. 여기에서 한국교육철학사상의 복잡성과 난해성을 볼 수 있다. 한국교육을 형성해 나가는 사유의 저변은 이런 특성을 지니고 있다고 판단한다. 그러기에 이전이나 이후에, 한국교육의 현실에서 마주하는 어떤 사상도 함부로 배제하거나 무비판적으로 옹호할 수는 없다.

다시, 한국교육철학사상의 아키타이프를 달리는 마차에 비유해 본다. 마차는 크게 그것을 끄는 말과 사람이나 짐을 싣는 공간, 그것을 굴려나가는 바퀴로 구성되어 있다. 그리고 대지(大地) 위를 달린다. 이때 대지는 무속신앙이나 고유사상에 비유할 수 있고, 한국교육의 원형적 사유이다. 두 바퀴 가운데 하나는 유교이고 다른 하나는 불교이다. 그것을 도교가 축대로 연결하고 있다. 여기에 기독교가 걸터앉았다.

이 고유 신앙과 유교, 불교, 도교, 그리고 기독교에 이르기까지 이 다섯 가지 가르침은 유기체처럼 연결되어 있다. 신라 때의 풍류(風流) 사상이 3교[儒·佛·仙]를 포함하고 있었듯이, 현재 한국의 교육철학사상은 5교를 포함하는 '새로운 풍류[新風流]'이다. 따라서 우리 한국의 교육은 이 다섯 가지 사유양식을 현묘(玄妙)하게 그려내는 방식으로 재정립할 필요가 있다.

그 가능성은 한국인의 생활 곳곳에서 증명된다. 현실에서는 유교적 절개(節槪) 정신이 충만한 인간이지만, 휴식처를 찾을 때는 불교적 고요함이나 도교적 자연주의를 추구한다. 때로는 독실한 기독교인이면서도 무속적 기복(祈福) 신앙의 모습을 보이기도 한다. 모순되는 것 같으면서도 융합과 복합으로 혼합된, 통일체로서의 교육적 사유는 그만큼 난해할 수 있다. 달리 말하면, 한국교육철학사상의 토대나 저변은 비옥(肥沃)하다!

나는 생각한다. '고유사상'을 기초로 외래사상인 '유교'와 '불교'와 '도교', 그리고 '기독교'의 혼용이 한국교육을 형성하는 사유의 기초이다. 이 다섯 가지 사유로 제작한 마차를 몰고 가는 것이 한국교육철학사상의 모습이다. 고유사상[무속], 유교, 불교, 도교, 기독교 가운데 특정한 사유에만 의지하지는 않는, 보쌈과 같은 사상의 물결이 한국교육의 현상을 표현한다. 미래에는 가상(假想: cyber)의 세계를 비롯한 첨단과학 기술문명이 고려하는 사유까지도 녹여 넣는 신풍류(新風流)를 염두에 두어야 한다. 기존(旣存)에 자리하는 저변의 사유를 바탕으로 새롭게 도래하는 다양한 사고를 유용하게 혼합해야 한다. 그 의미 있는 조화(調和)가 한국교육철학사상의 깊이를 더해 나갈 것으로 판단한다.

참고문헌

『三國史記』『三國遺事』『大乘起信論疏別記』『普照全書』『禪家龜鑑』『入學圖說』『退溪全書』『聖學十圖』『南冥集』『學記類編』『擊蒙要訣』『聖學輯要』『高峯集』『與猶堂全書』『朝鮮王朝實錄』『論語集註』『大學章句』『中庸章句』『孟子集註』『朱子語類』『性理大全』『大學或問』『近思錄』『二程全書』『荀子集解』『淮南子』『說文解字』.『說文解字註』『禮記』『史記』.『春秋繁露』『漢書』『般若心經』『華嚴經』『金剛經』『碧巖錄』『老子』『莊子』

가마타 시게오/한형조 옮김(1988).『화엄의 사상』. 서울: 경서원.

康曉城(1988).『先秦儒家詩教思想研究』. 臺北: 文史哲出版社.

鎌田茂雄/신현숙 역(1991).『韓國佛教史』. 서울 : 민족사.

경상대 남명학연구소 역주(2002).『사람의 길, 배움의 길－學記類編』. 한길사.

경상대학교 남명학연구소 옮김(2001).『남명집』. 한길사.

고대혁(1995).「朱子의 교육론과 성인의 교육적 의미」. 동양고전학회.『동양고전연구』 제4집.

고익진/윤사순·고익진 편(1984).「원효사상의 화쟁적 성격」.『한국의 사 상』. 서울: 열음사.

溝口雄三·丸山松幸·池田知久/김석근·김용천·박규태 옮김(2003).『中國思想文化事典』. 민족문화문고.

권기종(1978).「서산의 和思想」.『불교학보』.

권미숙(1996).「荀子 禮治思想의 社會思想的 含意」. 한국학대학원 박사논문.

권성아(1999).『홍익인간사상과 통일교육』. 서울: 집문당.

金谷治 외/조성을 옮김(1986).『중국사상사』. 서울: 이론과 실천.

금장태(1987).『한국실학사상연구』. 서울: 집문당.

금장태(1994).『한국유학사의 이해』. 서울: 민족문화사.

기무라 키요타카/김천학·김경남 옮김(2002).『화엄경을 읽는다』. 서울: 불교시대사.
길창근(2004). 「백암 박은식의 교육사상에 대한 고찰」. 장안대학, 『장안논총』 제24집.
김경태(1996). 「다산 인성론의 교육적 의미」. 한양대 박사논문.
김광표(2004). 「박은식과 신채호의 민족교육론 비교연구」. 한국교원대 교육대학원 석사논문.
김길환(1994). 『동양윤리사상』. 서울: 일지사.
김봉건(1990). 「董仲舒의 人性論」. 『哲學論叢』 제6집.
김상래(2017). 「董仲舒의 天人合一說과 그 倫理的 含意, 『退溪學論叢』 제30집.
김성태(1989). 『敬과 注意』. 고려대출판부.
김시준 역해(1991). 『대학·중용』. 서울: 혜원.
김영우·피정만(1995). 『최신 한국교육사 연구』. 서울: 교육과학사.
김용옥(1986). 『동양학 어떻게 할 것인가』. 서울: 통나무.
김용옥(1989). 『노자철학 이것이다』. 서울: 통나무.
김용옥(1995). 『도올선생중용강의』. 서울: 통나무.
김인회 외(1983). 『한국교육사상연구』. 서울: 집문당.
김인회(1987). 『한국무속사상연구』. 서울: 집문당.
김인회(1994). 『한국인의 가치관－무속과 교육철학』. 서울: 문음사.
김재원(1947). 『단국신화의 신연구』. 서울: 정음사.
김정환(1988). 『현대의 비판적 교육이론』. 서울: 박영사.
김주창(2016). 「物學의 起點, 董仲舒 哲學의 辨證的 思惟: 一氣, 感應, 民主 概念을 中心으로」. 『儒學硏究』 제34집.
김철운(1998). 「『大學』의 平天下思想에 관한 硏究」. 고려대학교 박사논문.
金春峰(2006), 『漢代思想史』, 北京: 中國社會科學出版社.
김충렬(1987). 『고려유학사』. 서울: 고대출판부.
김충렬(1988). 「南冥學의 要諦－敬義; 그 淵源 脈絡과 涵養踐履」. 『南冥學硏究論叢』 1십.
김충렬(1988). 『중국철학산고』(Ⅰ·Ⅱ). 청주: 온누리.
김충렬(1990). 『中國哲學散稿』(Ⅱ). 청주: 온누리. 1990.

김충렬(1994). 『유가윤리강의』. 예문서원.
김충렬(1996). 『중국철학사 1. 중국철학의 원류』. 서울: 예문서원.
김충렬(2002). 「神明舍圖·銘의 새로운 考釋」. 『南冥學硏究論叢』 11집.
김충렬(2007). 『중용대학강의』. 서울: 예문서원.
김학주 옮김(2001). 『순자』. 서울: 을유문화사.
김학주(1988). 『공자의 생애와 사상』. 서울: 명문당.
김형효 외(1995). 『율곡의 사상과 그 현대적 의미』. 성남: 정신문화연구원.
김형효 외(1996). 『원효의 사상과 그 현대적 의미』. 성남: 정신문화연구원.
김형효 외(1997). 『퇴계의 사상과 그 현대적 의미』. 성남: 정신문화연구원.
김형효 외(1998). 『다산의 사상과 그 현대적 의미』. 성남: 정신문화연구원.
김형효(197). 「고대신화에 나타난 한국인의 철학적 사유」. 『한국철학사』(상). 서울: 동명사.
김형효(1985). 『동서철학의 주체적 기록』. 서울: 고려원.
김형효(1990). 『맹자와 순자의 철학사상』. 서울: 삼지원.
김형효(1992). 『構造主義의 思惟體系와 思想』. 서울: 인간사랑.
김형효(1993). 『데리다의 해체 철학』. 서울: 민음사.
김형효외(1996). 『지눌의 사상과 그 현대적 의미』. 성남: 정신문화연구원.
나라 야스아키/정호영 옮김(1990). 『인도불교－문화사적 탐구』. 서울: 민족사.
나카무라 하지메/김지견 옮김(1990). 『불타의 세계』. 서울: 김영사.
남동신(1999). 『원효』. 서울: 새누리.
다마키 코시로/정순일 옮김(1989). 『중국불교의 사상』. 서울: 민족사.
唐君毅(1955). 『人文精神之重建』. 香港: 新亞研究所.
代春敏(2019), 「董仲舒教化思想初探」. 『董仲舒與儒學研究』 第7輯. 巴蜀書社.
도오슨/김용헌 옮김(1993). 『공자』. 서울: 지성의 샘.
뚜 웨이밍/권미숙 옮김(1994). 『한 젊은 유학자의 초상』. 서울: 통나무.
勞思光/정인재 역(1988). 『중국철학사』(한당편). 서울: 탐구당.
류동식(1997). 『풍류도와 한국의 종교사상』. 서울: 연세대출판부.
류무상(1996). 『현대사회와 철학』. 서울: 양서원.
류승국(1983). 『동양철학연구』. 서울: 근역서재.

류승국(1988). 『한국사상과 현대』. 서울: 동방학술연구원.
류승국(1988). 『한국의 유교』. 서울: 세종대왕기념사업회.
劉振維(2009). 「論董仲舒'三綱'·'五常'之宗教蘊義」. 南華大學哲學系. 『倫理與宗教的對話: 第十屆比較哲學會議』.
마르틴 부버/표재명 옮김(1977). 『나와너』. 서울: 문예출판사.
막스 베버/이상률 역(1990). 『유교와 도교』. 서울: 문예출판사.
몬 로/조종인 역(1994). 『교육사 개설』. 서울: 교육과학사.
蒙培元(1989). 『理學範疇系統』. 北京: 人民出版社.
미우라 쿠니오/김영식·이승연 옮김(1996). 『인간 주자』. 서울: 창작과 비평사.
민족과사상연구회(1992). 『사단칠정론』. 서울: 서광사.
바슐라르/곽광수 옮김(1990). 『공간의 시학』. 서울: 민음사.
박균섭(2016). 「남명 조식의 교육사상 재검토」. 『인격교육』 10-1.
박동인(2010). 「董仲舒의 儒術獨尊의 政治哲學的 意味」. 고려대학교 박사논문.
박선영(1981). 『불교의 교육사상』. 서울: 동화출판공사.
方立天/유영희 옮김(1989). 『佛教哲學概論』. 서울: 민족사.
변문홍(2007). 「董仲舒의 內向的 哲學 研究」. 『人文學研究』 34-3.
불교신문사 편(1990). 『한국불교인물사상사』. 서울: 민족사.
사재명(1991). 「남명 조식의 교육사상에 관한 연구-『학기유편』의 「학기도」를 중심으로-」. 『南冥學研究』 1집.
사재명(1999). 「남명 조식 교육사상의 계승」. 경상대학교 박사논문.
사재명(2002). 「조선 중기 남명의 교육이론 계승: 인간 본성 회복의 강조」. 『남명학』 11집.
사재명(2005). 「남명 조식 교육의 계승-실천성의 강조」. 『南冥學研究』 19.
山井 湧 외/조성을 옮김(1987). 『중국사상개론』. 서울: 이론과 실천.
서보근(2010). 「中國 董仲舒의 統治思想」. 『大韓政治學會報』 18-2.
서울대교육연구소(1997). 『한국교육사』. 서울: 교육과학사.
蕭 兵(1997). 『中庸的文化省察』. 武漢: 湖北人民出版社.
孫培青 主編(2000). 『中國教育史』. 華東師範大學出版社.
손인수(1978). 『한국인의 가치관-교육가치관의 재발견』. 서울: 문음사.

손인수(1986). 『한국교육사상사』(Ⅰ~Ⅴ). 서울: 문음사.
손홍철(2010). 「董仲舒의 政治思想에 관한 解釋學的 理解」. 『現象·解釋學的 教育研究』 7-2.
손홍철(2012). 「董仲舒의 人間觀 研究」. 『南冥學』 제17집.
송석구(1985). 『한국의 유불사상』. 서울: 사사연.
송영배(1986). 『중국사회사상사』. 서울: 한길사.
송준식(2012). 「남명학 연구성과의 회고와 전망(4)-교육연구」. 『南冥學研究』 35집.
신오현(1987). 『자아의 철학』. 서울: 문학과 지성사.
신정근(2012). 『董仲舒, 中華主義의 開幕』. 서울: 太學社.
신창호(2001). 「中庸 교육사상의 현대적 조명」. 고려대 박사논문.
신창호(2005), 『교육학개설』, 서현사.
신창호(2010). 『『대학』, 유교의 지도자 교육철학』. 교육과학사.
신창호(2012), 『유교의 교육학 체계』, 고려대학교출판부.
신창호(2014). 『한글논어』. 서울: 판미동.
신창호(2014). 『한글맹자』. 서울: 판미동.
신창호(2015). 『한글대학중용』. 서울: 판미동.
신창호(2018). 『논어의 지평』. 서울: 우물이 있는 집.
신창호(2018). 「남명 조식의 평천하 교육관 고찰」. 『남명학』 23집.
신창호·서은숙(2002). 『한국사상과 교육윤리』. 서울: 서현사.
신채호. 『독사신론』.(출판사항 미상)
아베 요시오/김석근 옮김(1998). 『퇴계와 일본유학』. 서울: 전통과 현대.
아세아문제연구소 엮음(1974). 『실학사상의 탐구』. 서울: 탐구당.
안승석(2015). 「董仲舒의 政治思想에 關한 研究」. 대구한의대학교 박사논문, 2015.
알레니/김귀성 옮김(2001). 『17세기 조선에 소개된 서구교육』. 서울: 원미사.
梁啓超/이계주 역(1973). 『中國古典入門』. 서울: 삼성문화재단.
楊文鶴(1976). 『儒家仁本思想』, 台北: 餘命文化事業有限公司.
양재혁(1998). 『동양철학, 서양철학과 어떻게 다른가』. 서울: 소나무.

에드워드 콘즈/안성도·주민황 옮김(1988). 『인도불교사상사』. 서울: 민족사.
에드워드 하임스/김준민 옮김(1988). 『토양과 문명』. 서울: 범양사.
에드워즈 쉴즈/김병서·신현순 옮김(1992). 『전통－변하는 것과 변하지 않는 것』. 서울: 민음사.
오이환(2002). 『남명 조식』. 예문서원.
오태환(2006). 「백암 박은식의 양명학적 교육사상에 대한 검토」. 한국교원대 교육대학원 석사논문.
王余光 주편/한인희·이동철 옮김(1993). 『중국을 움직인 30권의 책』. 서울: 지영사.
우노 데쓰토/정상구 역(1991). 『中國思想』. 서울: 내외신서.
우노 세이이찌 편/김진욱 옮김(1986). 『중국의 사상』. 서울: 열음사.
우혜경(1992). 「박은식의 교육사상－양명학의 지행합일적 정신교육을 중심으로」. 공주대 교육대학원 석사논문.
耘虛 龍夏(1992). 『佛敎辭典』. 서울: 동국역경원.
魏彦紅(2018). 「董仲舒教化思想研究述評」. 『董學新論』. 長春出版社.
유동원(2002). 「儒家思想의 官學化－董仲舒의 天人感應論을 中心으로－」. 『中國學研究』 제22집.
유명종(1969). 『한국철학사』. 서울: 한명문화사.
유명종(1987). 『한국의 원시신앙』 부산: 동아대출판부.
유명종(1990). 『한국사상사』. 대구: 이문출판사.
유명종(1999). 『東洋의 倫理思想』. 瀋陽: 高麗民族文化大學 韓國學資料院.
유명종(1999). 『現代社會와 東洋倫理』. 瀋陽: 高麗民族文化大學 韓國學資院.
유명종(2000). 『중국전통윤리사상사』. 부산: 세종출판사.
유명종(2000). 『퇴계의 철학세계』. 부산: 세종출판사.
유명종(2001). 『공자의 인간애』. 서울: 현대미학사.
유명종(2001). 『남명 조식의 학문과 사상』. 세종출판사.
유정동(1986). 『동양철학의 기초적 연구』. 서울: 성대출판부.
육수화(1996). 「백암 박은식의 교육사상과 교육구국운동」. 계명대 교육대학원 석사논문.

윤내현(1984). 『商周史』. 서울: 민음사.
윤사순(1980). 『한국유학논구』. 서울: 현암사.
윤사순(1984). 『동양사상과 한국사상』. 서울: 을유문화사.
윤사순(1986). 『한국유학사상론』. 서울: 열음사.
윤사순(1987). 『한국의 성리학과 실학』. 서울: 열음사.
은정희 역주(1991). 『대승기신론소·별기』. 서울: 일지사.
이기석 외 역해(1975). 『대학、중용』. 서울: 홍신문화사.
이만규(1947). 『조선교육사』. 서울: 을유문화사.
이명기(1987). 『仁의 硏究-敎育學的 接近』. 서울: 양서원.
이민수 옮김(1991). 『격몽요결』. 서울: 을유문화사.
이상은(1974). 『퇴계선생 성학십도 역해』. 서울: 퇴계학연구원.
이상필(2005). 『남명학파의 형성과 전개』. 와우출판사.
이서행(1993). 『한국·한국인·한국정신』. 서울: 대광서림.
이성무(1994). 『한국의 과거제도』. 서울: 집문당.
이성무(2008). 「퇴계 이황과 남명 조식」. 『학술원논문집-인문·사회과학편』. 대한민국학술원.
이승환(1998). 『유가사상의 사회철학적 재조명』. 서울: 고려대출판부.
이애희(2002). 『조선전기 성리학 연구』. 서울: 경인문화사.
이은봉 엮음(1986). 「東方開國說話攷」.『단군신화연구』. 청주: 온누리.
이을호(1986). 『한사상의 묘맥』. 서울: 사사연.
이재현(2009). 「남명 조식 교육사상의 사회과교육적 고찰」. 『사회과교과교육」 16-1.
이춘식(1998). 『中華思想』, 敎保文庫.
이홍우(2000), 『성리학의 교육이론』. 서울: 성경재.
이홍우·박재문 편(2001). 『동양의 교육적 전통』(Ⅰ·Ⅱ). 서울: 성경재.
林語堂/민병산 옮김(1972). 『孔子의 思想』. 서울: 현암사.
임재윤(1999). 『정약용의 교육개혁사상』. 광주: 전남대출판부.
장숙필(1992). 『율곡 이이의 성학 연구』. 서울: 고대민족문화연구소.
장승구 외(2002). 『동양사상의 이해』. 서울: 경인문화사, 2002.

장승희(2012). 「남명조식의 선비정신과 도덕교육」. 『도덕윤리과교육』 36집..
장윤수(2017). 「남명 조식의 공부론과 인성교육의 연계성－'正直'의 덕목을 중심으로 하여－」. 『南冥學硏究論叢』 22집.
張蕙慧(1985). 『儒家樂教思想硏究』. 臺北: 文史哲出版社.
赤塚忠(1987). 『儒家思想硏究』. 東京: 硏文社.
錢 穆(1971). 『朱子新學案』(第2册). 三民書局.
전세영(1992). 『공자의 정치사상』. 서울: 인간사랑.
정 종(1980). 『孔子의 教育思想』. 서울: 집문당.
정병련(2000). 『고봉의 사유구조와 철학사상』. 광주: 고봉학술원.
정순목(1985). 『퇴계의 교육철학』. 서울: 지식산업사.
정순목·김인회(1982). 『교육이란 무엇인가』. 서울: 대은출판사.
정영훈 외(1999). 『홍익인간 이념 연구』. 성남: 정신문화연구원.
정영훈(2020). 「다시 홍익인간이다」. 단국학회. 『단국학연구』 42호.
정우락(2004). 「『남명학논총』을 통해 본 남명학파 문학연구의 과제 분석」. 『南冥學硏究論叢』 13집.
정인재 외(1994). 『동서양의 실재관』. 성남: 정신문화연구원.
정한균(2003), 『董仲舒天學』. 서울: 법인문화사.
조지훈(1964). 『한국문화사서설』. 서울: 탐구당.
鍾 清漢(1991). 『儒家思想と教育』. 東京: 成文堂.
종교교재편찬위원회(1988). 『성서와 기독교』. 서울: 연세대출판부.
陳福濱(2019). 「董仲舒人性論硏究」. 『董仲舒與儒學硏究』 第8輯. 巴蜀書社.
陳飛龍(1982). 『孔孟荀禮學之硏究』. 臺北: 文史哲出版社.
찰스 프레비쉬 외/박용길 옮김(1989). 『불교－그 현대적 조명』. 서울: 고려원.
채휘균(1999). 「남명학파의 교육사상」. 영남대학교 박사논문.
채휘균(2001). 「남명 敬과 義 교육사상」. 『南冥學硏究論叢』 9집.
천웨이핑/신창호 옮김(2002). 『공자평전』. 서울: 미다스북스.
최재호(2017). 「남명의 인성교육과 제자들의 실제적 실천」. 『南冥學硏究論叢』 22집.
최해갑(1986). 『남명철학과 교학사상』. 교육출판사.

크 릴/이동준·이동인 옮김(1981). 『중국사상의 이해』. 서울: 경문사.
크 릴/이성규 역(1983). 『공자－인간과 신화』. 서울: 지식산업사.
타케우찌 테루오/이남희 옮김(1991). 『동양철학의 이해－四書五經을 중심으로』. 서울: 까치.
탈코트 파아슨즈/이종수 역(1978). 『사회의 유형』. 서울: 홍성사.
太田久紀/장병조 역(1987). 『불교의 심층심리』. 서울 : 현음사.
퇴니이스/황성모 역(1976). 『共同社會와 利益社會』. 서울: 삼성출판사.
馮友蘭/정인재 역(1977). 『중국철학사』. 서울: 형설출판사.
하롤드 코워드/한국종교연구회 옮김(1990). 『종교다원주의와 세계종교』. 서울: 서광사.
하이데거/전양범 옮김(1992). 『존재와 시간』. 서울: 시간과 공간사.
何倩·唐明貴(2015). 「董仲舒的思想政治教育方法及其當代價値」, 『董仲舒與儒學研究』 第4輯, 巴蜀書社.
한국공자학회 엮음(1985). 『孔子思想과 現代』. 서울: 사사연.
한국사상연구소(2001). 『자료와 해설 한국의 철학사상』. 서울: 예문서원.
한국사상연구회(1997). 『조선유학의 학파들』. 예문서원.
한국정신문화연구원 편(1992). 『단군·단군신화·단군신앙』. 서울: 고려원.
한국철학사상연구회(1995). 『강좌 한국철학』. 서울: 예문서원.
한국철학사상연구회(1995). 『논쟁으로 보는 한국철학』. 서울: 예문서원.
한기언(1978). 『東洋思想과 教育』. 서울: 법문사.
한상규(1990). 「조식의 교육사상 연구」. 중앙대학교 박사논문.
한상규(2003). 「남명 조식 교육사상에서의 敬義 공부론」. 『南冥學硏究論叢』 12집.
허버트 핑가레트/송영배 옮김(1993) 『공자의 철학』. 서울: 서광사.
戸川芳郎 외/조성을·이동철 옮김(1990). 『유교사』. 서울: 이론과 실천.
黃公偉(1975). 『孔孟荀哲學證義』. 臺北: 幼獅文化事業公司.
히라카와 아키라/이호근 옮김(1989). 『인도불교의 역사』(상·하). 서울: 민족사.
Wing－Tsit Chan(1963). *A Source Book of Chinese Philosophy*. Princeton Univ. Press.
『민족문화대백과사전』. 한국정신문화연구원 간행

사전편찬위원회(1972). 『세계철학대사전』. 서울: 성균서관.
「한국교육신문」 “겨레의 스승”(2008. 11.)

저자약력

신창호(申昌鎬)

현) 고려대학교 교육학과 교수

주요 학력

고려대학교 학사(교육학/철학)
한국학중앙연구원 석사(M. A, 철학)
고려대학교 박사(Ph. D, 교육철학 및 교육사학)

주요 경력

고려대학교 입학사정관실 실장/교양교육실 실장/교육문제연구소 소장/평생교육원 원장
한국교육철학학회 회장/한중철학회 회장/아람청소년센터 이사/독서문화연구원 부설연구소장

주요 논저

≪네오 에듀필로소피≫, ≪인성교육의 프리즘≫, ≪네오 에듀케이션－시대정신에 부합하는 교육학 창조≫≪한국교육 무엇을 고민해야 하는가≫(1·2), ≪한국교육사의 통합적 이해≫, ≪교육철학≫, ≪교육철학 및 교육사≫, ≪교육과 학습≫, ≪수기, 유가 교육철학의 핵심≫, ≪유교의 교육학 체계≫, ≪율곡 이이의 교육론≫, ≪세계 종교의 교육적 독해≫, ≪톨스토이의 서민교육론≫, ≪존 듀이 교육학의 원류를 찾아서≫, ≪사서－한글 논어/맹자/대학/중용≫(역), ≪논어의 지평≫, ≪배려≫, ≪관자≫(공역), ≪주역절중≫(전12권, 공역), ≪논어집주상설≫(전10권, 공역), ≪대학장구상설≫(전3권, 공역) 외 100여 편.

연구 관심

고전(古典)의 현대 교육학적 독해

이메일: sudang@korea.ac.kr

한국교육철학사상의 아키타이프

초판발행 2021년 8월 30일

지은이 신창호
펴낸이 노 현

편 집 배근하
기획/마케팅 노 현
표지디자인 박현정
제 작 고철민·조영환

펴낸곳 ㈜ 피와이메이트
서울특별시 금천구 가산디지털2로 53 한라시그마밸리 210호(가산동)
등록 2014. 2. 12. 제2018-000080호
전 화 02)733-6771
f a x 02)736-4818
e-mail pys@pybook.co.kr
homepage www.pybook.co.kr
ISBN 979-11-6519-202-0 93370

정 가 15,000원